城市展览产业
发展模式研究

毛润泽 著

RESEARCH ON THE DEVELOPMENT MODE OF
URBAN EXHIBITION INDUSTRY

浙江大学出版社

图书在版编目（CIP）数据

城市展览产业发展模式研究 / 毛润泽著 —杭州 ：
浙江大学出版社，2019.12
ISBN 978-7-308-19957-5

Ⅰ. ①城… Ⅱ. ①毛… Ⅲ. ①展览会—产业发展—
研究—中国 Ⅳ. ①G245

中国版本图书馆CIP数据核字（2020）第012655号

城市展览产业发展模式研究

毛润泽 著

责任编辑	陈佩钰	
文字编辑	严　莹	
责任校对	高士吟　张培洁	
封面设计	雷建军	
出版发行	浙江大学出版社	
	（杭州市天目山路148号　邮政编码310007）	
	（网址：http://www.zjupress.com）	
排　　版	杭州朝曦图文设计有限公司	
印　　刷	杭州高腾印务有限公司	
开　　本	710mm×1000mm　1/16	
印　　张	16.5	
字　　数	333千	
版 印 次	2019年12月第1版　2019年12月第1次印刷	
书　　号	ISBN 978-7-308-19957-5	
定　　价	68.00元	

前 言 FOREWORD

　　目前我国展览业正处于快速发展的阶段,许多城市都致力于发展展览业,纷纷建造大型展览场馆,出台加快展览业发展的政策意见。由此而出现了一系列的问题:对于许多不适宜发展展览业的城市,政府也在强力推动其发展展览业;一些城市拥有的展览企业和展览场馆数量众多,但规模较小,导致展会泛滥、低水平重复现象严重;一些城市在展览场馆选址上出现失误,造成很大的资源浪费;在城市展览业管理与调控方面,政府越位、缺位和错位现象并存,而行业协会的职能又不能充分发挥。在此背景下,对城市展览产业发展模式的探讨尤为重要。究竟什么样的城市才适宜发展展览业? 城市展览产业发展模式有哪些? 城市如何选择适合自身的展览产业发展模式? 城市展览产业发展模式如何进行优化? 这些是当前众多城市发展展览业迫切需要解答的问题。

　　本书运用产业经济学、城市经济学以及其他相关理论,借鉴国际展览中心城市汉诺威、巴黎、拉斯维加斯、新加坡和香港的展览产业发展经验,对城市展览产业发展模式进行系统的探索性与应用性研究。本书研究了城市展览产业发展模式的理论体系、城市展览产业发展模式的成功经验以及我国城市展览产业发展模式的现状、问题及优化对策。本研究主要从以下八个方面展开:

　　第一章是导论。本章首先分析了城市展览产业发展模式的研究背景,指出本书研究的理论意义与实际应用价值;然后对城市展览产业发展模式的国内外相关研究文献进行述评;接着阐述了本书的研究基本思路与方法,明确本书的研究内容及主要研究框架;最后,指出本书的可能创新之处。

　　第二章是城市展览产业发展"四维"模式的构建。本章首先对城市展览产业的基本概念进行了界定与厘清,然后对城市展览产业发展的基础与条件进行了深入剖析,回答了"什么样的城市才适宜发展展览业"的问题;在此基础上,分析了城市展览产业发展模式的内涵,并构建了城市展览产业发展"四维"模式的概念模型,该模型从产业驱动、产业组织、产业布局和产业管理四个角度,建构了城市展览产业发展模式的理论体系;最后阐述了城市展览产业发展"四维"模式的理论基础。

第三章是城市展览产业发展的驱动模式研究。本章从产业发展驱动的角度对城市展览产业发展模式进行研究,回答了"城市如何选择展览产业发展的驱动模式"的问题。本章首先探讨了城市展览产业发展驱动力的内涵,并构建了城市展览产业发展的驱动机制模型,在此基础上,分析了城市展览产业发展的四种典型驱动模式,即产业驱动型、市场需求驱动型、城市魅力驱动型和城市综合实力驱动型,并对四种典型驱动模式的适用条件及特征进行了比较分析;然后详细阐述了城市通过城市功能、城市产业集群和城市竞争力的发展状况,来选择适合自身的驱动模式的结论;最后,对国际展览中心城市汉诺威、巴黎、拉斯维加斯、新加坡和香港的展览产业驱动模式进行了分析与总结。

第四章是城市展览产业发展的组织运作模式研究。本章从产业组织的角度对城市展览产业发展模式进行了研究,回答了"城市展览产业的微观主体如何进行组织运作"的问题。本章首先分析了城市展览产业的规模经济及有效竞争的特殊性,在此基础上,阐述了城市展览业的市场结构合理化、市场行为合理化及市场绩效高度化的内容,并指出城市展览业的组织结构演进方向是"寡头主导,大中小共生";接着分析了城市展览业的微观主体——展览企业集团化运作的动因与模式,并对展览企业的投资模式、运营模式和管理模式进行了分析与比较;最后,对国际展览中心城市汉诺威、巴黎、拉斯维加斯、新加坡和香港的展览企业运作模式进行了分析与总结。

第五章是城市展览产业发展的空间布局模式研究。本章主要从产业空间布局的角度对城市展览产业发展模式进行研究,回答了"城市展览产业如何进行空间布局"的问题。首先,本章分析了城市展览产业空间布局的概念、特征,以及展览场馆与其相关配套设施布局的表现形式;然后,从宏观、中观、微观角度分别对城市展览产业布局进行了分析,即城市展览产业的宏观布局分析、单个城市的展览产业布局分析、单个城市展览场馆之间的布局关系分析;最后,对国际展览中心城市汉诺威、巴黎、拉斯维加斯、新加坡和香港的展览产业空间布局模式进行了分析与总结。

第六章是城市展览产业发展的管理模式研究。本章主要从产业管理与调控的角度对城市展览产业发展模式进行研究,回答了"城市展览产业如何进行管理与调控"的问题。首先,从城市展览产业发展的管理模式内涵分析中可知,城市展览产业管理与调控的主体是政府、市场和协会,根据三者在展览产业发展中调节力度大小的不同,就会形成不同的管理调控模式;接着分别对政府主导型、市场主导型、协会主导型、政府市场结合型四种典型管理调控模式进行分析,并对这四种管理调控模式的特征及其适用条件进行了详细比较;最后,对国际展览中心城市汉诺威、巴黎、拉斯维加斯、新加坡和香港的展览产业管理调控模式进行了分析与总结。

第七章是中国城市展览产业发展模式现状、问题及优化对策研究。首先,从中国展览城市的分布、大型展览场馆的分布、UFI(Union of International Fairs)认证展会的分布以及规模以上展会的城市分布四个方面,对中国城市展览业发展现状进行全面分析;然后,对中国城市展览产业发展"四维"模式的现状、存在的问题及其原因分别进行了深入剖析;最后,根据城市展览产业发展模式优化的理论,提出了中国城市展览产业发展模式优化的内涵与动力、目标与路径、对策与建议。

第八章是结论与展望。本章总结归纳了全书的基本研究结论,并做出进一步的研究展望。

本书的可能创新主要体现在以下三个方面:

第一,本书构建了城市展览产业发展"四维"模式的概念模型,解答了"城市展览产业如何发展"的问题。该模型从产业驱动、产业组织、产业布局和产业管理四个角度,全方位解析了城市展览产业发展模式。每一种"维度"模式又细分为不同的发展模式,从而形成了城市展览产业发展模式体系。

第二,本书构建了城市展览产业发展的基础与条件体系,解答了"什么样的城市才适宜发展展览产业"的问题。城市展览产业发展的"基础"包括原发性基础和依托性基础,"条件"包括直接约束条件和间接约束条件,这些因素在城市展览业发展中的作用存在根本的区别。认清"基础"与"条件"的关系,对城市展览产业可持续发展意义重大。

第三,本书构建了城市展览产业发展模式优化的理论体系,解答了"城市展览产业发展模式如何优化"的问题。根据模式优化理论,本书系统提出了中国城市展览产业发展模式优化的内涵与动力、目标与路径、对策与建议。

目 录 CONTENTS

第一章
Chapter 1

导　论

　　本章是本书的导论部分。首先,分析了城市展览产业发展模式的研究背景,从而进一步指出本书研究的理论意义与实际应用价值;其次,对城市展览产业发展模式的国内外相关研究文献进行了述评;再次,阐述了本书的研究思路与方法,明确本书的研究内容及主要研究框架;最后,指出本书的可能创新之处。本章的研究框架如图1.1所示。

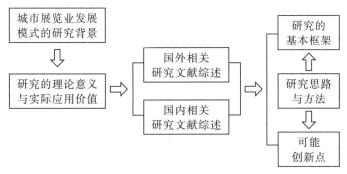

图1.1　第一章研究框架

◀ 第一节　研究背景和意义 ▶

　　展览业是现代工业化和城市化发展的产物,展览业与城市之间具有天然的、内在的密切关系。城市是展览业发展的主要载体,展览业发展主要依托于城市。因此,从城市角度对展览业发展模式进行研究更具有现实意义。

一、研究背景

(一)我国城市展览产业发展的现状

我国展览产业虽然起步较晚,但发展迅速。在举办展览会的数量方面,2018

年我国举办的展会3793个;在展出面积方面,2018年全国展览总面积为14630万平方米;在展览直接收入方面,由2013年的3870亿元增加至2017年的5780亿元;在展览场馆面积方面,据不完全统计,截至2018年12月,我国154个城市共有专业展览场馆164家,场馆室内展览总面积已超过983万平方米[①]。

目前我国许多城市把展览业作为城市经济增长点加以培育,究其原因,展览业的贡献在于不仅为自身创造了可观的经济效益,更主要的是创造了非常显著的社会效益,它带动了举办城市的餐饮、旅游、交通、广告、装饰、物流等行业的发展(罗秋菊,2005)。早在"十一五"期间,我国就有总数达27个的省、自治区、直辖市政府将会展经济(或会展业)列入本地区的发展规划[②]。据不完全统计,2000年1月至2019年9月我国有60个城市颁布了涉及展览方面的法规、意见等共177件,其中有50个城市出台了《关于加快会展业发展的意见》[③]。2019年我国举办展览会数量前十名的城市分别为:上海(545个)、北京(292个)、广州(260个)、郑州(148个)、青岛(176个)、深圳(124个)、杭州(98个)、成都(85个)、重庆(84个)、沈阳(83个),这十大城市大体能代表我国展览的整体水平,其展会数量总和超过全国展会的1/2。[④]

(二)我国城市展览业发展存在的问题

我国城市展览业在一定程度上出现了过热现象,而且发展过程中存在很大的盲目性,致使城市展览业发展中出现很多问题。比较突出的几个问题是:

第一,有些不适宜发展展览业的城市,由政府强力推动,盲目兴建展览场馆。城市展览产业的发展需要一定的基础与条件,并不是所有的城市都适宜发展展览业的。而我国展览场馆的建设在一些中小城市遍地开花,以至于目前展馆建设的总规模已脱离了我国展览业发展的实际。就展览场馆的经营来说,按照业内通常的评价标准,一个展馆的利用率达50%~60%时,才能实现较佳的市场效益。但现实却是,2018年,我国有4个展览馆租馆率在60%以上,占比2%;20个展览馆租馆率为30%~60%,占比12%;49个展览馆租馆率为10%~30%,占比30%;多达91个展览馆租馆率在10%以下,占比高达56%,仅为顶级展馆利用水平的1/6[⑤]。实际上,城市展览业的发展,必须和城市的经济区位以及城市产业结构结合起来,而因为缺乏理论指导或政绩驱动等,当前国内许多城市特别是一些中小市在这方面欠缺考虑,认为建了现代化的场馆就能发展展览业(马勇,2007)。

[①]数据来自《中国展览经济发展报告(2018)》。

[②]过聚荣,2008.中国会展经济发展报告(2008).北京:社会科学文献出版社:7。

[③]笔者根据相关资料整理数据,具体见本书附录E。

[④]数据来自《中国展览经济发展报告(2019)》

[⑤]数据来自《中国展览经济发展报告(2018)》。

第二,我国许多城市展览业发展的驱动模式雷同,资源配置同质化现象严重。各城市政府制定城市发展展览业的战略及举措大体相同。以发展战略目标为例,提出建成"会展之都"的城市多达十几个。其主要原因是,中国是一个行政主导力量特别强大的国家,展会经济被各级政府所重视,有条件或无条件的城市都在竭力打造不同层次的"会展之都"(保继刚,2008)。这种现象从产业层面和区域层面上造成资源浪费与配置失当,从而引发了低水平重复建设和市场恶性竞争,影响到了我国展览产业的可持续发展。

第三,在城市展览业的组织运作方面,许多城市的展览企业和展览场馆数量多、规模小,导致展会泛滥、低水平重复严重。展览产业作为具有双边市场的平台型产业,其效益并不体现在展览会数量的多寡上,而是体现在展览会的规模大小上。影响一个城市展览产业发展的并不是展览场馆数量的多少,而是单个展览场馆的规模的大小。而我国展览企业的注册门槛相对较低,一个城市往往有几百家,甚至上千家展览企业,而实际上存在几十家具有展览经营权的企业就足够了。展览企业的数量多、规模小,直接导致展会泛滥、低水平重复,展览市场秩序混乱,骗展现象时有发生。

第四,在城市展览业的布局方面,许多城市在展览场馆选址上出现失误,造成很大的资源浪费。如深圳会展中心三次选址,两次变更,造成损失近5000万元。还有许多城市没有统一规划和布局,新的展览场馆一建再建,造成很大的资源浪费。展览产业的布局也有一定的规律,只有当城市展览产业对空间的特殊要求与特定空间所提供的软硬件环境相吻合时,其空间布局才能达到最理想的状态。城市展览产业的空间布局首先应考虑城市之间的宏观布局,其次考虑展览场馆在城市空间的布局,最后再考虑城市内部展览场馆之间的布局关系。只有这样,才能避免展览场馆选址失误。

第五,在城市展览业的管理与调控方面,政府越位与缺位现象并存。目前我国许多城市的展览业缺乏政府指导,政府在行政管理上还存在缺位、不到位和越位的问题。具体表现在:一是管理机构缺位。展览业是综合性较强的系统工程,涉及海关、边检、检疫、税务、工商、公安、交通等部门,缺乏总体协调的机构或组织。二是多头管理。目前我国仍对出展(出国出境展览)和来展(境外国家、地区来华参加的展览)实行审批制度,商务部、科技部和中国贸促会都有各自的审批权。三是没有发挥行业协会作用。政府对行业协会的作用未能重视与扶持,制约了展览业的发展。

第六,盲目效仿国外城市展览产业发展模式。我国有些城市发展展览业动辄以国际展览中心城市汉诺威、杜塞尔多夫、法兰克福等为标杆城市,盲目效仿建造超大型展览场馆。实际上,展览产业的成长有其阶段性与历史背景,国外著名展览城市都经过几十年甚至上百年的发展,其展览产业处于成熟阶段,而我国大多数城市展览产业成长仍处于初级阶段,应遵循展览产业初级阶段的发展模式。如果不根据自己城市特点选择合适的展览产业发展模式,而是盲目效仿国际展览中心城市目前的展览产业发展模式,往往造成资源上很大的浪费。

出现上述现象,究其原因,第一是各个城市对展览产业的巨大经济利益的盲目追逐;第二是各城市对展览产业自身发展模式认识不足,在制定展览产业发展规划时,缺乏权威、系统的理论作为指导和依据;第三是各个城市展览产业发展模式趋同,没有根据自身特点选择合适的发展模式。

二、研究意义

展览业素来被称为"城市经济的助推器""城市的面包"等,作为一种绿色、无烟、朝阳的新兴业态,展览业与城市的发展具有高度的依存性。研究城市展览产业发展模式,对城市展览产业本身健康、可持续发展,对城市展览产业合理定位以及我国展览产业合理布局,都有着重要的理论意义和实际应用价值。

(一)理论意义

从单一产业角度来研究产业发展模式,是对产业经济学研究理论的验证与补充。产业经济学研究应该先分析单个产业,包括从总体上看的单个产业的状况,但已有的产业经济学教科书基本上都不设专章论述,即使有相关内容,也不全面,而且也不是从单个产业总体状况的角度进行论述的,应该说这是一个需要弥补的缺陷,它有损产业经济学的完整性和科学性[①]。展览产业作为生产性服务业、具有双边市场的平台型产业,其产业发展模式与一般产业发展模式相比,无疑有自身的特点,需要进行系统的梳理与阐述,从而弥补以往在该领域研究的不足,形成城市展览产业发展模式的理论体系,这是具有开拓性的。

从城市的视角研究展览产业发展模式,是对城市经济学理论的验证与补充。展览产业是典型的城市依托型产业,其发展需要城市提供产业和服务支撑,同时城市又会从展览产业的发展当中得到极大的实惠。城市展览产业发展模式与城市的规模、类型、性质、功能、地位、作用、经济结构、空间结构等息息相关。而城市经济学以城市的产生、成长,最后达到城乡融合的整个历史过程及其规律,以及体现在城市内外经济活动中的各种生产关系为研究对象。展览经济是城市经济的重要组成部分,展览产业是城市产业结构的重要构成。城市展览产业发展模式研究是对城市经济结构与城市成长理论的验证和补充。

从中观视角研究展览产业,是对中观展览理论方面空缺的补充,完善了展览理论体系。目前,对展览理论的研究,从研究内容来看,比较集中于宏观的"展览经

[①]简新华,李雪,2009.新编产业经济学.北京:高等教育出版社:45。

济"与微观的"展览场馆"研究,而对中观视角"展览产业"的研究相对缺乏;从研究范围来看,比较集中于宏观的"国家或区域展览业发展战略"与微观的"展览企业经营管理策略"研究,而对中观视角"城市展览产业"的研究相对不足。以"产业""城市"作为研究对象的展览理论研究,正好弥补了展览理论研究的这些缺陷,通过"城市展览产业"这个层次把宏观展览经济和微观展览企业联系起来,以形成展览理论完整统一,促进和深化展览理论研究和学科建设。

（二）实际应用价值

1. 为城市展览产业发展模式的选择与优化提供理论指导。展览产业在特定的发展阶段、特定的城市具有特色的发展道路和方略,包括产业组织形式、资源配置方式、产业发展策略、产业政策措施等。城市展览产业发展模式研究的任务就是找出适合不同城市特征的产业发展道路,使产业组织形式适合时代要求,使产业发展相关资源达到最优配置。本书研究的目的是实现城市展览产业发展模式的优化,提高城市展览产业竞争力。

2. 为城市政府对展览产业规制和政策制定提供理论依据。为了弥补市场失灵的缺陷,城市政府部门需要对展览产业进行行业管理,实行产业规制,制定和执行产业政策,以促进展览产业的发展和资源的优化配置。城市展览产业发展模式研究,为展览产业政策制定原则的明确、政策目标的确定、实现手段的选择,提供了有益的理论指导,减少了盲目性,提高了自觉性,能够使展览产业政策制定更合理、执行更有效。

3. 为城市展览企业的经营与运作提供理论的指导。展览企业决定举办什么样的展览会、规模多大,哪个行业的展览会,如何组织参展商,如何组织专业观众等之前,首先必须进行产业分析和调查研究,全面、深入、正确地了解展览产业发展现状和前景,市场结构、市场行为、市场绩效、竞争或垄断的态势,进入和退出的壁垒,城市展览产业规制和政策等。否则,企业的经营就会陷入盲目,造成决策失误、经营失败的后果。

4. 对我国城市展览产业发展模式的优化,以及我国城市展览产业合理布局提供理论依据和应用指导。对城市展览产业发展模式的研究,有助于各个城市展览产业的合理定位,有利于各个城市采取适当的展览产业发展模式,制定适当的展览产业发展政策,从而有助于我国展览产业的合理布局。

城市展览产业在中国处于快速成长的阶段,亟须寻求理论依据与理论指导。目前,如何发展展览产业是我国许多城市新的经济发展阶段的全局性课题,但对城市展览产业发展模式,业界和政府部门认识还比较模糊,需要理论界的严谨论证。

第二节 国内外文献综述

鉴于目前对城市展览产业发展模式研究的文献较少,而本书又是从多维度研究城市展览产业发展模式,涉及宏观展览经济、中观展览产业、微观展览企业和展览会等不同层面,因此,本书将从更广的范围对国内外相关文献进行论述。

一、国外文献综述

本书分别以"exhibition""trade show""fair""exposition""industry""city""development model"等关键词,在 ScienceDirect 数据库、ProQuest 系列电子期刊数据库、EBSCO 全文数据库(BSP 期刊)、JSTOR 电子期刊数据库 Business 系列进行了检索。特别是对德国展览专家曼弗雷德·基希盖奥格(Manfred Kirchgeorg)、维尔纳·M. 多恩夏特(Werne M. Dornscheidt)、威廉·基泽(Wilhelm Giese)、诺伯特·斯多克(Norbert Stoeck)主编的《博览管理》(Trade Show Management)一书中的 88 篇学术论文进行了系统梳理。下面分别从宏观展览经济、中观展览产业、微观展览企业与展览会三个角度对国外相关文献进行述评,以期对城市展览产业发展模式研究有所帮助。

(一)国外展览经济研究述评

由于对会展举办地做出了重要经济贡献,会展业的经济作用已得到了全世界的认同(Dwyer, et al., 1997; Dwyer, et al., 2005)。为了获得经济效益,大量的资源被配置到会展业上(Muqbil, 1997; Carlsen, 1999)。政府采用发放发展贷款、鼓励投资、减免税收、培训辅助、宣传及市场活动等方式给予支持(Cooper, 1999),所以,有关会展业对经济产生影响的信息对确定政府支持的合适程度至关重要。但由于该产业缺少经济作用的准确数据,举办地对会展业的资源配置或者过剩或者不足,势必造成经济收益的降低。

自 20 世纪 80 年代以来,许多学者采用了不同的方法对会展做出的经济贡献进行了估算。应用最为广泛的估算方法是活动评价方法(Burns, et al., 1986; Burns, et al., 1989; Crompton, 1999; Getz, 1994)。Dwyer 和 Forsyth(1997)、Dwyer 和 Mellor 等(2000)以活动评价方法为基础,开发了适于评价会展业的经济影响的框架。一些研究人员为了说明一次会展所带来的经济影响,估算了与某次会展相关的总消费(Braun, 1992; Convention Liaison Council, 1993)。Kima 和 Walker(2012)主要从致力于完善社区基础设施的自豪感、增强社区归属感、增强社区自豪感、展会事件刺激和社区振奋五个方面对大型会展活动的非经济性影响进行了分析。也有学者提出以互动机会模型、乘数概念、可计算一般均衡、投入产出分析来估算展览行业对地区或国家的经济影响。在实证研究的评估对象选择上,以具体会展活动和整体会展业为主。数量最多的是针对具体会展活动的地方经济影响评估,如 Crompton 等(2001)、Kim 等(2010)、Litvin 等(2013)12 项研究。其次是特定地域内整体会展业的经济影响研究,其中评估全国范围影响的文献有 Kim 等(2009)等 5 项;评估地方影响的文献有 Braun(1992)、Cao 等(2000)。近年来新增加的研究对象,例如 Joppe 等(2006)对一定时间段内某地多次会展活动的经济影响评估;Rephann(2014)基于会展场馆的建设期和运营期经济活动影响评估。

在会展业的经济影响方面,部分学者进行了典型案例研究。Dwyer 和 Mellor等(2001)对澳大利亚过去 10 年会展消费的经济影响进行了研究。美国威斯康星州分析了 2001 年州交易会的经济影响,认为交易会给举办地密尔沃基市和整个威斯康星州分别带来了 6700 万美元和 4880 万美元的直接和间接效益。在这份研究中,以举办地点工资、交易会期间的当地经营者销售额以及外来游客的消费来衡量直接效益。Kim 等(2003)运用投入产出模型,从会展业的产出、就业、工资收入、增加值等方面对韩国会展业的经济影响进行了分析,并比较了会展业与其他出口产业的乘数效应、创汇率和替代效应,得出的结论是会展业对韩国的经济影响非常显著。Ricard 和 Wesley(2007)通过详细的每周电影(weekly movie)剧场数据对电影展览业的影响力进行了翔实的分析。Girish(2012)等学者针对 2012 年伦敦奥运会,应用理性行动理论与社会交换理论,对 2012 年奥运会的社会文化、环境、经济之正负面影响进行了综合评价与分析。澳大利亚 URS 有限公司的研究报告《悉尼扩建会展设施的经济影响分析》尝试量化研究因会展设施设备不足而失去的产业支出而非新建会展设施带来的经济影响,会展设施设备不足导致产业潜在支出减少了 4.77 亿美元的经济活动、2.18 亿美元的州总产出以及 3037 个工作岗位。2010年牛津经济研究院(Oxford Economics)从反面视角论证了会展业具有巨大经济影响,签证障碍使得美国展览中的交易额会减少 26 亿美元。Litvin 等(2013)采用案例分析描述了涨潮效应(rising tide),即节庆期间来自饭店出租率提高的经济贡献。Herstein 和 Berger(2014)重点研究了中国 2008 年奥运会的举办对北京的城市形象产生的影响的评估,认为政府投资的巨额资金用以建设与奥运会有关的基础设施,更多的不是为了短期的回收经济利益,而是一种经济实力的展示,是一种城市美好形象的树立,更是一种长期投资。Yee 等(2012)以澳门会展业为研究对象,探讨服务水平在顾客认知、情感和行为反应中的重要作用,以及如何影响澳门会展产业竞争力。

(二)国外展览产业研究述评

从产业分类的角度来看,会展业不是直接的物质生产产业,而是从属于为相关物质生产活动提供服务的第三产业中服务贸易的范畴和领域(Ducate,2000)。产业结构作为会展业发展的基础,是城市培育会展品牌的先天优势,会展业只有与产业结构调整相结合才能发展壮大,才能带来长久的利益。应该通过会展业关联效应和扩散效应,提升产业结构水平,带动建筑、旅游、餐饮、金融保险等其他产业的发展,使产业结构的发展顺着第一、二、三产业的优势地位顺向递进的方向演进,顺着劳动密集型产业、资本密集型产业、技术(知识)密集型产业分别占优势地位的方向演进,使城市的产业结构向着更加合理化和高度化的方向发展,从而推动经济的发展,最终形成会展业与产业结构的良好互动(刘易斯·卡布罗,2002)。

发展会展业需要城市基础设施、人文旅游环境、周边地区辐射能力、会展人力资源、会展管理体制、会展品牌建设、经济总量、产业基础、市场基础、对外贸易十大条件,对会展业要从政治环境、经济环境、社会环境、人才环境和技术环境五个方面进行衡量(安昌达人,1985)。展览业在城市区域竞争力中扮演着重要角色(Rubalcaba-Bermejo,et al.,1995)。Jin(2012)通过实证研究证明了产业集群发展对展览目的地吸引力的影响,并创新性地开发了相应的测量方法对展览业中的集群效应进行了测度。Lee(2013)统计了韩国1999—2009年会议和国外参观者的数量,表示快速增加的会议市场需求使韩国很多城市都争相建设会议场馆和设施,由此带动了会议城市的基础设施建设。

近年来,亚太会展产业发展迅速,一些学者对亚太地区会展产业发展进行了案例研究。澳大利亚国家旅游可持续发展合作研究中心主任利奥·杰戈(Leo Jago)教授(2006)对亚太地区会展产业评估所面临的主要问题进行了总结与概括,提出了产业评估及数据收集的建设性建议;越南河内旅游学院阮孟泰(2006)分析了越南会展产业发展的机遇与威胁,以期揭示产业规律,挖掘产业潜力,促进产业持续发展;泰国普吉宋卡大学服务产业系Tansakul等(2006)对曼谷都市圈的会展产业服务设施、设备的发展潜力进行评估,结果显示曼谷都市圈的会展产业设施设备良好,有着巨大的发展潜力,但应该加强公共部门和私人企业的合作以提高产业竞争力。McCabe(2008)针对澳大利亚会展产业就业者情况进行分析,通过对126位供职于会展业的职员进行问卷调查,结果发现会展业的职员大多受过良好教育,女性居多,并且往往都有一个相对成熟的职业规划。

随着互联网+的发展,有些学者开始关注互联网推动下展览业的发展。Pearlman和Gates(2010)研究了在市场需求旺盛和会展企业预算有限的背景下,会展业中虚拟现实应用的火热究竟是一时的潮流还是未来的趋势,并以实证的方式调查了人们对虚拟现实技术的认知、接受程度和实际应用的情况。国外的实物会展在规模和知名度上都已发展到较高的水平,所以学者们更关注虚拟会展对实体会展的辅助作用。Astroff和Abbey(2002)认为虚拟展览就是将参展商的产品及资料通过互联网的方式向客户展示,从而达到宣传产品及公司形象、赢得用户和增加市场份额的目的。相较于传统会展,虚拟会展具有不受时间地域限制、传播广、低成本等优势。

还有一些学者应用了不同的研究方法对展览业进行了研究。Andrew等(2007)通过运用描述研究设计与探索性因素,从展览组织者的角度来分析如何构建会展业战略规划,并以中国会展市场作为案例展开如何进入中国展览市场的论述。Pizey和Huxham(1990)用群体决策支持系统对会展业进行研究,即用决策技术方法来研究大型展会如何抓住各个时间段的机会,进而提高展览会对产业链上的各个部门的影响力。这种方法对于今天会展业而言仍具有一定的参考价值和借鉴意义。

(三)国外展览企业与展览会研究述评

从微观角度看,国外对展览业的研究比较偏重于展览实务,特别是对展览会的策划、执行、控制与管理的研究。对展览企业的研究主要集中在展览企业的战略性管理,展览企业的运作性管理,展览企业的活动、会务和服务管理,参观商与参观者的管理等四个方面。对展览会的研究主要集中在展览会功能研究、参展效果研究、参展商研究、参观者研究等方面。

展览企业对市场调研有强烈的需求,因为规划市场活动(博览会和贸易展览会)是这类公司的主要业务。因此,作为展览企业要为制定战略性的企业决策而做市场调研、为制定战略性的产品决策而做市场研究(Ulrich,2003)。展览会市场研究的潜力在于对每种展览信息做跨越个体界限的、具有决定性与支配性的使用。质量上具有价值的个案研究结果能够结合其他附加获取的指数,让展览公司和参展企业的市场营销策略更加适应客户的需要(Scheffler, et al.,2003)。Puhe和Schaumann(2003)以及Fuchslocher(2003)分别介绍了针对参观者和参展商而使用的市场研究手段。

信息收集为展览的特殊目标和基本战略决策的演绎奠定了基础。在环境发生变化的时候,对确定的展览管理的战略性原则带来一种特别的价值。对于作为服务企业的展览公司来说,确立客户导向以及设置瞄准市场的运作,"文件夹"扮演了一个重要的角色,因为它们隶属于战略性展览营销(Dornscheidt,2003)。展览企业是否成功很大程度上取决于它究竟在多大范围内掌控对连接展览环境中所有重要传播要素的关系网络的建设和服务(Esser,Reinhard,2003)。

单个展览活动塑造了一个展览企业原本产品的绩效。就此而言,新产品的开发是展览管理必须面对的重要决策。Schraudy(2003)对新的展览主题如何诞生以及如何开发新的展览会进行了深入分析。展览行业目前正经历着影响深远而广泛的变化。现今的展览公司不再将它们的活动局限在租借展览空间和展馆内。取而代之的是,日益激烈的竞争迫使它们平稳地扩展它们所提供的客户服务及传播服务——所谓的"非空间产品"(Witt,2003)。服务在很大程度上是靠客户的经验和信赖赢得声望的,以至于对目标群体来说,展览品牌肩负了一种重要的取信和导向任务。展览即品牌,要像管理品牌那样管理展览会(Wenhart,2003)。Peter和Scharrer(2003)以法兰克福公司为例,其对展览企业的母品牌和子品牌战略的实施进行了评估。另外,从用户角度出发,观展体验实际的提升效果也是重要的研究方向。美国会展研究学者Fenich(2014)在《会展与节事旅游》(*Journal of Convention & Event Tourism*)上发表的三篇关于千禧一代参与会展活动时,偏好使用互联网技术进行交流的研究是相关研究中较有代表性的。Fenich(2011)的研究通过科学的实验和测试清晰地反映出参与会展的观众在观展过程中对会展所运用的互联网技术的实际反馈。结果显示,千禧一代更偏爱通过技术进行交流,以满足对展会活动情况进行即时反馈并得到回应的需求。这也表明伴随着互联网一同成长起来的千禧一代,更有意愿为好的服务和体验买单。会展客户需求的变化也在推动和促进会展业使用最新的技术去不断进行服务升级,以更好地满足客户的需求和体验。

展览能在一定的时间限制下组合当地的网络关系,使供求关系以相当集中的形式交集。这就是展览与其他市场组织形式相比的成功之处,但对展览组织者来说也是一个很大的挑战。因此,展览企业构建战略联盟以及实施合作和建立网络具有重要的战略性作用。展览业的不同举办者,提倡维护和发展展览联盟(Robertz,2003)。对展览企业来说,与协会的战略合作具有重要的意义(Dornscheidt,2003)。由于目标群体的交叉重叠,展览业与出版业之间便具有战略合作的可能性(Morawietz,et al.,2003)。展览企业完整构建服务网络也具有可能性(Rahmen,2003)。

展览企业的扩张可以通过商务活动的一种持续的国际化得以实现。Giese(2003)以杜塞尔多夫博览集团为例,分析了德国展览企业的国际化战略。Raue(2003)分析了主导展览向海外移植的可能性和边界,并指出国际品牌化必不可少。Wutzlhofer(2003)分析了展览企业国际化的成功要素,指出促进展览企业国际化成功的一个重要因素是,它们开始倾向于中型企业,特别是那些业务经营越来越多地涉及全球范围的中型企业。Dawson(2014)等人以61家中国会展企业实证研究,得出企业之间的创新合作可壮大企业实现更多价值,促进城市会展的发展,提高其竞争力。

对展览企业的运作性管理的研究主要集中在展览管理中工程计划及其实施、工程和展览控制、展览的组织结构与人事等方面。一个富有效率的工程和过程管理是展览管理的主要成功要素(Hufnagel,2003)。在实施大量工程时,现代信息技术的运用对所有展览企业来说已成为重要的竞争因素(Kürschner,2003)。与展览活动的计划和实施紧密联系的有入口服务整合问题(Griebler,2003)、活动组合对展览的增值性问题(Bühnert,2003)。在实施展览工程时,也要重视后展览阶段,以便能够建立一种长期的连接参展商和参观者的纽带关系(Weiss,et al.,2003)。展览所提供的产品在很大程度与个人服务绩效联系在一起,以致员工的资质在展览管理中扮演了一个引人注目的角色(Degen,2003)。Ahmad(2016)等人通过对会展人才的能力研究,提供提高会展竞争力的所需优势,分析过程主要反映了四种能力,即企业家能力、运营能力、个人特征能力和沟通能力。

面对展览业中日益升高的竞争强度,展览的服务、会务和活动呈现出持续拓展的趋势。在不同背景下,活动、会务和服务管理常常表现为某一展览企业管理的整合部分。博览会期间的会务管理(Henschel,2003)、大型会议中心管理(Svoboda,et al.,2003)、展览活动绩效评估(Zanger,2003)、展览会的餐饮供应(Suhling,2003)等方面对展览会的成功举办都相当重要。

对参展商和参观者管理方面的研究也是一个很重要的部分。成功的展览管理要求整合参展商和参观者的目标和效用(Meffert,2003)。在参与展览时,目光不应只集中于展览活动本身,还应特别放在展览活动的准备阶段和善后阶段(Tesche,et al.,2003)。参展商可以理想化地通过展览来建设沟通网络(Prüser,2003)。Kim(2008)基于现有的文献资料,运用SERVQUAL(service quality,服务质量)的概念,提出并验证会展服务品质与参展商绩效的衡量维度。美洲协会专家学会(American Society of Association Executives,ASAE,2009)所做的研究发现,参展商关注的会展主办地的因素主要有18项,其中,最受参展商重视的因素是展览场馆的设施,第二重视的因素是会议中心的设备,其他影响因素按重要程度排序依次为专业的服务品质、旅馆房间数、政府部门的态度、举办地的吸引力及形象等。

综上所述,从国外对展览业研究现状来看,展览业在国外已经得到了成熟的发展,研究已相当深入,并向相关领域拓展。其主要表现在:第一,展览理论的研究内容和涉及领域比较丰富,并逐渐形成完善的理论框架;第二,展览业管理机构及行业组织的发展相当完善,并发挥主要职能;第三,展览已经成为一门学科,各高校纷纷开设展览专业课程和培养展览专业人才;第四,学者们非常熟练与恰当地把管理学、经济学、组织行为学、营销学、广告学等相关理论广泛地运用到展览业自身的发展研究中来,并逐渐推动展览管理学、展览经济学、展览营销学等交叉学科的建设,丰富和发展了展览内涵。

然而,国外研究者对展览的某些领域的研究也存在着一些不足。比如,西方的展览研究比较强调细节,注重操作,虽然在展览的实务方面卓有成效,具有较强的可操作性,但由于市场经济发展程度及国情不同,国外学者很少从产业的角度、城市的视角来研究展览业,这样一来,就缺少对城市展览产业发展本质的把握和展览产业学科方面的系统构建。总之,从目前已有文献资料来看,尽管国外城市展览业发展已是一个显著的经济现象,但国外研究者从城市的视角,对展览业进行研究的还不是太多。另外,国外研究者着重展览会和展览企业的研究,相较而言对展览经济与展览产业研究不是太深入。对于行政主导力量比较强大的发展中国家来说，从宏观和中观的视角研究展览也是相当重要的。

二、国内文献综述

由于专业术语和概念的不统一，国内学术界经常出现实则研究"展览"，称谓却为"会展"的现象，因此本书国内文献综述中包括"会展"的相关文献。本书以"展览产业""会展产业""城市"和"发展模式"等关键词，对中国知网中国期刊全文数据库、维普中文期刊数据库、万方数据库资源系统——中国学位会议论文全文数据库、超星数字图书馆和人大复印资料全文数据库进行了检索。下面从四个方面，对国内相关文献进行综述，前三个方面是与"城市展览产业"相关的研究述评，具体包括：宏观角度——城市展览经济、中观角度——城市展览产业、微观角度——城市展览企业和展览会；第四方面是与"城市展览产业发展模式"相关的研究述评。

(一)城市展览经济研究述评

从宏观角度来看，国内研究者对城市展览经济研究主要集中在展览经济对城市发展的影响研究、(单一)城市展览经济发展战略研究、展览城市定位研究、展览城市竞争力研究等方面。

会展经济对城市经济发展有良好的促进作用，被誉为城市发展的"助推器"(陶婷芳，2003)、现代城市"新的经济增长点"(程红，2003)、城市"晴雨表"(钱小君等，2007)、城市经济发展的"催化剂""加速器"(袁桂芳，2007；周志平，2008；秦汉，2019)。部分学者对会展经济的直接经济影响或拉动效应进行了对比研究(周常春，2004)、实证研究(胡平等，2006；武晓芳，2006；毛晓红，2007；毕监武，2008；刘大可等，2009；罗秋菊等，2014；童璐，2014；张岩岩，2017)、定量分析(黄秋波，2009)。城市会展经济与城市发展是双向互动的，具有互动效应(张小月等，2006；涂成林等，2008；罗薇，2008；陈柳钦，2008；刘松萍，2008；楼嘉越，2009；牛秋婷，2016；储祥银，2016；孔德文，2018；何建东，2019；陈凯，2019)。会展经济的发展有利于城市功能的提升、完善与优化(俞华等，2005；过聚荣，2006；阎金明，2007；沈丹阳，2007；曾武佳，2008；史国祥等，2008；程建林等，2008；吴晓楠，2014；曹晓兵，2019)，有利于提升城市品牌形象(田书琴等，2008；刘云峰，2014；张丽等，2018；何刚晴，2018；洪晔，2019)。另外，会展活动对主办城市也有一定的社会影响(刘民坤，2009；赵驹，2012；陈章喜，2012；谢沁，2018)。

国内研究者对某一城市会展经济(产业)发展对策、策略或战略研究相当多，比如，北京市(张娜，2001；杨易，2003；吴煌森，2003；侯汉坡等，2004；王漪，2018；何昭阳等，2019；贾晓艺，2019)、大连市(阎忠吉，2007；王冬梅，2008；刘嫔，2009；徐晓颖，2013；张晓娴，2016；王雪等，2017；吴晨晨等，2018)、合肥市(杨皖苏等，2009；齐先文等,2013;潘峰等,2014;雷若欣等,2018)、西安市(朱永旺,2005;张庚元,2008;赵旭,2016;安婷等,2018;朱彦等,2018)天津市(李媛,2007;肖冉,2017;王涛,2019)、南京市(李娜,2005;侯朝炜,2016)、厦门市(翁剑山,2006;吴媚,2016;杨威,2017;黄靖怡,2018)、长春市(范艳丽,2007;逯晓蕾等,2019)长沙市(张红卫,2004;罗文章,2005;谢亚可,2009;周森,2015;欧阳安贞,2017)郑州市(林绍贵,2009)、上海市(陈江,2002;胡斌等,2004;董宝萍,2005;王云玺,2006;杜诗圣,2009;杨崛,2009;林云,2018;张燕霞,2018)、沈阳市(李军,2007)、南宁市(钟颖,2007)、武汉市(方亚飞,2005)深圳市(胡春林等,2009)、青岛市(王瑛等,2009)牡丹江市(张冬冬等,2007;董秀华等,2009)、广州市(徐印州,2008)、杭州市(方蓉,2008;余晨杰,2016;刘雅祺,2017;张永庆等,2018)、成都市(唐熹等,2004;张哲乐等,2009;黄杉,2009;练建华等,2017)、哈尔滨市(孙娜,2009;王洋等,2018)、桂林市(黄燕玲等,2004)等。也有学者对我国城市会展经济普遍存在的问题进行了深入分析,如盲目发展、规划滞后、政策乏力和政府"错位"四大问题(沈丹阳,2003)。我国展览行业还处于起步阶段,展览品种多而杂、市场混乱、展览重复、缺乏具有世界影响力的品牌展会、缺乏行业专业的人才、展馆盲目上马,二线城市展览配套服务水平低等问题仍然阻碍着我国展览行业的发展(刘东慧,2014)。

城市发展展览经济,定位是关键。各城市要围绕城市会展资源禀赋条件,结合会展市场发展情况,找准城市展会类型和规模定位、区域定位、专业特色定位以及城市形象定位,走差异化办展之路成为城市会展经济发展的首要途径(龚荷英,2007)。一些学者对我国部分城市会展区域定位进行了研究,如,上海建设国际会展中心战略探讨(徐骏,2004)、广州构建区域会展中心城市的模式与策略研究(唐洁,2006)、厦门建设海峡西岸会展旅游中心城市研究(陈霖婷,2006)、南宁市建设区域性国际会展城市研究(赵雄鹰等,2007)、西安会展业打造西部会展中心研究(曹林,2008)、北京构建国际会展中心城市战略研究(王春才,2009)、上海浦东建设世界级会展中心的差距诊断(屈雪莲等,2009)、临空经济区会展业发展研究(王刚,2018)、打造符合首都功能定位的会展活动聚集区(杨登科,2019);张敏、曾路(2007)以厦门会展业为例,对会展业发展战略中的定位问题进行了探讨;冯秀梅(2017)以秦皇岛市为例,对其会展旅游品牌定位与建设进行分析。另外,一些学者对城市会展形象定位也进行了研究,如,上海市会展形象的定位与构筑研究(赵宁,2005)、浅析桂林会展目的地形象定位(郝庆智,2011)、品牌会展对城市形象影响及提升策略研究(洪晔,2019)等。

会展城市竞争力的研究是评价城市会展业发展的现状和潜力、帮助城市更好地参与国内和国际会展竞争的重要依据。李海霞(2008)对影响会展城市竞争力的主要因素进行分析后建立了由现实竞争力、潜在竞争力和竞争环境支持力三个层次构成的城市会展竞争力圈层模型图,并构建了具体的评价指标体系。程建林、艾春玲(2008)运用城市竞争力"弓弦箭模型"分析框架,结合会展业发展的特点构建了我国会展城市竞争力模型,并选取了2005年我国的22个城市进行了实证分析。孙玲、林辰(2013)从经济环境和旅游产业环境两个方面研究会展产业竞争力,对于大型城市来说,城市整体的经济环境竞争力对会展产业的发展影响更强,而旅游业影响较弱。蔡礼彬等(2014)在"钻石模型"基础下进行实证分析,并构建了会展业竞争力模型,将其分为六个部分:经济综合实力、会展场馆、政府和行业协会、会展人力资源、会展企业、服务业发展水平。张海洲等(2017)依据ArcGIS软件探讨城市会展产业发展的影响因素,城市角度有城市的区位、发展战略和所在都市圈;会展角度是产业发展阶段和产业工程。肖惠冰(2019)借助核心因素(会展企业和科技创新)、基础因素(资源禀赋)以及产业环境因素(政府支持),构建了城市会展竞争力影响因素的理论模型。

(二)城市展览产业研究述评

国内学者对城市展览产业的产业竞争力、产业集群、产业链、产业组织、产业布局、产业政策等方面都有所涉及,特别是对产业竞争力、产业集群及产业链的研究相对较多。

城市展览产业竞争力就是城市展览产业在经营中拥有的能力或优势。许多研究者对城市会展业竞争力影响因素与评价指标体系进行了研究(赵丽,2006;赵秀芳,2007;于世宏,2008;王述珍等,2009;胡平,2009;翟红斌,2009、肖惠冰,2019)。一些研究者对部分城市会展业竞争力进行了实证研究,比如,南京市(吴子瑛,2005)、哈尔滨市(唐桂娟,2007)、上海市(胡晓蕾,2006;褚秀慧,2008;王晶,2008)、青岛市(唐洪鹏,2007;刘朋,2009)、天津市(王涛,2019)。另外,一些研究者从不同的视角对我国会展业竞争力进行了研究,如,基于展馆视角的我国会展区域竞争力差异分析(胡平,2007)、中国会展业的产业集聚和产业竞争力研究(董珊珊,2005)。张乐(2012)提出七条整合策略来提升会展产业竞争力。张晓明和周根贵(2018)指出生态化是会展产业发展的新趋势。

城市展览业发展与产业集群发育均是诸多因素影响下产生的经济现象,大中城市中两者时常同时出现。学者对两者之间的关系进行了深入分析,如,会展业与产业集聚具有互动效应(于世宏等,2007;牛秋婷,2016);会展业与产业集群发展具有耦合关系(罗燕等,2008);会展业水平的提高会拉动产业集群规模的扩张,但会展业水平的提高并非由于产业集群规模的扩张(张旭亮等,2009);产业集群催生现代会展业的兴起,现代会展业为产业集群的发展提供有效的平台,实现互推互进、协同发展(裴向军等,2009;杜泽文等,2017)。还有学者从不同视角对会展产业集群理论进行了研究,如基于生产性服务业集群视角的会展业资源整合研究(王永刚,2007)、会展产业集群竞争力评价研究(慕晓萍,2008)、基于GEM模型的会展产业集群竞争力评价研究(李蓓蕾,2009)、新常态下中国会展业发展现状与对策研究(赵富森,2016)。另外,一些学者对上海会展业集群进行了专题研究(许文等,2007;张小月,2007;林敏,2009;卢晓,2012;彭鹏,2017)。

展览产业链是展览产业按特定顺序依次进行生产经营环节而构成的具有连续性、关联性的链条或系统。会展产业链研究目前主要集中在对会展产业链整合以及会展产业链结构优化两个方面。在会展产业链整合方面,徐佳(2005)从经验和理论的角度分析了会展产业链的规律,提出了基于世博会的上海会展产业链整合模式;丁振西(2007)以昆明市为例,对会展产业整合模式进行了分析,并提出了其实现的条件。在会展产业链结构优化方面,仇其能(2006)通过构建合理、高效的会展产业链来研究一种相对比较适合我国实际的会展产业运作模式;余向平(2008)对会展产业链的结构及其产业延展效应进行了研究;韩元军等(2009)对电子商务环境下会展产业链的结构进行了分析;张巍(2008)分析了城市会展产业链中的酒店结构演化;黄月(2009)分析了会展业的服务供应链及其信息系统设计;施谊等(2013)用回归分析的方法进行会展产业链互动关系的实证研究;蒋魏立(2016)进行会展产业链的结构及辐射效应研究;赵莹(2018)基于价值链理论进行会展企业盈利模式研究;倪玮(2019)提出要凝聚会展产业链上的领军者与智库力量。另外,庞华等(2009)对珠三角会展产业链进行了研究。

正统的产业组织理论体系是以市场结构(S)、市场行为(C)、市场绩效(P)为框架的。研究者们对展览产业组织的研究也大多基于SCP分析框架,如中国会展产业的SCP分析(杨红,2006;应彩虹,2006)、上海展览产业的SCP分析(辜仕勇,2004;曹征,2005)、北京市会展产业SCP分析(李新玉,2006)、中德会展产业SCP比较研究(曹征,2005)等。还有研究者对部分城市展览业市场特征进行了实证分析,如,北京市(刘大可等,2008)、上海市(刘大可等,2008)、广州市(刘大可等,2009)等。另外是关于提高会展产业组织效率方面的研究,如政府在展览产业组织结构优化中的定位研究(陈启杰等,2007)、会展承办组织的服务过程能力研究(田飞,2007)、依托行业协会治理会展行业的必要性和有效性及其治理机制和有效途径研究(周勇,2004)、基于SCP范式研究中国会展业市场结构分析(高洁,2015)。

国内研究者对会展产业布局研究主要集中在会展产业布局优化、会展中心选址、海外会展空间布局经验借鉴等方面。对会展产业布局的优化研究,主要有会展经济的空间集聚与扩散研究(王云龙,2003)、上海会展场馆的空间布局优化(贾洁等,2004)、城市会展产业的发展布局与创新模式研究(鞠航等,2006)、现代会展业空间布局分析(田甜,2006)、上海市会展业空间布局演化及其机理分析(朱其静等,2016)、珠三角城市会展业空间布局现状及其优化(吴童,2015)、会展场馆的空间布局与功能定位研究——以济南市为例(孙杨等,2019)等。对会展中心选址方面的研究,主要有会展中心规划研究(许吉航,2000)、会展中心建设选址决策分析与建模研究(杨嘉,2003)、基于层次分析法的会展中心选址评价体系(朱坚鹏,2008)、会展场馆的区位分析(张若阳,2008)、国际会议选址因素重要性的感知差异分析(沈晔等,2013)等。另外,部分学者对海外会展业空间布局进行了研究,如德国大型会展中心选址模式及场馆规划(许懋彦等,2003)、德国与香港会展业空间布局的研究及启示(朱海森,2004)等。

国内研究者对展览产业政策的研究主要集中在政府与展览产业发展关系方面,如,中国展览业的发展战略和政府管制研究(金谊,2001)、政府在展览业产业组织结构优化中的定位(陈启杰等,2007)、会展城市经营中的政府行为及对策研究(姜雅静,2008)、政府职能在会展业发展中的失范与规范研究(王东强等,2008)、我国会展业发展过程中的政府行为研究(陈靖,2009)、政府对会展业支持的国际比较研究(杨国川等,2009)。其他与展览产业政策相关的研究,如,重构我国展览市场秩序的思考(邓永成,2007)、我国展览业管制对竞争力的影响(张金科等,2006)、中德会展产业格局及其政策比较分析(吴建华等,2009)、会展行业鼓励性政策研究(梁影晖,2016)、基于政策文本的京津冀会展产业政策研究(回凤瑾,2017)、云南会展业发展中的政府职能研究(葛宏达,2017)等。

除了以上城市展览产业方面的研究以外,国内研究者还对城市展览产业的一些基础理论进行了研究,其主要包括:城市会展业发展动力模式研究(高静等,2003;胡斌,2004)、城市会展业发展能力研究(牟群月,2006;林蔓,2006;陈爱宣,2007)、城市会展产业发展系统研究(王春雷,2006)、会展产业形成机理研究(余兰,2007;张义,2007)、对我国会展理论研究现状的思考(穆智莉等,2016)、基于共生理论的会展综合体设计研究(侯晓,2018)等。

总的来说,上述研究为进一步开展对城市展览产业发展模式的探讨奠定了一定的基础。但不得不承认,我国城市展览产业发展还处于起步阶段,展览的理论及实证研究也很不成熟。城市展览产业理论研究主要集中在产业竞争力、产业集群、产业发展战略等几个方面,对城市展览产业发展模式的研究还没形成体系。城市展览产业实证研究也主要集中于北京、上海、广州以及其他省会城市,大多数研究者都是针对不同城市而进行实证研究,而对城市展览产业发展的普遍性规律很少涉及,因此,其得出的结论对其他城市展览产业发展缺乏指导性。

(三)城市展览企业和展览会研究述评

从微观角度来看,国内研究者对展览企业的研究比较集中于对展览公司——会展中心的研究。对会展中心(企业)研究主要集中在会展中心的营销策略(张艺,2001;向玲,2001;於立红,2005;应丽君,2006;郑刚,2007;朱琪琪,2008;赵汗青,2017;司徒慧明,2018;都薇,2018)、会展中心的发展战略(李锴,2005;马莉,2006;

于鹏,2007;蒋胜蓝,2017;田利红,2018)、展览公司的竞争优势研究(叶志群,2001;张垚,2003)等;对会展企业管理方面的研究,主要包括对会展企业全面预算管理(刘全亭,2002;董磊,2019)、企业运营(郭群,2004)、成本控制(杜志强,2006)、危机管理(刘明广,2008;崔佳山,2016;陶城,2017)、绿色管理(刘民坤,2009;李玺等,2018)等;对会展企业之间关系方面的研究,主要有上海中外办展企业竞合研究(娄静,2006)、商业生态视角下的会展企业关系优化研究(于永海,2009)等。

国内研究者对展览会的研究主要聚焦于展览会价值及功能方面研究、行业展览会发展策略研究、参展商研究及其他相关研究。展览会价值及功能方面的研究,主要有展览会的系统性分析和支持系统(余斌,2004)、利用展览会开拓国际市场的效用和策略研究(王凤娥,2006)、基于顾客价值的消费类会展品牌塑造研究(苏静,2008)、基于客户转化模型的贸易展览会效果研究(王春燕,2007)、展览会选题定位及运作模式研究(罗秋菊,2008)、从展览会展示的历史特征谈其功能及影响(杨国杰,2019)等;还有单独某个行业展览会方面的研究,如体育用品展览会(陈文倩,2008)、纺织服装展览会(江勇,2002)、家具展览会(卞娟,2003)、美容业商品展览会(孔祥芝,2007)、新能源行业展会(林莉梅,2009)、旅游交易会(罗秋菊,2013)等;另外,还有单一或某类展览会方面的研究,如,中国出口商品交易会发展战略研究(吴江,2002)、中国—东盟博览会危机诱因分析与对策研究(张三峰,2007)、我国政府主导型展会的现状与对策研究(欧阳宇飞,2005;李国勇,2017;吴花、秦荣廷,2018)、国内专业性展览会时空与产业特征分析(彭学强等,2008)等。

关于参展商方面的研究,主要包括参展商参展决策研究(罗秋菊,2007;曹雯,2009)、参展商参展效果提升策略研究(崔乾慧等,2018)、基于参展商角度的会展项目管理之展位形象设计(曾鸿燕,2019)、参展商对展馆服务的满意度研究(徐洁等,2008)、基于参展商视角的展览环境评价与优化研究(苑炳慧等,2009)等;关于专业观众方面的研究,主要包括专业观众参观展览会的决策研究(罗秋菊等,2007)、纺织服装专业展览会客户失望与后悔对其满意度影响研究(樊玲,2004)、参展商和专业观众参与展览会价值共创机理研究(张翠娟等,2019)等。

关于展览会其他方面的研究还有论电子商务给贸易展览会带来的机遇和挑战(崔雁,2003)、重庆企业境外参展的现状分析及对策研究(邹航,2006)、上海展览会国际化驱动力研究(张阳等,2009)、基于并购视角的展会核心竞争力研究(张阳等,2009)、论大型会展活动遗留场馆后续经营"IP"创新(谌远知,2018)、探讨VR技术给会展业带来的影响(白晶晶,2019)、5G如何影响会展业(刘慧慧,2019)。

(四)城市展览产业发展模式研究述评

目前关于城市展览产业发展模式的研究不是太多,与之相关的城市会展旅游发展模式研究相对还多些。城市展览产业发展模式的相关研究主要集中在政府主导型展览业发展模式研究、城市展览场馆经营管理模式研究、国际展览业运作模式的借鉴与启示、我国城市展览产业典型模式的初步探讨等方面。

关于政府主导型会展产业发展模式研究。政府主导型会展发展模式在表达会展经济特征中的"城市助推器"和"城市面包"、改善城市公共服务体系特别是迅速形成产业规模和市场规模方面有着其他会展发展模式无法企及的作用。基于我国会展产业仍处于发展初期,全面采用这一模式对我国会展产业的健康发展有着十分重要的现实意义(陈锋仪,2008);政府型会展发展模式也有它的缺点,作为城市决策者,政府应该清楚这一点(库瑞,2008);目前我国会展管理体制、运作模式带有强烈的行政干预色彩,发展模式有待创新(郭巍,2009);我国会展业发展模式应该是一种市场化、产业化、规范化的市场主动型发展模式(郑昌江、成雪,2007)。袁亚忠、章晓檀(2013),沈金辉(2015)等从具体地区出发,在分析当地具体情况的基础上研究了该地区政府主导进行市场化转型的提升对策。周常春(2013)明确了政府主导型展会的定义,综合了展会的举办层级、举办单位设置、办展目的,并强调展会的首要目标是追求外部正效益,以政府的财政支持为资金保障,在办展过程中主要按照政府行政命令完成。王丛琳(2017)以天津会展业为例,研究其政府主导型会展市场。

关于展览场馆经营管理模式的研究,主要包括三方面的内容探讨。一是国外会展场馆运营管理模式及其对我国的启示(杜长征,2004;施昌奎,2007);二是我国会展场馆管理的模式的研究(刘青,2003;胡晓蕾,2005)、价值博弈对会展场馆经营决策的影响研究(孙杨,2019);三是单个会展场馆(中心)的发展模式的研究,比如郑州国际会展中心运行模式研究(李敏,2008)、青岛国际会展中发展模式研究(于鹏,2007)、上海会展场馆经营模式研究(汪欢,2015)、大连世界博览广场场馆运营管理模式对策研究(王娜等,2016)、大型展馆经营模式和可持续发展思路研究(吴俊丽,2017)等。

关于国际展览业运作模式经验借鉴与启示。未来国内会展业的成长空间极为广阔,应借鉴学习以德国、法国为代表的发达国家会展经济的运作模式,大力发展我国会展业(祝荣,2004);国际会展业有政府推动型、市场主导型、协会推动型、政府市场结合型四种成熟运作模式(常春光,2007);刘德艳(2008)以德国和法国的会展行业管理模式为例,对上海会展业管理模式的创新展开了进一步探讨;不同国家或地区的会展业管理模式分为政府支撑型模式、政府市场结合型模式及市场主导型模式(庚为,2009);德国会展主办模式案例研究(管欣欣,2011)。

我国城市展览业发展典型模式的探讨。温州模式是一种以协会主导的发展模式(黄彬,2004);宁波会展模式是"政府强势推动,市场灵活运作"(尹建新等,2007);义乌会展模式的基本特征是"因地制宜、集聚优势、以展促贸、和谐发展"(郭牧,2008);南宁应该走出一条由政府主导、加强区域合作的会展发展模式(潘秋玲等,2008)。王春雷(2008)探讨了我国城市会展发展的几种模式:南宁模式、宁波模式、东莞模式和义乌模式;王苑(2012)以苏州国际博览中心为例,对苏州会展业经营管理进行研究;刘显世(2017)对山东会展业发展进行研究。

由上可知,目前关于城市展览产业发展模式的研究还不够深入、全面,多以典型城市为例进行分析,缺少展览产业发展模式规律性的东西总结,因此理论体系不强。

上述文献综述中,我们可以发现国内展览经济理论研究偏向于理论层次分析,国外展览经济理论研究偏向于实务。在研究方法上国内研究通常从各自学科理论出发,一般采用定性或定量分析。国外研究通常通过调查问卷,进行抽样调查,并将考察回来的数据再结合案例进行分析。在研究视角上,国外研究更多地从企业营销、企业经营、企业管理的角度来研究,重点在于研究如何挖掘展览创造的经济效益。国内研究主要从学术研究的角度来分析展览业的发展趋势。作为新出现的经济学研究热点问题,展览理论的研究把展览业对社会经济、城市环境和社会文化等各个方面的影响都显露出来,引起人们的日益关注。当然就目前而言,展览经济理论研究仍然是一个跨学科的研究领域,它不仅要借鉴技术经济学、产业经济学、城市经济学、竞争力经济学、计量经济学的视角,还要从城市规划设计、建筑设计和营销学等学科中汲取知识养料。显然展览经济理论研究的未来发展需要依赖这些不同的分支学科的共同进步。

但目前我国正规展览研究机构的数量还不多,对展览研究的投入还不够,现在写论文者、从事资料分析研究者多数是个体、自发的。由于资源有限,大部分研究成果多数停留在"论"与"文"上,有观点、有创意,但缺乏足够的数据与案例支持(陈金铍,2009)。展览业的学术研究还处于粗放型阶段,表现在数量多、策略建议多、理论建构少,尤其是缺乏对实践的深入了解,很多研究还未真正触及展览会发展的核心层面,很多实践规律有待于进一步探究和总结(罗秋菊,2008)。当前我国展览业存在展会活动影响力偏低、行业整体发展不平稳、软硬件环境及行业标准体系化建设滞后、区域内"会展＋X"的产业融合程度不深、城市整合服务能力薄弱等问题(陈丹,2019)。

目前我国城市展览业正经历着从量变到质变的过程。产业界、理论界及城市政府部门对于城市展览产业发展模式的认知还处于初期阶段。特别是在目前我国展览行业行政主管部门尚未明确以及全国性的展览行业协会尚未建立的情况下,各城市更应该针对城市自身情况以及展览业发展模式特征,对城市展览业发展合理定位,适度建造展览场馆,选择适合自己城市的展览业发展模式。全面构建城市展览产业发展模式体系,这正是本书要研究的核心内容。

第三节 研究思路与方法

一、研究思路

本研究将分为八章内容进行阐述。

第一章为导论。本章首先阐述了城市展览产业发展模式的研究背景与意义,述评了城市展览产业的国内外相关文献,并且阐明了本研究的研究思路与方法,最后指出了本研究的可能创新点。

第二章构建了城市展览产业发展的"四维"模式体系。首先,对城市展览产业的相关基本概念进行了界定与厘清,并对城市展览产业发展的基础与条件进行了深入剖析;其次,分析了城市展览产业发展模式的内涵,并构建了城市展览产业发展的"四维"模式概念模型;最后,探讨了城市展览产业发展的"四维"模式研究的相关理论基础。

第三章从产业发展驱动力的视角对城市展览产业发展模式进行了研究。首先,分析城市展览产业发展的驱动模式内涵;其次对城市展览产业驱动模式的类型及适用条件进行了探讨,并详细地分析了城市展览产业驱动模式选择的主要影响因素;最后,对城市展览产业驱动模式理论进行了经验验证研究。

第四章从产业组织的视角对城市展览产业发展模式进行了研究。首先,分析了城市展览产业发展的组织运作模式的内涵;其次,对城市展览产业组织结构演进趋势进行了分析,并在此基础上,分别对城市展览企业的集团化模式和展览场馆投资经营管理模式进行了详细探讨;最后,对城市展览产业发展的组织运作模式理论进行了经验验证研究。

第五章从产业空间布局角度对城市展览产业发展模式进行了研究。首先,分析了城市展览产业空间布局模式的内涵;其次,从三个不同视角分别对城市展览产业发展的空间布局模式进行分析,即宏观角度——城市之间的展览产业布局、中观角度——城市内部空间的展览产业布局、微观角度——展览场馆与展览场馆之间的空间布局;最后,对城市展览产业发展的空间布局模式理论进行了经验验证研究。

第六章从产业管理与调控的视角对城市展览产业发展模式进行了研究。首先,分析了城市展览产业发展的管理调控模式内涵;然后,对城市展览产业发展的管理调控模式类型及其适用条件进行了详细探讨;最后,对城市展览产业发展的管理调控模式理论进行了经验验证研究。

第七章是中国城市展览产业发展模式的现状、问题及优化对策研究。本章首先从中国展览城市的分布、大型展览场馆的分布、UFI认证展会的分布以及规模以上展会的城市分布四个方面出发,对中国城市展览业发展现状进行全面了解;再次,对中国城市展览产业发展的"四维"模式的现状、存在问题及其原因分别进行了深入探讨;最后,提出中国城市展览产业发展模式优化的内涵与动力、目标与路径、对策与建议。

第八章是本书的结论与展望。本章将对前面所研究的基本结论进行总结,提出建设性的建议,并对将来的研究做进一步的展望。

本书研究的主要框架如图1.2所示。

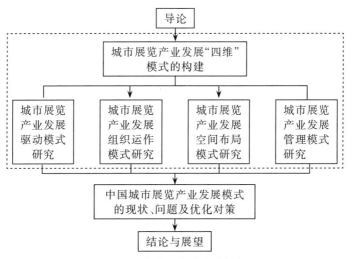

图1.2 本书研究的主要框架

二、研究方法

研究方法可以分为三个层次:哲学观(价值观)、一般研究方法和具体研究方法(专业层面)。城市展览产业发展模式是一个复杂的动态系统,既要从宏观到微观的不同层次来研究,也要从历史和空间的维度研究,因此下面按照以上提到的三个层次介绍本研究的一些研究方法。

(一)哲学观:历史唯物主义

考察和研究城市展览产业发展模式、研究产业发展理论的时候,都必须从历史唯物主义出发,明确研究所处的历史阶段和社会关系,把握经济和物质基础,处理好普遍和特殊的关系。一方面把握各个城市展览产业发展模式的历史性和特殊性,另一方面揭示其蕴含着的一般规律。

(二)一般研究方法

1. 归纳推理和演绎推理相结合的方法

归纳(induction)和演绎(deduction)推理是比较常见的推理形式。归纳推理是从具体的前提过渡到一般性的结论的推理。它有两种功能,一是概括一般情况,二是推测将来结果,其结论都超越了前提的范围。而演绎推理则正好相反,它是从一般性的前提过渡到具体结论的推理,其结论没有超越前提的范围。

本书提取前人和目前城市展览产业发展模式理论的精华,根据展览经济实践的需要演绎和发展城市展览产业发展模式理论。本书对传统和当前相关理论进行分析梳理,对国外、国内的研究成果加以评价和吸收,提出了城市展览产业发展"四维模式"。

2. 实证分析和规范分析相结合的方法

实证分析和规范分析是经济学研究中的两个基本方法。实证分析回答了是什么、怎么样等问题,它不涉及对经济结果的判断,不回答好或坏的问题。实证分析又分为理论实证分析与经验实证分析。前者从一定前提假设出发,通过严密的推理,得到一定的规律;后者则主要从实际经济运行的例子出发,并可能通过一些数学工具验证理论规律。规范分析主要回答了应该是什么的问题,对经济运行和结果做出自己的价值判断和选择。

对城市展览产业发展模式进行研究,必须进行价值判断,需要用规范分析的方法。比如,评价"城市是否适宜发展展览业""城市应如何选择适合自己的展览产业发展模式"时就需要使用规范分析。城市展览产业发展模式研究要揭示城市展览产业发展的过程,找到其规律,这就必须使用实证分析方法,比如,描述"影响城市展览产业发展模式选择的主要因素及其影响程度""产业管理与调控的不同后果"时需要使用实证分析。

3. 定性分析和定量分析相结合的方法

定性分析是主要凭分析者的直觉、经验,凭分析对象过去和现在的延续状况及最新的信息资料,对分析对象的性质、特点、发展变化规律做出判断的一种方法。定量分析则是依据统计数据,建立数学模型,并用数学模型计算出分析对象的各项指标及其数值的一种方法。定性分析与定量分析应该是统一的,相互补充的;定性分析是定量分析的基本前提,没有定性的定量是一种盲目的、毫无价值的定量;定量分析使定性更加科学、准确,它可以促使定性分析得出广泛而深入的结论。

本书将收集许多数据,并通过客观、准确的定量分析来支持城市展览产业发展模式理论。然后,将这些分析结论进行定性分析,力求深化和提炼通过定量分析所得出的结论。

（三）具体研究方法

1. 比较分析方法

比较分析方法是指根据一定的标准,对事物发展的现象在不同情况下的不同表现进行对比研究,辨别其异同之处,从而得出科学结论的方法。运用这种方法可以进行方位比较、类别比较、性质比较等。本书对不同国际展览中心城市展览产业发展模式、中外不同城市的展览产业发展模式、我国不同级别城市的展览产业发展模式进行了比较分析。

2. 典型案例方法

案例研究是通过典型案例的研究和详细描述,回答是什么、为什么、怎么样等问题,从中得出事物的一般规律和特殊性,并推导出新的研究结论或者研究命题的方法。采用案例分析的方法,可以充分体现城市展览产业发展模式的丰富性,丰富的案例也可以显示展览产业发展过程中的各个因素和行为。本书中将选用一些典型的国内外展览城市作为案例,进行深入研究分析。

▶◀ 第四节 本书的创新点 ▶◀

本书的创新点主要包括以下三个方面:

第一,本书构建了城市展览产业发展"四维"模式的概念模型,解答了"城市展览产业如何发展"的问题。该模型从产业驱动、产业组织、产业布局和产业管理四个角度,全方位解析了城市展览产业发展模式。每一种"维度"模式又细分为不同的发展模式,从而形成了城市展览产业发展模式体系。

第二,本书构建了城市展览产业发展的基础与条件体系,解答了"什么样的城市才适宜发展展览产业"的问题。城市展览产业发展的"基础"包括原发性基础和依托性基础,"条件"包括直接约束条件和间接约束条件,这些因素在城市展览业发展中的作用存在根本的区别。认清"基础"与"条件"的关系,对城市展览产业可持续发展意义重大。

第三,本书构建了城市展览产业发展模式优化的理论体系,解答了"城市展览产业发展模式如何优化"的问题。根据模式优化理论,本书系统提出了中国城市展览产业发展模式优化的内涵与动力、目标与路径、对策与建议。

第五节 本章小结

本章是全书的导论部分。首先提出了本书的研究问题,明确了研究的理论意义与实际应用价值;然后对国内外相关研究文献进行了述评,从综述中可知,目前对城市展览产业发展模式还缺乏系统的理论与应用性研究;接着阐述了本书的研究思路与方法,明确本书的研究内容及主要研究框架;最后,指出本书的可能创新之处。本章的主要研究结论有:

1. 目前我国城市展览产业发展中存在的主要问题有:有些不适宜发展展览业的城市,由政府强力推动,盲目兴建展览场馆;许多城市展览业发展的驱动模式雷同,资源配置同质化现象严重;许多城市展览企业和展览场馆数量多、规模小,导致展会泛滥、低水平重复现象严重;许多城市在展览场馆选址上出现失误,造成很大的资源浪费;在城市展览业的管理与调控方面,政府越位与缺位并存;盲目效仿国外城市展览产业发展模式,没有认清自身展览产业所处的发展阶段。

2. 本书研究的理论意义有:从单一产业角度来研究产业发展模式,是对产业经济学研究理论的验证与补充;从城市的视角研究展览产业发展模式,是对城市经济学理论的验证与补充;从中观视角研究展览产业,是对中观展览理论方面的补充。本书完善了展览理论体系。

3. 本书研究的实际应用价值有:为城市展览产业发展模式的选择与优化提供理论指导;为城市政府对展览产业的规制和政策制定提供理论依据;为城市展览企业的经营与运作提供理论的指导;对我国城市展览产业发展模式的优化,以及我国城市展览产业合理布局提供理论依据和应用指导。

4. 国外的展览研究比较强调细节,注重操作,虽然在展览的实务方面卓有成效,具有较强的可操作性,但由于市场经济发展程度及国情不同,国外学者很少从产业的角度、城市的视角来研究展览业,这样一来,就缺少对城市展览产业发展的本质把握和展览产业学科方面的系统构建。

5. 城市展览产业发展模式研究,是从"产业"和"城市"两个中观视角对展览业进行研究,弥补了目前这方面理论研究的不足,对推进我国展览产业可持续发展更具指导意义。

第二章

城市展览产业发展"四维"模式的构建

本章为城市展览产业发展"四维"模式的构建部分,为下面发展模式的研究构建总体框架与夯实理论基础。首先,对城市展览产业的相关基本概念进行了界定与厘清,并对城市展览产业发展的基础与条件进行了深入剖析;其次,在此基础上,分析了城市展览产业发展模式的内涵,并构建了城市展览产业发展"四维"模式的概念模型;最后,探讨了城市展览产业发展"四维"模式的相关理论基础。本章的研究框架如图2.1所示。

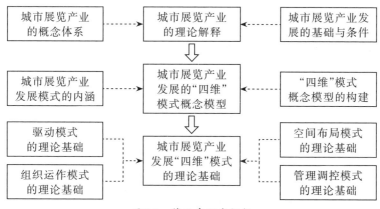

图2.1　第二章研究框架

◀◆◆　第一节　城市展览产业的理论解释　◆◆▶

目前,国内外相关文献对城市展览产业的相关基本概念还缺乏比较系统和完整的分析和讨论。本书试图对城市展览产业的相关概念"展览""产业""展览产业""城市展览产业"等进行比较全面的界定与厘清,以形成扎实的理论基础,为城市展览产业发展模式研究做好铺垫。另外,城市展览产业发展模式研究,隐含了一个前提——该城市展览产业已经形成与发展——但实际上并不是所有城市都适宜发展展览业的,因此有必要对城市展览产业发展的基础和条件进行研究。只有回答了"城市是否适宜发展展览产业"问题之后,才能再讨论"城市采取何种发展模式来发展览产业"的问题。

一、城市展览产业的基本概念体系

(一)展览

展览,又称展览会,从字面分析,含义如下:所谓展,就是陈列、展示;所谓览,就是参观、观看;所谓会,就是为了某种目的聚集在一起,进行交流——既是参展商间,也是观众间的交流,更是参展商与观众,尤其是与专业观众间的交流。

为了更准确地把握展览的内涵,有必要先对展览的属性特征进行研究。展览的属性就是展览区别于其他事物的特征。展览的属性特征可以归纳为以下几点:

第一,空间集聚性。展览会必须在一定的地域空间上举办,即以可供开展展览活动的场地(室内或室外)或建筑物为依托。展览场所包括独立的永久性场地或建筑物,如博物馆、图书馆等永久性场所为展览活动提供的专门场地,以及临时搭建的用于开展展览活动的场地。

第二,时间区间性。展览会必须有一定的持续时间,在这段持续时间内,展览各参与者之间互动交流。如果展览持续时间过长的话,相关决策者在安排各参与者接触时就会有困难,展览效果不太理想;如果展览持续时间太短会使人们对相关事宜的了解缺乏足够的深度。特别是对经济贸易展览会而言,对于持续时间的把握是展览与其他促销工具的显著区别之一。

第三,展品展示性。展览会必须有一定的展品展示,包括产品、技术和服务等。展览展示的物质基础是展品,展品是交流信息的物质载体。没有展品,展览就成了无源之水、无本之木。虽然在虚拟的展览会里,没有实物,但其同样是以实物的存在为前提的。

第四,活动交流性。展览会必须有一定的沟通交流。在相对集中的空间和时间内,大量的参展商和参观者集聚在一起,就展出的展品,进行面对面的直接沟通或互动交流。这些交流沟通活动发生在展览期间或之后。展览会的这种集中、面对面、互动交流的体验活动是信息技术无法替代的。

第五,社会群体性。展览会是一种社会群体性活动,也是一种社会化的服务平台。任何单一的个体无法完成展览活动。那种由一个单位自己主办、内部成员参加或参观的展览活动,不属于展览会的范畴。展览会参与人员不仅包括参展商、观众(一般观众、专业观众),还包括主办方、场馆方、服务商等工作人员。对经济贸易展览会来说,这种群体性活动又是一种市场活动;对公益性展览会来说,这种群体性活动是一种社会公益活动。

综上,本书对展览(会)的界定如下:展览(会)是在一定地域空间和有限时间区间内举办的,以产品、技术、服务的展示、参观、洽谈和信息交流为主要目的,有多人参与的社会群体性活动。这是广义上的展览会,不仅包括交易会(trade shows、trade fairs)、展览会(exhibitions)、博览会(expositions),还包括博物馆、科技馆、纪念馆、美术馆、艺术馆等展览形式。

为了使研究具有针对性,本书所研究的展览会,主要是以商务和贸易为主要功能的展览会,即经济贸易展览会(trade shows、trade fairs、trade exhibitions)。

(二)展览产业

1. 展览产业概念的界定

产业的基本内涵是同类(生产相同的产品、服务或应用相同的原材料、相同的生产工艺)企业或组织及其活动的集合。企业是组成产业的基本单元,产业是国民经济的组成部分,产业的集合与消费者和政府的经济活动构成国民经济。综上,本书把展览产业定义为:向参展商及专业观众提供展览(会)产品和服务的企业、组织及其活动的集合。展览产业主要包括三大类企业:展览平台企业、展馆经营企业、展览服务企业。

展览平台企业,即展览的主承办机构,主要是指负责展览会的整体策划,并进行组展、招商、承租场馆,以及进行展览会现场组织控制的企业。由于展览组织者向展览参展商提供展示自己的展品或者形象的平台,并向参加展览的观众(尤其是专业观众)提供交易信息和相关交易服务,因此,也称这些展览组织者为展览平台企业,即平台运营商。

展馆经营企业是展览平台企业最重要的服务提供商,它是展览业中专门提供场地的那些企业。由于展览场馆是展览活动得以最终实现的空间载体,所以展览场馆经营企业在展览产业中占有重要地位,是展览业的重要支撑企业。

展览服务企业是指专门为展览活动提供各种辅助性服务的企业。这些服务包括展台的设计和搭建、展品展具的租赁、展品的运输、广告代理、展览咨询、模特展示、翻译、观众登记、会务、餐饮服务、现场服务等。

2. 展览产业、展览行业、展览经济概念辨析

展览行业、展览产业和展览经济等词汇在使用过程中经常混用,实际上三者的含义是不同的,下面对其进行辨析。

所谓行业,是指从事国民经济中同性质的生产或其他经济社会的经营单位和个体等构成的组织结构体系。展览行业就是以展览组织和服务为核心的社会群体集合。展览行业和展览产业既有区别又有密切的联系,从狭义范围内,可以混为一谈,互相代替。在中国国家统计局《国民经济行业分类》(GB/T 4754-2017)中,会

议、展览及相关服务属于"商务服务业"大类、"租赁与商务服务业"门类(见图2.2)。根据该统计标准①,会议、展览及相关服务,指以会议、展览为主,也可附带其他相关的活动形式,包括项目策划组织、场馆租赁、安全保障等相关服务。会议、展览及相关服务具体包括:(1)科技会展服务;(2)旅游会展服务;(3)体育会展服务;(4)文化会展服务;(5)其他会议、会展及相关服务。

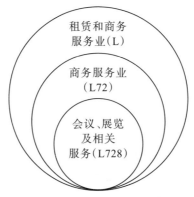

图2.2　展览业在国民经济行业分类中的位置

　　展览经济是指通过举办各种展览会,传递信息、提供服务、创造商机,在取得直接经济效益的同时,带动一个地区或者一个城市相关产业的发展,并形成一个以展览活动为核心的经济群体,以达到促进经济和社会全面发展的目的。从展览经济的定义中,可以看出展览经济是一种经济现象,属于宏观经济范畴。而展览产业属于中观经济范畴,展览产业是展览经济的中心和支撑点,但不等同于展览经济(见图2.3)。

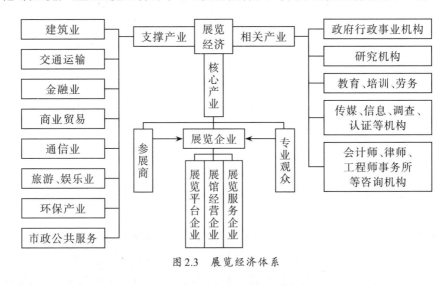

图2.3　展览经济体系

①中华人民共和国《国民经济行业分类》(GB/T 4754—2017)。

从图2.3可以看出,展览经济包括展览核心产业、展览支撑产业和展览相关产业。展览业与为其服务的相关行业是相互作用的关系,展览业可以带动相关行业的快速发展,但同时也需要这些行业的支持。展览产业与为其服务的相关行业的共同发展,以及参展商与参展观众的参展活动,构成了展览经济。展览经济是市场经济的产物,属于国民经济中的部门经济范畴,同时又是城市经济的组成部分。它既不是单纯的产业经济、区域经济,又与国民经济宏观体系、微观体系相区别、相联系,被誉为"国民经济的晴雨表""市场的风向标",备受全社会重视与关注。

(三)城市展览产业

1. 城市

(1)城市的定义及分类

现代的城市是一定地域范围内经济、政治和文化的中心,是现代工业、第三产业以及非农业人口集中的地方,在国民经济和社会发展中起着主导作用。[1]目前关于城市分类的标准在国际上尚无统一口径,常见的城市分类标准,主要有人口规模、人口密度、行政等级、职业和产业构成的标准等。根据研究对象的特点,本书按照城市行政等级与城市GDP高低[2]相结合的标准,将我国城市[3]划分为以下几个层次:

第一级:GDP超过20000亿元的一线城市:上海、北京、深圳、广州、重庆(5个);

第二级:GDP在10000亿~20000亿元(含)的新一线城市:天津、苏州、成都、武汉、杭州、南京、青岛、长沙、无锡、宁波、佛山、郑州(12个);

第三级:GDP在7000亿~10000亿元(含)的二线城市:济南、泉州、南通、西安、东莞、烟台、福州、大连、合肥、唐山、长春、常州、哈尔滨(13个);

第四级:GDP在5000亿~7000亿元(含)的三线城市:石家庄、潍坊、徐州、沈阳、温州、盐城、扬州、绍兴、昆明、淄博、南昌、泰州(12个);

第五级:GDP在3000亿~5000亿元(含)的四线城市:济宁、台州、嘉兴、厦门、临沂、洛阳、东营、南宁、襄阳、惠州、金华、宜昌、镇江、威海、沧州、漳州、太原、榆林、邯郸、贵州、鄂尔多斯、中山、泰安、包头、淮安、岳阳、常德、保定、德州、聊城、衡阳、芜湖、菏泽、廊坊、乌鲁木齐、南阳、茂名、遵义、柳州、湛江(40个);

第六级:GDP在3000亿元(含)以下的五线城市。

(2)展览中心城市

相对一般城市而言,中心城市是指在经济上有着十分重要的地位,起着特别重

---

①谢文蕙,邓卫,2008.城市经济学.2版.北京:清华大学出版社:3.

②根据2018年我国城市GDP数据。

③不包括我国港澳台地区城市。

要的作用,具有强大的吸引能力、辐射能力和综合服务能力的城市。中心城市的功能主要表现在工业生产中心、商品流通中心、交通运输中心、信息中心、科学技术中心、文化教育中心等方面。中心城市的功能可以是单个或者多个中心地职能的兼容,其功能的强弱决定了其在空间上的影响范围。

展览中心城市,是指具备良好的展览业发展基础与条件、展览业比较发达、在国内或国际展览市场中占据重要地位的城市。展览中心城市除了具备一般中心城市的特征外,展览业是该城市的主要中心职能之一。按照其辐射范围的大小,可以分成不同的等级。对于国际展览中心城市来说,应具有全球性的辐射半径,在世界上有很高的知名度和影响力;对于全国性展览中心城市来说,应具有全国性的辐射半径,在全国有很高的知名度和影响力;对区域性展览中心城市来说,应具有区域性的辐射半径,在区域内有很高的知名度和影响力。

当然,展览中心城市并不是一成不变的,展览业作为一种生产性服务业,尤其与工业经济紧密相连,因此,其地位和重要性会随着当地经济的发展而改变;有些城市的影响力在逐渐消退,另一些则会日益强大。对于一般的知名展览城市而言,虽然没有明确的界定,但也可以参考国际上一些发展相对成熟的地区情况。国外知名展览城市具有以下基本特征:展览经济在当地国民经济中发挥着重要作用;展览及其相关服务设施比较完善,接待服务能力比较强;拥有吸引参展商、客商的自然或人文因素,或者展览项目在当地乃至全国同行当中占突出的地位;城市形象佳、开放度好、经济富有活力;当地政府对展览经济的发展在政策、法规等方面给予一定的扶持。

2. 城市展览产业

展览产业一般都是依托城市而发展起来的,故常称"城市展览产业"。本书研究展览产业的视角,主要是以"城市"为研究对象的。由于并非所有的城市都具备发展展览产业的基础和条件,有些城市展览业并没有产生,因此,"城市展览产业"意味着该城市的展览业已经发展起来,即一般指展览城市的展览产业。下面对城市展览产业的基本属性和基本特征进行初步探讨。

(1)城市展览产业的基本属性

国内学者对展览产业的产业属性认知尚未统一,目前关于展览产业的产业属性大致有四种观点:展览产业是现代流通服务业;展览产业是生产性服务业;展览产业既是生产性服务业,又是生活性服务业;展览产业属于商务服务业。由以上几种观点可知,展览产业属于服务业范畴,这是无可争议的。但展览产业属于生产性服务业还是生活性服务业,属于流通服务业还是商务服务业,不同的学者有不同的观点。

根据服务业的三分法,服务业分为生产性服务业、消费性服务业及公共服务业三种类型。很明显,因为展览业的营利性质,它不属于公共服务业,究竟属于生产性服务业还是消费性服务业要具体问题具体分析。商贸类展览会,是以促进经济合作、投资贸易、信息交流、商品成交为目的的展览会、展示会、交易会、洽谈会、展销会等的统称。专业性展览会主要展出某一行业或同类型产品,其专注于某一特定的贸易和商业参观者,如农业展览会、机床展览会、文具展览会等。消费品展览会主要展示针对公众和普通消费者的商品和服务,参展商通常是零售商或制造商,通常买家是消费者(终端用户)。显然,商贸类展览会与专业性展览会是以市场化的中间投入服务为主导的,主要为第一产业、第二产业及第三产业提供中间投入服务。因此,商贸类展览会与专业性展览会应该属于生产性服务业范畴,面向大众的消费品展览会属于消费性服务业范畴。

　　不同的展览会类型属于不同的服务业范畴,那么展览产业的整体产业属性如何界定?可以采取定量分析的方法,以中间需求率作为鉴别生产性服务业的重要依据。某一产业产品的中间需求率是指国民经济对该产业产品的中间需求量与总需求量(中间需求量+最终需求量)之比。由投入产出表计算得出的中间需求率,如果其值大于50%,说明国民经济对该行业的中间使用较大;反之,则说明该行业主要满足消费者的最终使用。应用中间需求率确定生产性服务业外延的方法具有较强的科学性。北京市统计局在《北京市生产性服务业统计分类标准》中根据中间需求率方法,把会议展览业归到生产性服务业中。

　　展览业属于生产性服务业中的流通服务还是商务服务,需要进一步探讨。流通服务业是指生产者把产品或服务转移至消费者的过程中所需的场所、事件或其他创造效用的所有活动,因此可将生产与消费结合的经济活动称为流通服务业。商务服务业,又称"商业服务业",主要指在商业活动中涉及的服务交换活动,既包括个人消费的服务,也包括企业和政府消费的服务。展览业本身的功能与商务促进的宗旨有很强的同一性,一直被认作重要的商务促进载体。随着展览业在引导生产、促进消费、扩大内需、增加就业、创造产值与效益等方面的作用越来越显著,而且由于它直接为商务活动中的各种交易活动提供服务,直接促进商品流通与服务交换,并且有着很大的"乘数效应",客观上对促进商务发展发挥着特殊作用。

　　综上可知,将展览业的产业属性归为生产性服务业中的商务服务业更为合适。由于展览不可能脱离社会经济环境而孤立存在与发展,在不同的社会经济条件下,展览的种类和表现形态是不断变化发展的,其本质属性也随之不断升华。从发展的角度来看,展览将进一步向体验经济和文化产业方向拓展。

　　(2)城市展览产业的基本特征

　　城市展览产业作为生产性服务业,除了具有生产性服务业的一般特征外,展览产业还具有明显的双边市场特征、都市型产业特征及体验经济特征。

　　1)双边市场特征

　　双边市场是指厂商(平台)面临两个市场的产业组织形式,同时这两个市场之间还存在着网络外部性。

具有双边市场特征的产业不再是一类企业作为供给方和一类用户作为需求方所构成的单边市场,而是由一类作为平台企业的运营商提供平台服务,两类或者多类用户通过平台实现交换行为的双边市场或者多边市场。首先,双边市场上的平台运营商要努力吸引各类客户加入其构造的服务平台,并从中获益。其次,平台企业向不同类型的客户提供性质全然不同的服务;平台企业与每一类客户的供求关系构成了一个并不独立的市场,成为平台的一条边。最后,平台的不同类型的客户之间存在着交易或交换作用,平台企业对各类客户提供服务主要是为了帮助他们完成交易或交换作用,或者提高这些作用的效率。

显然,展览产业具有典型的双边市场特征,展览组织机构就是一个平台运营商,一边连着参展商,另一边连着专业观众,并同时向他们提供服务,参展商和专业观众通过展览平台实现他们的交易。展览产业的双边市场结构如图2.4所示。

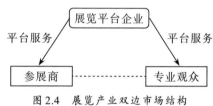

图2.4 展览产业双边市场结构

2)都市型产业特征

所谓"都市型产业",就是指适应大都市和高度城市化地区的可持续发展要求,能充分利用都市完善的城市设施和便捷的交通网络,依托都市高度密集的人才要素、资本要素以及信息、科技、文化等知识要素,可提供一定就业机会,能够满足都市特定市场需求、居民消费多元化和消费升级需要,并为制造业和贸易便利提供高端服务,具有一定辐射能力、适合在大都市和高度城市化地区发展、与城市功能和城市定位相协调、附加值较高的资源节约型和环境友好型产业体系。都市型产业包括都市型工业、都市型农业和现代服务业三个组成部分。

展览产业是典型的都市型产业。作为一种新的产业类型,展览业必须以其他产业的存在和市场经济体系的相对发达为前提。而城市正好为展览产业发展提供各方面因素的支持,如交通、餐饮、酒店、物流、旅游、信息、广告、服务等基础条件。城市与展览业是一种高度互动的关系。没有城市,展览产业无以立足;没有展览,城市将大为失色。展览业作为都市型服务业,已在一些经济水平较高、基础设施完善、第三产业发达的城市迅速崛起,基本上形成了以北京、上海、广州为中心的展览经济格局。

3)体验经济特征

展览业在许多方面具有体验经济特征。在展览业中,展览企业在展馆这一舞台上,为参展商提供了一个展示自我的机会。展览会在整体上不仅通过展台搭建、布置等方式承担着信息交流、商品展示和商贸洽谈等经济功能,而且还为参展商与专业观众提供一个感受舒适的交流空间和满意服务。参展商可以与专业观众进行直接的交流与沟通。

展览是参展者进行品牌体验的一个契机和场所。随着技术的发展以及营销观念的变革,一方面,参加展览会的专业观众的关注中心不再是技术创新,而是品牌以及体验,"高科技供应"被"高接触供应"所代替;另一方面,展览不再被视为参展者的单一事件,而是被融入参展企业长久的整合沟通方案之中。因此,展览成为一种建立同个别客户的长时连接的不可废弃的整合沟通手段。从欧美展览会上展示部分逐渐减少、活动部分逐渐增多这一变化看,从企业逐步借用互联网和多媒体展示产品这一情况看,从博览管理与活动管理在组织形式、营销策略、人事安排、物流供应、交通保障、急救措施、法律框架等方面的同一性看,在营销实践中将展览与活动合二为一,已经成为消费社会和体验世界的客观要求和必然趋势。

展览运营商要把握展览业的体验经济特征,运用这些特征来组织和管理展览会,寻求展览与体验经济的结合点。比如,展览主题设定贯穿体验;展览场馆展示体验;展览活动传达体验;展览品牌提升体验;展览转型更新体验等。在体验的传递过程中,为参展商和专业观众所提供的设施与服务得到不断完善,隐含在硬件设施和软性服务中的服务价值也在体验的流动过程中得到不断提升。

二、城市展览产业发展的基础与条件

一个城市能否举办展览会和展览业能否在该城市发展成功是有区别的,这也是国内许多城市提出发展展览业而真正将展览业发展好的城市却并不多的原因。作为具有双边市场特征的生产性服务业——展览产业,其发展须具备必要的基础和条件。

(一)城市展览产业发展的基础与条件内涵分析

从国内外展览产业的发展历程来看,展览产业并不是在所有城市都能发展成功的。城市展览业有其自身的发展规律,单靠投资兴建场馆并不能实现展览发展为展览产业的目的。

城市展览业的发展受到多种因素制约,其中部分因素是城市展览产业发展的根本或起点,这些因素是在城市长期发展中累积形成的,难以在短时期内创造出来,本书把这些因素称为城市展览产业发展的"基础"因素。另外一些因素则能够起到激励、加速展览产业发展的作用,这些因素在短时期内可以创造出来,本书把这一部分因素称为城市展览产业发展的"条件"因素。

城市展览产业发展的基础与条件,在城市展览业发展过程中有根本的区别。

"基础"是已经存在的事实,不论城市是否发展展览产业,其已经存在;"条件"可以是原来不存在的,城市为了发展展览业而创造出来的。然而,国内展览业界和学界人士并未注意到这种区别,导致现有研究无法解释为什么有些城市创造出展览业发展的条件,但展览业仍然发展缓慢甚至失败。如果注意到"基础"与"条件"的区别,就很容易解释,一个城市不具备展览产业发展的"基础",而强硬地通过人为手段创造展览产业发展的"条件",展览产业是发展不好的。

城市展览产业发展的"基础"与"条件"关系,如同赫茨伯格双因素理论中的"保健因素"和"激励因素"的关系。城市展览产业发展的基础,是城市展览产业发展的"保健因素",只有具备这些基础该城市展览业才有可能发展,如果不具备这些基础,该城市展览业发展成功的可能性极小。城市展览产业发展的基础,主要包括城市基础设施、服务设施等依托性基础,以及城市产业基础、市场规模等原发性基础。

城市展览产业发展的条件,是城市展览产业发展的"激励因素",这些因素有利于推动城市展览业加速发展或提升城市展览业发展潜力。城市展览产业发展的条件主要指一些推动城市展览产业发展的政策、活动及其结果,包括展览平台企业、展览场馆、展览服务企业、政府、展览行业协会组织等。

(二)城市展览产业发展的基础分析

1. 城市展览产业发展基础的总体分析

城市展览产业的形成与发展是生产力发展到一定历史阶段的产物,其形成与发展过程相当复杂。城市展览产业发展的基础不是某单一因素,而是多种因素的组合,而且这些因素大致呈现两个层面:原发性基础与依托性基础。原发性基础是指产生那些需要借助展览实现交易的原动力因素,这些因素是城市展览产业发展的终极原因;依托性基础是指一个展览平台必须具备的环境与条件。

城市展览产业的原发性基础又分为:供应型原发性基础和需求型原发性基础。市场因供应和需求两个范畴的对立而形成。展览产业具有典型的双边市场特征,展览企业就是一个平台运营商,一边连着参展商,另一边连着专业观众,并同时向他们提供服务,参展商和专业观众通过展览会实现他们的交易。展览会是市场供求对立和衔接的缩影,它本质上就是交易得以发生的场所、市场得以有形化的特定空间。展览会是市场供求双方的交汇点,但具体展览会将或是供给为主因,或是需求为主因。因此,城市展览产业发展的原发性基础有供应型和需求型两类。这两类原发性基础共同指向依托性基础,从而构成了完整的城市展览产业发展及发展的基础体系(见图2.5)。

2. 城市展览产业发展的原发性基础分析

(1)供应型原发性基础

城市展览产业发展的供应型原发性基础构成要素主要包括三个方面:区域经

济实力、贸易依存度、产业基础。

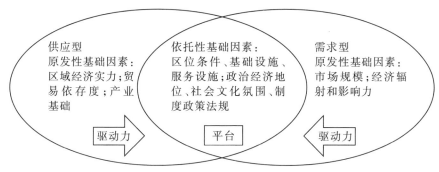

图2.5　城市展览产业发展的基础

1）区域经济实力

城市所在区域的经济实力为城市展览产业发展提供总体背景。举办展览会的数量、规模以及国际化程度，同城市所在区域的经济实力密切相关。展览是产品和服务的展览，发达的区域经济背景既是孕育优质产品和服务的土壤，又是优质产品和服务的缩影。汉诺威、巴黎、伦敦、米兰、纽约等城市展览产业高度发达，与其所在国家德、法、英、意、美高度发达的区域经济实力密切相关。区域经济发展不是展览发展的直接动因，而是其发展的总体背景。1851年第一届世界博览会在英国伦敦举办，其根本原因在于当时英国首先完成了工业革命，工业水平领先于全世界。当时举办万国博览会的初衷就是向全世界展示英国高速发展的成果。

从我国展览城市发展的历程可以看出，展览城市先是在经济发达的长三角、珠三角、环渤海地区形成，然后是我国中部地区、西部地区。由此可知，区域经济发达程度是城市展览产业发展的一个重要原发性基础因素。

2）贸易依存度

城市的贸易依存度是城市展览产业发展的内驱动力。展览的基本功能是促进商品的销售，国内或区域展览的基本功能是促进国内或区域贸易的发展，国际展览的基本功能则是促进国际贸易的发展。因此，贸易的规模一方面折射出一个城市发展展览业的实力，另一方面也显示出一个城市需要发展展览业的强烈内驱动力。

城市贸易依存度的提高意味着城市生产的产品越来越多地依靠国内外市场。随着全球一体化，全球各个城市的贸易依存度都有所提高，市场的竞争会日益激烈。如何在激烈的市场环境中争取到更多的市场份额，如何降低交易费用而从国内外贸易中获得更多的经济利益，是贸易依存度高的经济体要解决的重要问题。展览会是一种能够提高交易效率、降低交易费用的组织形式。它可以克服国界和区域的限制，将国内贸易与国际贸易汇集于同一空间，增加买卖双方接触、了解、交流的机会，便于企业（特别是中小企业）进行贸易活动，从而能够直接增加贸易额，推动贸易的快速发展。

3)产业基础

一个城市产业基础越好,其展览产业越容易形成。展览产业的形成是"集聚"的结果,它包括产业内展商在展会中的集聚,以及展览本身作为产业的集聚。展览规模随着集聚的厂商和产品增加而扩大,展览的国际化程度则因集聚的外国厂商和产品增加而提高。

城市产业优势愈明显,品牌效应愈大,其展会愈容易吸引参展商和专业观众,从而赢得声誉,扩大影响。例如,东莞作为珠三角地区著名的制造业基地,具有良好的产业发展基础,举办相关产品展会具有较大影响,并很快发展为国际展会的举办地。

(2)需求型原发性基础

城市展览产业发展的需求型原发性基础构成要素主要包括两个方面:市场规模、经济辐射和影响力。

1)市场规模

市场规模大意味着市场中的交易频率高,产品数量和品种、交易数量和买卖双方人数都很多。在这种情形下,卖者找到合适的产品需求方和买者找到合适的产品供给方都变得更为困难,因为他们不得不花费大量的时间、精力和金钱在众多的选择中筛选出最佳对象,从而导致交易费用的增加和交易效率的下降。要想提高交易效率,市场就需要一种经济组织形式,它不仅能把大量的产品、生产商聚集在一起,为其提供一个展示平台,而且也能把大量的购买商聚集在同一个空间,为其了解产品、挑选产品提供充分便利。这样,既能节省大量的外生交易费用(如交通费用),又能节省大量的内生交易费用(如多边议价对策可使内生交易费用降低),从而使得市场的交易效率得以提高。这也正是展览会的功能所在。由此可见,市场规模扩大所带来的市场交易费用的增加是展览业形成的基础之一。

2)经济辐射和影响力

城市经济辐射和影响力越强,城市拥有的市场腹地越广阔,市场规模就越大。周边区域旺盛的需求客观上促进需求型展览会的形成。中东城市迪拜展览产业的形成与发展的一个重要的驱动因素是市场需求拉动。迪拜是连接中东地区和世界各地最重要的交通枢纽和最大贸易中心。其"中心"作用通过直接影响海湾地区、西亚、非洲及欧洲南部国际的终端市场。富饶的海湾地区是世界上重要的石油产区,它蕴藏着丰富的石油资源,有"世界油库"之称。巨大的购买力(包括生产消费和生活消费)为迪拜发展展览产业提供了坚实的经济基础。两年一届的迪拜中东汽车展每次都能吸引全世界主要汽车工业巨头参展,它们不断推出的新车款,很大程度上是为了迎合当地高收入阶层的逐新心理。中东巨额石油财富所带来的消费能力显然是拉动当地汽车工业发展的根本原因。

3. 城市展览产业发展的依托性基础分析

依托性基础因素又可以称作承载性基础因素,它是一座城市的展览业形成的根本原因。它由两大部分组成:一类是"硬实力"因素,包括城市区位条件、城市基础设施、城市服务设施;一类是"软实力"因素,包括城市的政治经济地位、城市的社会文化氛围、城市的制度和政策法规等(如图2.6所示)。

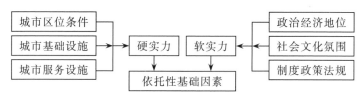

图2.6 城市展览产业发展的依托性基础因素

(1)依托性基础的"硬实力"因素

1)城市区位条件

展览是商品、资金、技术等物流和信息流的交换与集聚,涉及参展商品、客商以及观众的运送和传输,因此展览举办城市的区位条件至关重要。区位条件,是指与满足展览活动需要有关的特定的位置、资源状况、地理条件等。区位条件是影响展览活动的重要因素之一,它一般被称为"硬指标",如香港是一个世界性的港口城市和贸易中转枢纽,航空、海运交通便利,展馆设施先进,这种得天独厚的区位条件是展览业发展的有利条件。城市展览产业就是在此基础上形成和发展起来的。

2)城市基础设施

城市基础设施,特别是城市交通体系对于一个城市发展展览产业至关重要。人们参与展览需要借助城市交通,区域性展览的举办需要区域间交通系统的支持,国际展览的举办则需要国际交通系统的支持。

国际展览中心城市无不有发达的交通体系。巴黎是法国内河航道、铁路、航空的中心。塞纳河自巴黎以下终年水运畅通,全市有5个火车站和3个现代化机场。新加坡全国公共巴士交通十分便利,成为东南亚之最。它拥有由世界一流先进技术管理的地铁系统,更为全岛居民和游客带来异常便捷的交通。

市场需求拉动型展览城市的国际交通体系必须更为发达。如,香港国际机场是世界上最繁忙的国际机场之一。新加坡机场被媒体称为世界上最好的机场之一。

3)城市服务设施

展览会具有集聚效应特征,在短暂的时间内,集聚大量的人流、物流、信息流。这对城市的服务设施有相当高的要求,特别是城市宾馆饭店等服务设施占有突出的地位。如果这个城市第三产业服务设施不配套,城市展览产业的形成必将受到制约。

（2）依托性基础的"软实力"因素

1）城市的政治经济地位

展览是一种展示性活动。展示需要"舞台"，而且"舞台"的质量必须和展示活动的品位相匹配。城市的政治经济地位，及其城市知名度、美誉度等是无形的，但对于城市展览产业的形成却极为重要，因为它提供了一种必要的氛围。

现有的著名展览城市几乎都是世界著名城市，它们几乎在各个方面都表现杰出。展览城市绝大多数是国家的首都或地区的首府，是国家或地区的政治中心，有的甚至是国际政治中心。同时，这些国际展览城市又大多是世界级的经济中心。展览城市与政治、经济中心的重叠存在内在的必然性。政治和经济因素与展览业形成及发展不存在直接的联系，但却营造了必备的环境。

2）城市的社会文化氛围

任何一个展览活动都具有很强的人文特性，社会文化条件是衡量一个城市展览成熟度的标杆，可以说，展览经济演变的过程就是促进人类社会文化发展的过程。任何一个拒绝外来社会文化和文明的城市是不可能发展展览业的。展览会的举办有利于城市的国际化发展、多元化发展，提高市民文明素质，同时只有有序开放的社会文化氛围才能为展览活动提供较为稳定的法律、法规和制度保障，才会使得展览活动保持质的稳定性，在不断创新中稳定发展新的文化和文明。

3）城市的制度和政策法规

所谓制度条件，主要指经济制度的形态、变动规律及相关关系的协调，它更多地反映在经济活动主题的行为规则、行为规范的具体组合上，即经济资源配置的合理化和政策内容的具体化。

相关的政策法规是举办展览活动的保证，良好的政策环境是展览产业正常发展的土壤，会形成一定的政策环境竞争力。国际上一些重要的展览活动都有相应的政策界定和法规，包括一些关于要求地方促进展览业发展的鼓励政策和举办展览会时应具备的条件的政策。

展览活动的政策法规是举办活动的保证，促使展览活动开展得有序、有效。城市展览产业的形成与发展与该城市关于展览产业的政策条件有很大的关系，缺乏政府政策的支持，展览活动就不能很好地开展，展览业的发展当然就会受到影响。

（二）城市展览产业发展的条件分析

1. 城市展览产业发展条件的总体分析

当一个城市举办的展览会达到一定规模，并且这些展览会都是通过市场化、专业化运作，由此产生一定的经济、社会效益时，城市展览业才能逐步形成并发展。展览会的举办主要涉及三个主体，即展览平台企业、展馆经营企业、展览服务企业。对一个城市而言，如果以发展展览产业为目标，上述展览企业在运作展会中达到专业化、规模化、产业化、市场化的相应标准,那么城市展览产业就会形成(见图2.7)。

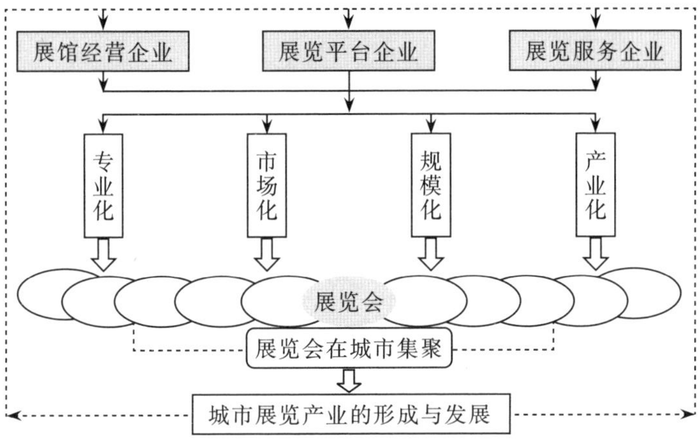

图 2.7　城市展览产业的形成与发展

　　展览的举办和城市展览产业的形成与发展不能仅仅关注这三个方面,因为城市展览产业发展还需要其他条件支持,如政府和展览行业协会的作用。一方面,政府可以通过投资展览场馆为展览会的举办提供政策优惠,加大在相关配套设施建设上的投入,以及鼓励对展览专业人才的培养等多种途径支持展览业发展。另一方面,展览行业协会也能以制定行业规范、加强行业自律、统一为行业内成员提供服务等方式扩大影响,树立权威,为展览产业的形成与发展创造条件。因此,虽然政府和展览行业协会并不像展览企业、场馆设施和配套服务那样,对展览产业的形成与发展有直接影响,但也是展览产业发展所必备的条件。

　　因此,下面将城市展览产业发展的条件体系分为两部分:直接约束条件和间接约束条件。直接约束条件主要指展览企业、场馆设施、配套设施和服务;间接约束条件则主要指政府和展览行业协会的支持作用。如前所述,某城市的原发性基础因素和承载性基础因素,都只为城市展览产业的形成提供了可能性,正是因为具备了这些基础因素,某城市才能提出要发展展览产业的目标。然而,该目标的实现需要满足一定的约束条件。这里所提出的条件体系即具有这样约束作用,条件的满足可以为城市展览产业发展提供现实性。

　　事实上,纵观城市展览产业发展的案例可以发现,不管是供给推动型展览业还是市场需求拉动型展览业,在具备不同基础性因素的同时,都满足相同或类似的直接和间接的约束条件。实践中的共性证明了这些条件的必要性,因此可以认为城市展览产业发展必须满足这些条件。城市展览产业发展的条件如图2.8所示。

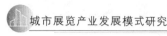

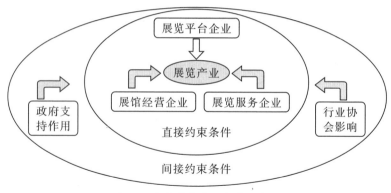

图 2.8　城市展览产业发展的条件

2. 城市展览产业发展的直接约束条件

如前所述,城市展览产业的微观主体有三个:展览平台企业、展览场馆经营企业和展览服务企业。较之其他影响展览的因素而言,这三方面与展览会的联系最为密切、显著,其数量、规模和效益等将直接影响展览会质量的优劣和水平的高低,从而能够决定展览业的专业化、规模化和产业化程度。因此,研究城市展览产业发展的条件,有必要先从这三方面着手。

(1)有关展览平台企业的条件

1)力求规模化以实现规模效应

展览平台企业是展览产业的核心企业。一定数量和规模的展览平台企业是城市展览产业的形成和发展的组织保障。由于展览会的举办涉及面广、国际化程度高、管理和协调难度大,故对展览平台企业提出很高要求。在这种情况下,规模较小、贸易性不强、知名度不高、无法达到先进管理水平的中小展览平台企业,是很难与较大知名展览平台企业竞争并争取到参展商的。在当今全球化的时代,国际市场竞争更是主要依靠资本实力和品牌优势,这进一步使得展览平台企业通过收购、兼并等手段追求规模化成为世界展览经济市场最突出的特点。因此,可以说,一方面展览经济的特点决定了展览企业具有层次差别,以及一部分大规模展览企业存在的必然性;另一方面,经济发展形势又强化了这一规模化趋势,最终实现规模效应,促进和加速城市展览产业的形成与发展。

2)力求专业化以积累丰富的办展经验

对展览企业而言,规模很重要,但不能体现展览企业能力的全部。展览行业对展览企业能力的认定并非仅仅限于企业规模,此时,展览企业过去举办展览的经验和成果就成为行业认同的重要指标,人们往往以其过去的经历推断目前该企业是否具有办展资格。事实上,办展经验并不只是反映在办展次数上,它还包括展览企业组织和管理展览的水平、人员素质和专业化程度等内容,丰富的办展经验就代表着相应较强的组展能力。这一点在国内外展览行业对展览主办企业的资格认定上都有所体现。

3）力求品牌化以塑造良好的品牌形象、扩大知名度

事实证明，品牌展会对一个城市展览产业发展有重要的影响。展览企业不仅要注重企业品牌形象的维护，更重要的是通过举办一定数量的品牌展会为自身形象注入持久的生命力。这也会促使城市展览产业能真正形成并持续发展。

（2）有关展馆经营企业的条件

展览场馆作为展览业形成的核心物质基础之一，其建造的投资成本巨大（一般要上亿元甚至几百亿元），而且成本回收具有很大的不确定性（比如国内的大部分城市展览场馆都处于长期闲置状态，只有少部分展览场馆是赢利的）。因此，对企业来讲，一是拿出数目庞大的资金会存在一定的困难，二是即使拿出资金也会面临高的投资风险，这两方面都极大限制了企业对展览馆投资建造的积极性。而政府权力的普遍性和强制性使政府拥有庞大的财政实力，可以承担任何社会组织无法承担的巨额债务和沉淀资本，因此，政府通常会成为本地展览馆建造的出资方。

（3）有关配套设施与服务的条件

仅有展览企业和场馆设施还不能完整地从事展览活动的组织工作，在举办展览过程中，建筑、装饰、广告、印刷、交通、餐饮、宾馆、通信等多种行业的产品和服务都是重要的配套条件。一旦这些产业的发展程度不能与展览业相适应，就会制约展览业的发展。事实上，展览业之所以具有强大的产业带动性，就是因为展览的举办需要利用其他行业的产品和服务，或与其他行业有密切关联，能产生"共振"效应。

3. 城市展览产业发展的间接约束条件

城市展览产业发展的间接约束条件，主要是指政府和行业协会对展览业形成与发展的支持作用。展览平台企业、展馆经营企业和展览服务企业毕竟属于微观层面，仅凭它们的力量，还很难推动展览业的形成，需要政府和行业协会从宏观角度支持。因此，这两者是城市展览产业发展所必不可少的条件。

（1）政府的支持作用

政府的态度对城市展览产业的形成有着重要的影响，有时甚至会产生决定性作用。为促进展览产业的形成与发展，很多城市的政府对展览产业提供一定的支持和赞助。有些政府直接通过下属部门对展览产业实行宏观调控，有些则设立行业协会性质的官方机构，通过授权给行业协会使其具有权威性，从而协调和管理当地展览业。

城市政府积极推动展览产业发展有其深层次的原因。如前所述，城市政府是展览的次要相关利益者，它可能从展览业的发展中获得巨大的收益。政府在城市发展展览业中的收益主要表现在以下几方面：第一，展览业的形成有利于扶持城市其他产业，因此有利于城市政府建立和维持与企业的良好关系，这就可能使政府制

定的各项政策在实施过程中遇到更小的阻力。企业的良好发展也会给地方政府带来更多的税收。第二,展览业的形成有利于促进外贸,这同样会为城市政府增加税收。第三,展览业的形成可以节约经济活动中的社会成本,这就可以减少政府用以补偿经济活动所造成的社会损失的资源数量。第四,展览业的形成可以带动相关第三产业的发展,不仅能增加社会就业量,而且能进一步繁荣城市经济,从而减少政府的各种社会福利性质的财政补贴支出。第五,通过发展展览业可以提高城市竞争力,城市的竞争力强则吸引社会各种优势资源的能力就大,因此,城市政府更可能从地方政府或中央政府或其他社会团体中获取更多资源,有利于城市经济步入良性循环,从而进一步使城市政府获利。

（2）行业协会的积极作用

展览行业协会为城市展览产业的形成与有序发展提供了重要的保障。展览行业较其他生产性行业更需要发挥行业协会的作用。展览行业协会作为一个国家或城市展览企业的代表,不仅协助政府做好展览规划、制定政策、规范市场竞争秩序,同时还对展览业进行理论研究,指导行业发展,举办交流活动,提供信息咨询服务和各种专业培训等。

第二节　城市展览产业发展的"四维"模式

一、城市展览产业发展模式的内涵

目前,人们在理论和实证研究中对"产业发展模式"一词使用越来越频繁,但缺乏对其科学、规范的定义,更谈不上对其进行严格的界定和论证。为了更深入研究城市展览产业发展模式,有必要先对"产业发展模式"的概念和类型进行分析。

（一）模式

20世纪50年代以来,"模式"一词被越来越频繁地使用。但对模式进行科学、准确的界定则非常困难。究其原因,有以下几点:第一,模式问题比较具体,不属于主流经济学的核心研究范畴,因而对模式的理论研究有待深入;第二,模式由多个相对独立的因素构成,因素的不同组合意味着一种新模式的产生,难以对模式进行一致性定义;第三,不同模式在相互比较和学习的过程中,往往会彼此吸收对方的优点而发生变化,其结果或者出现混合型模式,或者进行模式转换。所以,学者们对模式的研究只能因地制宜,具体问题具体分析,很难给出一个大家一致认可的理论定义。

在产业经济学和发展经济学的研究中,对"模式"一词的理解大概有以下三种观点：

第一，模式是一种资源配置的结构。钱纳里提出的发展模式强调国内、国外因素共同影响经济发展。国内因素包括发展中国家的资源状况、物资、资本和人口规模等经济因素，也包括诸如政府政策和发展目标等制度因素；国际因素包括发展中国家得到外来资本、技术的情况和它们参与国际分工、国际贸易的情况。这个观点主要致力于考察新旧产业替代过程中，不发达国家或地区的经济、产业和制度结构变动的连续过程。

第二，模式是一种经济类型。这个观点主要描述具有特色的区域经济结构，如温州模式、东亚模式等等，而导致或者影响该模式的出现和转变的因素是该地区的地域、资源、人文、政府政策等地方性的特色因素，而国内和国际的需求也是一个重要因素。

第三，模式是对多因素相互作用构成整体的认识和把握，涵盖包括文化、政治、历史、制度等在内的以经济学为中心向其边缘扩展的多维空间。如波兰经济学家W.布鲁斯在其《社会主义经济运行问题》中说，"模式"这个术语的正确意思是表示经济运行机制的图示，它是撇开复杂细节而提供经济运行的主要原则的图示。

综上所述，模式就是在既定的外部环境和内部因素的基础上，由内外部因素相互作用、相互组合所反映出来的因素的组合方式和资源的利用方式。

（二）产业发展

产业发展（industry development）这个词，在西方文献中，经常与产业演化（industry evolution）、产业动态（industry dynamic）共同使用，而且使用频率低于产业演化。在西方文献中，也很少见到对于产业发展的正式定义，大多数情况下它泛指产业发展变化的历史过程，没有明确的内涵界定。

国内的研究对产业发展和产业演化也没有进行详细的区分，关于产业发展的定义大致有几种观点：

第一，产业发展是指产业的产生、成长的过程，既包括单个产业的进化过程，又包括产业总体，即整个国民经济的进化过程（苏东水，2000）。

第二，产业发展包含产业的一系列变化趋势，包括"集群化、融合化、生态化"，这些变化不仅"创造出各种新的消费方式"，而且推动着"产业本身的创新与变革"，包括"产业结构方面的新内容、产业技术、产业组织方面的新动向"（厉无畏、王振，2003）。

第三，产业发展是以价值发展为实质、以主导产业群为其载体、以经济长波论为其形式的产业的一个内生提高过程（胡建绩，2008）。胡建绩（2008）对产业发展的基本因素和表现形式进行了系统总结（见表2.1和表2.2）。

表2.1 产业发展的基本因素

	机制		行为	
市场(看不见的手)	政府(看得见的手)	组织方式(看得见的脚)		契约(看不见的脚)
完全竞争市场	处理外部性–设计福利	个人和现代公司		等价交换导向
不完全竞争市场	分析市场失灵–相机抉择	垄断与反垄断		政策导向
全球化大市场	政策、政府失灵	跨国与反跨国		战略导向

资料来源:胡建绩,2008.产业发展学.上海:上海财经大学出版社:16。

表2.2 产业发展的表现形式

发展阶段	基础	载体	导向	手段	途径
第一阶段	区域分工	商品输出	成本导向 (绝对成本和相对成本)	成本优势	市场
第二阶段		资本输出	收益导向 (绝对收益和相对收益)	竞争优势	市场加政府
第三阶段	国际一体化	企业输出、制度输出	价值导向 (绝对价值和相对价值)	战略优势	介于市场与政府之间的契约,经济霸权主义

资料来源:胡建绩,2008.产业发展学.上海:上海财经大学出版社:17。

第四,产业发展是指产业的产生、成长和演进。产业发展的内容,既包括单个产业的进化,又包括产业总体的演进;既包括产业类型、产业结构、产业关联、产业布局的演进,又包括产业组织的变化、产业规模的扩大、技术的进步、效益的提高(简新华等,2009)。

综上可知,关于产业发展有如下要点:首先,产业发展是一个过程。产业发展的过程,就是单个具体产业的产生、成长、繁荣、衰亡或单个大类产业产生、成长、不断现代化的过程;也是产业总体的各个方面不断由不合理走向合理、由不成熟走向成熟、由不协调走向协调、由低级走向高级的过程;也是产业结构优化、主导产业分阶段转化、产业布局合理化、产业组织合理化的过程。其次,产业发展的状况是产业类型变化规律、产业结构演进规律、产业布局变动规律、产业组织演变规律和其他单个产业及产业总体发展规律综合作用的结果。最后,产业发展的动因既有外生因素(技术、制度、劳力、资本、组织和需求因素等)的变化,又有内生因素(生产该种商品或服务的生产率等)的变化。

(三)产业发展模式

通过前面对"模式"及"产业发展"的分析可知,对于产业发展模式的概念也有多种理解。关于产业发展模式的定义有以下几种观点。

第一,产业发展模式是指一个产业在较长的生存和发展过程中,逐渐地形成的较为固定的标准形式(李静潭,2006)。

第二,产业发展模式是指在既定的时空环境下,对产业的发展目标、内部结构、产业组织、产业布局、技术进步以及影响产业发展的外部因素和资源利用方式等进行的系统性描述(牟锐,2008)。

第三,产业发展模式是在世界经济一体化前提下,产业有效地融入国际产业分工发展的链条中,通过自发形成及(或)外力推动而由产生到不断发展壮大的整个过程的特征体现(王杨等,2009)。

综合归纳,产业发展模式有三种含义:第一,产业发展模式是对不同产业结构的描述。任何一种产业发展模式,都可通过某种结构来反映。如出口导向型模式意味着出口产值比重较高。第二,产业发展模式反映了资源的利用方式或要素的组合方式。如劳动密集型产业发展模式意味着把有限的资源利用到劳动力/资金构成较高的产业中,即同样的资金可以容纳更多的劳动力。第三,产业发展模式可以通过自身特点、约束条件或外部环境来反映。在一个国家或地区产业发展目标既定的情况下,任何一个产业都面临各种约束条件。

产业发展模式是一个动态变化的过程。一国或地区产业发展模式并不是一成不变的,随外部约束条件及内部因素结构的变化,新的资源利用方式将取代旧的资源利用方式,从而推动产业结构的优化升级。不同约束条件下的产业发展模式无法比较好坏,不能说某种发展模式一定比另一种发展模式好。发展模式本身没有优劣之分,但一个国家或地区是否选择与国情或区域情况相适应的发展模式则有优劣之分,也就是说,在约束条件下能发挥本国或本区产业比较优势的发展模式都是好的发展模式。

(四)城市展览产业发展模式

根据产业发展模式的内涵,本书认为城市展览产业发展模式是指展览产业在特定的发展阶段、特定的城市具有特色的发展道路和方略,包括产业驱动方式、产业组织形式、产业空间布局方式和产业管理调控方式等。研究城市展览产业发展模式的任务就是找出符合城市特征的展览产业发展道路,使产业驱动方式适应城市特点,使产业组织合理化,使产业空间布局合理化,使产业管理调控合理化,使产业发展相关资源达到最优配置,提高城市展览产业的竞争力。在理解这一概念时,要立足于以下几个要点。

第一,展览产业自身发展的特点。产业发展模式的形成离不开特定产业自身的特点。与其他产业相比,展览产业具有双边市场特征的生产性服务业,也是一个典型的支撑与被支撑产业,这些特点决定了产业和市场在展览产业发展及竞争中的作用。

第二,发展展览产业的城市特点。展览产业发展要以城市为依托,城市功能、城市产业集群以及城市竞争力等在展览产业发展及竞争中有着重要的作用。每个城市自身特点不同,其展览产业发展模式也不同。

第三,城市展览产业发展模式的综合性特点。城市展览产业发展模式是展览产业多种发展方式综合的结果,包括产业驱动方式、产业组织形式、产业空间布局方式、产业管理调控方式等。

第四,城市展览产业发展模式应该具有可持续性、适应性、普遍性等特点。可持续性是指城市展览产业的发展模式应该是长期的、持续应用的一种产业成长模式;适应性是指需要与本城市的实际情况紧密结合;普遍性是指作为一种模式,应该比较普遍地适应相同条件的城市经济发展,而不仅仅是某一个城市。

二、城市展览产业发展的"四维"模式概念模型

从城市展览产业发展模式的定义中可知,城市展览产业发展模式是展览产业多种发展方式综合后的结果。为了研究的针对性,本书拟把对展览产业发展影响最大的因素作为不同的"维度",来构建城市展览产业发展模式体系。为了更有针对性地进行选择,下面对产业经济学研究的主要内容体系进行梳理,并根据城市展览产业的特点,来确定产业发展模式的"维度"。

(一)产业经济学研究的主要内容体系

产业经济学,是应用经济学领域的重要分支,现代西方经济学中分析现实经济问题的新兴应用经济理论体系。产业经济学从作为一个有机整体的"产业"出发,探讨在以工业化为中心的经济发展中产业间的关系结构、产业内企业组织结构变化的规律以及研究这些规律的方法。产业经济学的研究对象是产业内部各企业之间相互作用的规律、产业本身的发展规律、产业与产业之间互动联系的规律以及产业在空间区域中的分布规律等。

产业经济学以"产业"为研究对象,主要包括产业结构、产业组织、产业发展、产业布局和产业政策等(见表2.3)。从表2.3中可以看出,这些产业经济学教科书基本都是对整体产业进行分析的,很少对单个产业(包括从总体上看的单个产业的状况)进行专章论述。从单个产业发展状况来看,主要包括产业的规模(资本、产量)、企业数量和规模结构、产品或服务的供求、产业技术水平、产业链、产业组织(竞争和垄断)、产业空间布局、产业管理与调控、产业竞争力以及产业发展趋势等。

表2.3 产业经济学研究的内容体系

产业经济学研究的内容	产业经济学教材
产业组织(企业、市场、竞争);产业结构(关联、优化、布局);产业管理(产业政策);产业发展	《产业经济学》,苏东水主编,高等教育出版社,2006年版

产业经济学研究的内容	产业经济学教材
产业主体、产业组织、产业结构、产业管理、产业布局和产业集群、产业竞争力、产业安全、产业发展与生态环境保护	《产业经济学教材》(第3版),杨公仆、夏大慰主编,上海财经大学出版社,2008年版
产业组织(规模经济与范围经济、市场集中、进入与退出壁垒、企业创新行为、企业并购行为、博弈论与企业策略性行为);产业结构(产业关联、产业结构的演进、产业布局与集群);产业政策(产业结构政策、产业组织政策、垄断性产业的管制政策)	《产业经济学》,王俊豪,高等教育出版社,2008年版
发展理论;产业规律;产业结构;产业组织;体制条件	《产业经济学》(第3版),李悦,中国人民大学出版社,2008年版
产业组织;产业关联与产业结构;产业空间;竞争政策与产业政策	《产业经济学》,石奇,中国人民大学出版社,2008年版
产业分类、产业结构、产业关联、产业布局、产业组织、产业发展、产业规则、产业政策	《产业经济学》(第2版),简新华,武汉大学出版社,2009年版

(二)其他行业的产业发展模式研究维度分析

产业发展模式的类型按照不同的理解、不同的划分依据,有不同的发展模式。不同的产业往往根据产业自身的特点来划分产业发展模式(见表2.4)。

表2.4　其他行业的产业发展模式研究的维度分析

产业类型	产业发展模式的类型	文献来源
文化产业	资源依托型模式;核心产业带动模式;相关产业带动模式;需求导向模式;外向型模式;供给引导模式	《广西文化产业发展模式研究》,车勇,2007
物流产业	基于产业集聚区的区域综合型物流模式;基于产业链(集群)的区域供应链一体化、专业型物流模式;基于区域货物中转枢纽的多功能服务型物流模式;基于区域交易市场的交易服务、仓储配送型物流模式;基于城市商贸的配送服务型物流模式	《湖北省区域物流产业发展模式研究》,李亚,2007
创意产业	英国模式:创意产业集群化发展;美国模式:知识产权型的商业营运;韩国模式:政府主导型发展	《我国创意产业发展模式研究》,任秀琼,2008
动漫产业	资金启动型;新媒介带动型;机制引导型	《我国动漫产业发展模式研究》,梁耀智,2009

续表

产业类型	产业发展模式的类型	文献来源
高新技术产业	产业结构模式;产业组织模式;产业制度创新模式;产业布局模式	《黑龙江省高新技术产业发展模式研究》,韩立华,2006
服务产业	产业结构优化模式;产业组织优化模式;地区布局合理化模式	《黑龙江省服务产业发展模式研究》,邵正光,2005
汽车产业	自由竞争模式;自主发展模式;完全开放模式	《我国汽车产业发展模式研究》,肖文金,2006
旅游产业	超前型和滞后型;延伸型和推进型;政府主导型和市场主导型	《我国旅游产业发展模式的优化研究》,贾力,2006
软件产业	要素导向型发展模式;投资导向型发展模式;创新导向型发展模式	《软件产业发展模式研究》,王杨等,2009

从表2.4可以看出,以上行业的产业发展模式类型没有固定的划分依据或维度,都是只对个别产业或某一特定产业内部具有适用性。以上产业发展模式的划分依据有产品特点、技术水平、资源利用方式、市场竞争程度、市场广泛程度、产业生命周期、产业调控方式、资金来源等等。虽然许多人都在进行"产业发展模式"研究,但平台不统一,无法形成一致的理论或范式框架,所以研究成果不具有普遍性。鉴于此,很有必要根据城市展览产业的特征,对城市展览产业发展模式进行系统的研究。

(三)城市展览产业发展"四维"模式的构建

依据产业经济学对单个产业发展的研究视角,借鉴其他行业的产业发展模式研究经验,并针对城市展览产业的基本属性与基本特征,本书主要从产业驱动、产业组织、产业空间布局和产业管理调控等四个视角,对城市展览产业发展模式进行研究,构建了城市展览产业发展模式"四维"模型(见图2.9)。

从产业驱动的视角研究城市展览产业发展模式,主要是回答"城市展览产业发展有哪些驱动模式"以及"城市如何选择合适的展览产业发展驱动模式"的问题,从而有助于各个城市根据自己城市的特点来选择合适的展览产业发展模式。

从产业组织的视角研究城市展览产业发展模式,主要是探讨城市展览产业组织合理化,以及展览企业如何集团化运作、展览场馆如何进行投资经营与管理的问题。回答这些问题,有利于城市展览产业的市场结构合理化、市场行为合理化以及市场绩效高度化。

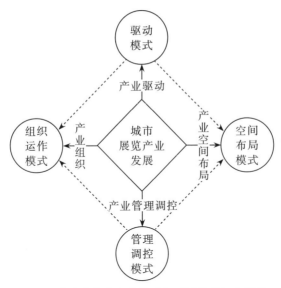

图 2.9 城市展览产业发展的"四维"模式概念模型

从产业空间布局的视角研究城市展览产业发展模式,主要是探讨"城市展览产业如何布局合理化"的问题。城市展览产业布局,包括宏观角度——国家或区域内的城市展览产业布局、中观角度——单个城市的展览产业布局、微观角度——单个城市内不同展览场馆之间的布局。

从产业管理调控的视角研究城市展览产业发展模式,主要是探讨"城市展览产业如何管理与调控"的问题。政府、市场、行业协会在城市展览产业发展中合理分工与协作,对城市展览产业健康持续发展有重要的作用。

以上分别从产业驱动、产业组织、产业空间布局、产业管理调控等四个视角对城市展览产业发展模式进行深入探讨,构建了城市展览产业发展模式体系,为城市展览产业发展提供了有益的指导。

◀···· 第三节 城市展览产业发展"四维"模式的理论基础 ▶····

一、城市展览产业发展驱动模式的理论基础

(一)比较优势理论

各种产业在地区间的分工表现为产业的空间结构,而产业的空间结构又取决于分工和贸易。地区贸易与国际贸易的发展正是比较优势理论在实践中的反映。

比较优势的思想发端于亚当·斯密。亚当·斯密在其代表作《国富论》中提到不同国家生产商品的固有的或后天获取的"自然优势"(natural advantages)和交换的合理性。后来,李嘉图将亚当·斯密的绝对比较优势思想发展为相对比较优势思想,并将这种思想理论化并应用于国际贸易研究,初步形成了比较优势理论的框架。按照李嘉图的观点,比较优势即不同国家生产同一种产品的机会成本差异,该差异源自各国产品的劳动生产率差异,劳动生产率不同的国家根据相对优势进行生产和交换,使得双方均可获利。

由于李嘉图的"比较优势理论"仅仅考虑了生产技术差别的影响,在"比较优势理论"创立了1个世纪之后的20世纪,瑞典著名经济学家伊莱·赫克歇尔和他的学生伯蒂尔·奥林提出了"H-O理论"。该理论用分工双方在生产要素上的供给比例解释了生产成本和商品价格的不同,从而导致比较优势的产生,引起国际分工和贸易。"H-O理论"表述为"由于双方生产要素的供给比例不同,即在要素禀赋上的差异以及他们在生产不同商品时需要投入的生产要素的结合比例差异,导致了一方在生产能较密集地利用其较充裕的生产要素的商品时,必然会有李嘉图所说的比较优势的产生。因此,一方最终将出口自身要素供给丰裕且价格低廉的商品,同时又会进口自身要素供给稀缺且价格昂贵的商品。"

以上传统贸易理论所强调的比较利益结构都建立在一个国家产业的比较优势基础上。虽然上述理论都是国际贸易方面的理论,但是对于一个国家产业的发展战略而言具有良好的借鉴意义。

（二）产业竞争优势理论

产业竞争优势理论是由美国哈佛商学院著名战略管理学家波特提出的。他认为产业的竞争优势由构成产业环境的因素决定,并提出了由生产要素条件、市场需求条件、相关和支持产业条件以及市场结构和它所决定的企业行为构成的"钻石模型",这四种要素的相互作用,以及政府和机会的影响是不可忽略的,如图2.10所示。

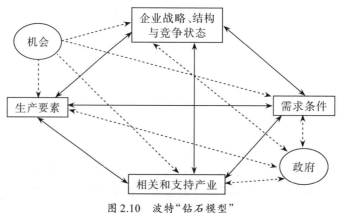

图2.10　波特"钻石模型"

生产要素。波特把生产要素分为初级生产要素和高级生产要素。初级生产要素是指天然资源、气候、地理位置、非技术工人、资金等,通过被动继承或简单投资就可获得;高级生产要素则是指现代通信、信息、交通等基础设施,受过高等教育的人力、研究机构等,需要先期在人力和资本上大量投资才能获得。波特认为,在现代社会,初级生产要素的重要性在降低,需求在减少;高级生产要素重要性和需求在增加,需要不断地投资创造。

需求条件。在钻石模型中,需求条件主要是指国内市场的需求。内需市场是产业发展的动力,主要包括需求的结构、需求的规模和需求的成长。企业可以时刻掌握国内市场的需求,具有国外竞争对手不具有的优势;本国市场顾客成熟度高(对产品和服务要求高),在完善产品、提高服务和促进企业发展等方面是十分有利的;本地顾客需求领先其他国家,可以对先进产品具有预期性,也是本地企业的优势之一。

相关和支持性产业。波特认为,单独的一个企业以至单独一个产业,都很难保持竞争优势,只有形成有效的"产业集群"(industrial clusters),上下游产业之间形成良性互动,才能使产业竞争优势持久发展。波特强调,一个有国际竞争力的优势产业群体中的企业最好全部由国内企业组成(而不是某一环节从国外采购),特别是由本地企业组成上下游配套齐全的产业发展链条,这样所形成的国际竞争优势才是稳定的、可靠的。

企业战略、结构与竞争状态。这是波特开出的企业治理三角习题,指如何创立、组织和管理公司、如何应对同业竞争对手等问题。波特认为,企业的战略、组织结构和管理者对待竞争的态度,往往同国家环境相关,同产业差异相关。一个企业要想获得成功,必须善用本国的历史文化资源,形成适应本国特殊环境的企业战略和组织结构,融入当地社会,并符合所处产业的特殊情况。

在波特的钻石模型中,除了四个基本要素外,还有两个变量——机会和政府。机会是可遇不可求的,对一个产业的竞争力而言,机会可能与该国的环境无关,甚至同企业内部也没有关系,政府也难以施加影响。一般情况下,可能形成机会的情形有如下几种:基础科技的发明创新、传统技术出现断层、生产成本突然提高、全球金融市场或汇率的重大变化、全球或区域市场的需求剧增、外国政府的重大决策、战争爆发等。这些情况可能对于一个国家的产业而言意味着难得的机会。

政府是最后一个变量。波特认为,政府并不能凭空创造出有竞争力的产业,只能在钻石体系其他要素的基础上加以引导才能做到。政府的角色是为产业和企业的发展提供良好的环境,而非直接参与。对于生产要素,政府需要加大教育投资,与企业共同创造专业性强的高级生产要素。关于竞争,政府需要做的是鼓励自由竞争,严格执行反垄断法。政府对经济的另一大影响措施是政府采购,在这一点上,政府可以扮演挑剔客户的角色,这对国内企业产业升级和技术创新尤其重要。

随着社会发展,政府的作用越来越重要。

波特的钻石模型,建立在对发达国家的经济学分析基础上。但是对于发展中国家,尤其是经济正在起飞的国家,这个模型也具有极大的借鉴和参照意义。

(三)城市竞争力理论

目前学界公认的涉及城市竞争力的国内外代表性的主要理论有:世界经济论坛(WEF)和瑞士洛桑国际管理发展学院(IMD)的"国际竞争力理论"、北京国际城市发展研究院(IUD)的"城市价值链理论"和中国社会科学院的"弓弦箭理论模型"。

1. WEF-IMD的国际竞争力理论

1989年起,世界经济论坛(WEF)与瑞士洛桑国际管理发展学院(IMD)开始携手合作进行此项研究,国际竞争力从概念到方法都获得了丰富和发展。

WEF和IMD直接探讨世界各国的竞争力排名。WEF-IMD的国际竞争力评价体系包括国内经济实力、企业管理、国际化、政府管理、金融、基础设施、科学技术、国民素质等八大要素,每个要素又包括若干方面,具体指标共200多个,分别反映国际竞争力的各项功能,如图2.11所示。

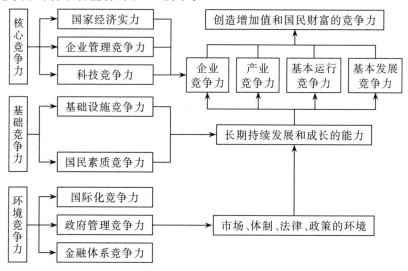

图 2.11　国际竞争力理论

2. IUD的城市价值链理论

北京国际城市发展研究院(IUD)以国际竞争力理论为基础,建立了中国城市竞争力的"城市价值链"模型,该模型以指标体系为核心,其实质是建立高度区域一体化的全球资源配置机制和运行模式。

城市价值链理论认为比较优势是指各城市不同要素之间的关系,而竞争优势侧重各城市同类要素或可替代要素之间的关系,指出不同城市之间同类要素的冲突和替代的因果关系。城市竞争力是指一个国家的城市在全球经济一体化的背景下,在要素流动过程中抗衡甚至超越现实和潜在的竞争对手,以实现城市价值所具有的各种竞争优势的系统合力。因此,城市竞争力必须以"市场为目标,以战略为核心,以整合为导向",以建立高度区域一体化的全球资源配置机制和运行模式。

一个城市的价值链包括价值活动和价值流。价值活动是城市价值创造过程中实现其价值增值的每一个环节,包括城市实力系统、城市能力系统、城市活力系统、城市潜力系统和城市魅力系统。价值流是城市价值取向的主要决定因素,是指一个城市以相应的平台和条件吸引区外物资、人力、资本、技术、信息、服务等资源要素向区内聚集,并将形成和扩大竞争优势,向周边、外界扩张与辐射。城市价值链模型将城市资源的配置过程描述为一个链条,并按层次结构逐级提升,这正是城市竞争力系统所要解决的实际问题。城市价值链理论揭示出城市形态演化的五种基本模式,即开放型城市、成长型城市、停滞型城市、衰退型城市和濒危型城市。城市竞争力则是推动城市形态演化的内在力量和源泉。

3. 中国社会科学院财贸经济研究所的"弓弦箭模型"

城市竞争力主要是指一个城市在竞争和发展过程中与其他城市相比较所具有的吸引、争夺、拥有、控制和转化资源,争夺、占领和控制市场,以创造价值为其居民提供福利的能力。城市竞争力的子系统按表现方式的不同可概括为两类:硬竞争力系统和软竞争力系统。其中,硬竞争力和软竞争力又由许多具体的分力构成,如图2.12所示。

城市竞争力(UC)=F(硬竞争力,软竞争力)

硬竞争力(HC)=人才竞争力+资本竞争力+科技竞争力+结构竞争力+
综合区位竞争力+环境竞争力+设施竞争力

软竞争力(SC)=文化竞争力+制度竞争力+政府管理竞争力+
企业管理竞争力+开放竞争力

城市竞争力主要通过其产业竞争和增长的绩效表现出来。把硬竞争力比作弓,把软竞争力比作弦,把城市产业比作箭,它们相互作用,共同形成城市竞争力。弓弦质量越好,搭配越恰当,所形成的力越大,产业箭射得越远,获得的价值收益就越大。

(四)产业集群理论

1. 产业集群的概念

虽然产业集群作为一种经济问题已经被研究了几十年,但至今为止对产业集群的概念国际上尚无统一的定义。概括来讲,目前对产业集群的定义在国外主要有以下几种形式。

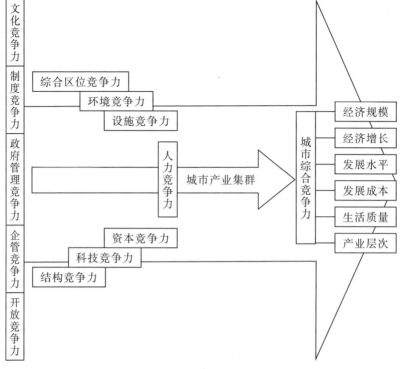

图 2.12　城市竞争力弓弦箭模型

资料来源:倪鹏飞 2009,中国城市竞争力报告 NO.7——城市:中国跨向全球中.北京:社会科学文献出版社:88。

(1)西方关于集群理论的研究最早可追溯到亚当·斯密,他在《国民财富的性质和原因的研究》一书中最早从分工的角度描述产业集群现象。他认为:产业集群是由一群具有分工性质的中小企业为了完成某种产品的生产联合而成的群体。马歇尔首先从规模经济和外部经济的角度研究产业集群现象,认为产业集群是企业为追求共享基础设施、劳动力市场等外部规模经济而形成的聚集体。

(2)工业区位经济学家韦伯在《工业区位论》一书中,把区位因素分为区域因素和集聚因素。他认为,集聚因素可分为两个阶段:通过企业自身的扩大而产生集聚优势和各个企业通过相互联系的组织而实现地方工业化,显然后一阶段就是我们说的产业集群阶段。因而,韦伯的定义可这样表述:产业集群是在某一区域内相互联系的企业的聚集体。

(3)胡佛(Hoover)将规模经济引入产业群理论的研究范围,他将规模经济划分为三个层次:单个区位单位(工厂、商店等)的规模决定的经济;单个公司(即联合企业体)的规模决定的经济;该产业在某个区位的聚集体的规模决定的经济。因此,胡佛的定义可表述为:企业为追求规模经济而在空间集聚的现象。

（4）新制度经济学家威廉姆森在其著作《市场和等级制度》中从企业组织形式的角度对产业集群进行了研究。他认为,在介于纯市场组织和科层制组织之间,存在大量的中间性组织,这种中间性组织是克服市场失灵和科层组织失灵、节约交易费用的一种有效的组织形式。这种中间组织就是产业集群,它比市场稳定,比科层组织灵活。根据上述观点,产业集群的概念可定义为:产业集群是基于专业化分工和协作的众多企业集合起来的组织,这种组织结构介于纯市场和纯科层之间,比市场更稳定,比科层更灵活。

（5）迈克尔·波特以其竞争优势理论为基础在《国家竞争优势》中认为企业集群是某一特定产业的中小企业和机构大量聚集于一定的地域范围内而形成的稳定的、具有持续竞争优势的集合体。他给出了垂直企业集群与水平企业集群的定义:垂直的企业集群是通过买卖关系来联结的众多企业所形成的企业集群;水平的企业集群是由包括共享终端产品市场,使用共同技术、技巧及相似的自然资源的企业所组成的集群。

尽管至今仍没有关于产业集群的统一定义,然而,集群(clusters)已成为区域经济学、产业经济学乃至竞争经济学中广泛使用的概念。由于各学者们对产业集群研究的视角不同,在各自的定义中,其内涵、着眼点都有一定的区别。

2. 产业集群的特征

从产业集群的概念可以推断出,产业集群为相关企业在一定地理范围内的聚集群体,包含了以下一些特征维度:集群内部正式的投入产出或者交易关系,地理接近性,集群内部共享的集群代理机构,以及成员企业间非正式的合作性竞争关系等。具体说,集群具有以下六个主要特征。

（1）地理上的临近性和空间上的集聚性

产业集群的最重要特征就是其地理集中性,即大量的相关产业集聚在特定的地域范围内。各集群单元既相互独立又通过各种经济关系相互关联,利用群体优势形成外部规模经济。

（2）互惠共生性

和生物体的共生现象一样,产业集群内的集群单元在集聚时,功能可以互补,资源相互利用实现互惠共生,使得各自都有更大的生存和发展空间。

（3）合作竞争性

产业集群内集群单元的互惠共生是一种合作,但竞争在企业群落中是普遍存在的,并且集群单元之间的竞争不是你死我活的关系,而是为达到共同发展相互促进的合作竞争。

（4）资源共享性

产业集群内集群单元可以共同利用区域内的交通、金融等公共设施,利用共同的人才市场、共同的信息资源以及城市品牌等资源,以实现自我发展。

（5）弹性专精

弹性专精（flexible specialization）由国外学者 Piore 和 Salel 提出，它的意思是指：在企业集群内，大量中小企业柔性聚集在一起，既保留单个中小企业生产富有弹性及灵活性的特点，又具有市场反应能力强的特点。产业集群内，大量的中小企业相互集中在一起，企业间形成密切而灵活的专业化分工与灵活性的有机结合。大量中小企业在专业化分工基础上进行集聚，并且它们的生产经营方式将随着外部市场和技术环境发生相应的变化。

（6）社会文化特征根植性

集群内企业具有相同或相近的社会文化背景和制度环境，企业经济行为深深根植于共同的圈内语言、背景知识和交易规则，因而具有可靠性、可预见性，易于产生聚合效应和深度建立制度机制。通过长期交往而建立的信任关系，不仅使得沟通的成本降低，还形成了社会资本。这种"社会资本"如同"集群胶"，使众多企业联结在一起，既增强了区域整体凝聚力，又使企业深深扎根于当地。

二、城市展览产业发展组织运作模式的理论基础

（一）产业组织理论

产业组织理论由美国经济学家梅森和乔·贝恩创立。其理论渊源可追溯到马歇尔的经济理论。西方产业组织理论在发展过程中共出现过三个主要的学派，即哈佛学派、芝加哥学派和20世纪80年代以来在交易费用理论影响下发展起来的新产业组织理论。

产业组织理论是以产业内部企业之间关系为研究对象的理论，主要任务是分析同一产业内部企业之间的关系，揭示企业之间关系变化的规律及其对企业经营绩效的影响。产业组织理论是主要由市场结构、市场行为、市场绩效等三大部分按顺序构成的体系。无论是在理论上，还是在实践上，市场结构、市场行为、市场绩效都存在密切的逻辑关系。市场供求环境形成市场结构，市场结构制约企业的市场行为，企业的市场行为决定市场经营绩效。产业组织或者说同一产业内部企业之间的关系，正是在市场结构、市场行为、市场绩效中体现出来的，分析市场结构，市场行为、市场绩效，也就是分析产业组织，或是同一产业内部企业之间的相互关系。

产业组织理论的核心问题是：在保护市场机制竞争活力的同时充分利用"规模经济"，即：（1）某一产业的产业组织性质是否保证了该产业内的企业有足够的竞争力以改善经营、提高技术、降低成本；（2）是否充分利用规模经济使该产业的单位成本处于最低水平。产业组织理论的目的在于寻找最有利于资源合理分配的市场秩序，寻找充分发挥价格机制功能的现实条件。

（二）规模经济理论

规模经济理论是经济学的基本理论之一,也是现代企业理论研究的重要范畴。规模经济理论是指在一特定时期内,企业产品绝对量增加时,其单位成本下降,即扩大经营规模可以降低平均成本,从而提高利润水平。兼并可以在两个层次上实现企业的规模效益,即产量的提高和单位成本的降低。兼并给企业带来的内在规模经济在于:通过兼并,可以对资产进行补充和调整;横向兼并,可实现产品单一化生产,降低多种经营带来的不适应;纵向兼并,可将各生产流程纳入同一企业,节省交易成本等。兼并的外在规模经济在于:兼并增强了企业整体实力,巩固了市场占有率,能提供全面的专业化生产服务,更好地满足不同市场的需要。

从规模经济理论可知,通过购并活动实现规模报酬递增,必然是由于企业生产规模扩大所带来的生产效率的提高。这表现为:生产规模扩大以后,企业能够利用更先进的技术和机器设备等生产要素;随着对较多的人力和机器的使用,企业内部的生产分工能够更合理和专业化;人数较多的技术培训和具有一定规模的生产经营管理,也都可以节约成本。但是随着规模的继续扩大,生产的各个方面难以得到协调,从而降低了生产效率,其长期平均成本曲线(LAC)呈先下降后上升的趋势。

日本的经济学者把规模经济理论应用到产业政策制定上。他们认为,产业内部客观上存在着工厂规模和企业规模的区别。前者决定生产费用,后者决定竞争秩序。在赶超阶段,当两者发生矛盾时,国家应当利用产业政策首先保证工厂规模达到最优,宁愿暂时容忍发生寡头垄断的现象和牺牲竞争活力,使社会获得最大发展的好处。同时,在发展新兴产业的初期,生产规模往往较小,尚未充分利用规模经济,通过规模扩张,能够取得更多收益。如果单凭市场力量来集聚企业,扩大生产规模,将耗费时日,耽误时机,失去发展机会。政府应该实施组织合理化政策,采取各种措施,促进企业合并、联合,迅速达到最佳规模,提高竞争能力,发展新兴产业。

（三）有效竞争理论

一个合理化、高绩效的产业组织,既要使企业获得较好的规模经济效益,又不能因为企业规模的扩张导致垄断而丧失竞争活力。在马歇尔那里,这是一个"鱼与熊掌不可兼得"的"马歇尔困境"。为了克服"马歇尔困境",克拉克于1940年提出了有效竞争的概念,并经梅森等人的总结归纳,形成了有效竞争理论。

所谓有效竞争理论,是指将规模经济和竞争活力这二者有效地协调起来,从而形成有利于长期均衡的竞争格局。作为产业组织合理化的目标模式,它是对同一产业市场上企业间组织结构及其垄断、竞争态势的理想状态的综合描述,其两个决定因素——规模经济和竞争活力,都是实现资源有效配置、提高经济绩效的手段和途径,它们是以不同的途径谋求经济效率这一共同目标。而市场竞争度(竞争活力)又由市场集中度和进入壁垒共同决定。因此,决定有效竞争状态的实际是三个变量:规模经济、市场集中度和进入壁垒。

三、城市展览产业发展空间布局模式的理论基础

(一)产业布局理论

产业布局理论是研究产业在地域空间上的分布与组合规律的理论,是广义产业结构理论的重要组成部分。产业布局理论的形成和发展经历了古典区位论、近代区位论、现代区位论三个阶段。

以杜能农业区位论和韦伯工业区位论为代表的古典区位论,是最早专门论述产业布局问题的理论。古典区位论立足于单一的企业或中心,着眼于成本和运费的最省,不考虑市场消费因素与产品销售问题,通常被称为西方区位理论的成本学派。

随着资本主义工业化的发展与劳动生产率的提高,第二、三产业逐渐取代农业成为国民经济的主导部门,同时随着交通运输网络的迅速发展,运输因素不再是生产的决定性因素,而市场因素成为产业能否赢利甚至生存下去的关键。区位理论逐步从古典区位论的成本学派发展成为近代区位论的市场学派,由立足于单一的企业或工厂转变为立足于城市或地区,由着眼于成本和运费最省发展为追求市场最大。市场学派主要以费特的贸易区边界区位理论、克里斯泰勒的中心地理论及廖什的市场区位理论为代表。

20世纪60年代以后,随着世界范围内工业化、城市化进程的加快,着眼于区域经济活动的最优组织的现代区位论应运而生。现代区位理论改变了过去孤立研究区位生产、价格与贸易的局面,开始将整个区位的生产、交换、价格、贸易融为一体进行研究。从单个经济单位的区位研究走向区域总体的研究,从只注重区位经济产出的单一目标向关注人与自然协调发展的多重目标转变,从纯理论假定的理论推导走向实际区域的分析与应用模型的研究。现代区位理论的代表主要有成本——市场学派、行为学派、社会学派、历史学派、计量学派等。

产业布局理论主要研究影响产业布局的因素、产业布局与经济发展的关系、产业布局的基本原则、产业布局的基本原理、产业布局的一般规律、产业布局的指向性以及产业布局政策等等。产业布局理论对于制定城市展览产业布局及其调整政策而言具有重要的指导意义。

(二)城市空间结构理论

城市空间结构理论从城市功能的空间组合与布局角度阐述城市的空间结构模

式,并提供对城市空间模式形成和演变规律的科学解释。无论是传统的城市空间结构理论,还是现代城市空间结构理论,都从城市整体的角度涉及产业空间的分布问题。如同心圆模式、扇形模式、多核模式这三大古典模式,以及二战以后诞生的三地带模式:理想城市模式、区域城市模式、大都市结构模式(顾超林等,2000)。对城市空间结构研究的进展以及主要的理论与方法,唐子来、吴启焰等也从不同的角度进行了完整的综述,阎小培、贾峰等则对信息时代的城市空间进行了研究。对城市空间结构形成机制的解释,有三个学派:新古典主义学派、行为学派、结构学派。新古典主义学派利用土地开发成本和交通成本之间的权衡来解释城市内部土地利用模式,包括家庭、企业等的空间区位选择,是一种规范但过于理想而脱离现实的理论推演;行为学派则在新古典主义学派的基础上,通过对现实的企业区位选择与产业空间模式相关性的统计分析来解析城市空间的形成机理;结构学派认为城市空间的形成与演化是建立在社会结构的基础上的,社会结构体系是企业个体选址行为的根源,该理论以马克思主义政治经济学为理论基础,通过对资本主义生产方式和阶级关系的分析,推演城市空间变化的动力与过程(顾朝林等,2000)。城市空间结构理论为研究城市展览产业的空间布局模式提供了借鉴。

(三)城市新产业空间理论

近年来,一些学者不约而同地把产业体系的培育、产业空间布局的研究与城市空间价值的提升、城市服务功能优化的研究进行有机结合,逐渐形成了城市产业空间理论。在研究方法上,城市产业空间理论突破了原来产业经济学的单一研究范式,引入了空间经济学、城市社会学等方面的理论。在研究领域上,国际服务贸易与服务外包、产业集聚与区域创新、总部经济与生产服务业、都市产业园与城市功能提升等热点问题受到关注[1]。城市新产业空间以位于城市外围、由政府设立的开发区为主体,也包容了位于原有市区以内的自发形成的科技街和与都市社区紧密结合的都市经济园区、大学科技园等,总体上看,我国城市新产业空间可分为街区型和开发区型两类,其中开发区型新产业空间按照区位又可以分为边缘型、近郊型、远郊型三类,按照空间开发模式与功能可以分为纯产业区、产业社区、综合型新城三类。中国的城市新产业空间形成与发展机制由空间分化效应、创新开放协同效应、空间扩张"光圈"效应组成(王兴平,2005)。关于城市新产业空间的相关研究,对城市展览产业的布局有一定的理论指导意义。

---

[1]张二震,2009.对城市产业空间布局优化的新认识——兼评《优化之道:城市新产业空间战略》. 江海学刊(3):213。

四、城市展览产业发展管理调控模式的理论基础

(一)政府经济职能理论

政府经济职能是以政府机构为行为主体,对国民经济进行全局性的规划、协调、服务和监督的职责和功能。它是为了达到一定的政府目标而采取的组织干预和协调社会经济活动的各种方法、方式和手段的总称。西方学术界对政府经济职能的界定一直争论不休,但始终脱离不了"政府—市场"交替或融合的运行框架,即政府与市场要么相互代替,要么相互补充,要么相互融合。其大致经历了五个认识阶段:

1. 重商主义对政府经济职能的认识

15世纪末,西欧社会资本主义生产关系开始萌芽和成长,地理大发现扩大了世界市场,给商业发展以极大刺激。当时人们认为一切经济活动的目的就是获取金银,除了开采金银矿以外,要想获取更多金银,必须通过贸易,而国内贸易并不能增加一国金银量,只能使金银在个人占有量上出现变化,为此,对外贸易是货币财富的真正来源。随着商业资本和国家的发展,产生了从理论上阐述国家经济政策的要求,逐渐形成了重商主义的理论。重商主义强调金银或货币是财富的唯一形态,而金银主要来源于对外贸易的顺差,要通过贱买贵卖和少买多卖来获得,因而强调国家对流通过程进行干预,执行保护主义的外贸政策。

2. 古典学派对政府职能的认识

在17世纪中叶,英国资产阶级不仅在经济上而且在政治上取得了统治地位,为资本主义经济的发展开辟了广阔的前景。随着国家经济实力的增长和国际市场上地位的变化,资产阶级要求消除一切不利于资本主义发展的认识和政策障碍,实现自由竞争和自由贸易。古典学派认为财富由金银和物资构成,来源于劳动和其他生产要素,主要通过工业生产来获得,流通本身并不创造价值。古典学派的主要代表人物斯密强调"自私的动机、私有的企业、竞争的市场"是经济制度的三要素,在经济政策上主张"自由贸易、自由竞争、自由放任",提出市场机制作为"看不见的手"能自动调节经济运行以实现个人利益与集体利益的一致和经济的健康运行,政府不应当干预经济而应当充当"守夜人"的角色。

3. 凯恩斯主义对政府职能的认识

20世纪30年代爆发的资本主义经济大危机使自由放任的理论遇到自它产生以来最深重的危机,事实证明,市场机制也并非万能。西方经济学说史上出现了"凯恩斯革命",凯恩斯立足于挽救人们对资本主义经济制度的信心,认为自由的市场虽可以激励个人创造社会财富,促进经济增长,但也有严重的缺陷,即在放任的经济条件下,由于边际消费倾向递减、资本边际效益递减和流动性陷阱的存在,有

效需求不足,失业是不可避免的,为此,它强调国家对经济进行干预以弥补市场机制的不足,从而形成了国家干预经济理论。

4. 新自由主义对政府经济职能的认识

20世纪70年代,对政府经济职能的讨论重新回到了肯定"看不见的手"的调控作用上,认为只有市场才能有效地配置资源。这一时期最著名的代表人物是弗里德曼。他反对政府过度干预,认为政府在经济活动中的作用不是通过经济政策去干预经济活动,而是为市场经济的正常运行创造一个良好的环境。

5. 新凯恩斯主义对政府经济职能的认识

20世纪80年代末和20世纪90年代初,以斯蒂格利茨为代表的新凯恩斯主义者,以信息的不完全、市场的不完备为分析前提,确认了市场失灵与政府失灵是并存的,进而认为政府有干预市场的必要。他进一步认为,市场越发达,政府的经济职能也就越重要,要在逐步完善市场的同时兼顾政府能力的提高,使政府与市场这一对伙伴共同为经济社会的发展发挥作用。

从经济学说的发展历史可以看出,各学派虽在政策主张方面各执一词,但其目的是一致的,即如何实现经济的稳定增长。各学派的争论还将继续下去,但理论的发展和大量的事实已经表明,市场并非是万能的,它在公共产品提供、反垄断、消除外部性、保证宏观经济稳定和社会公平等方面是失灵的,在信息不对称和缺乏替代品的商品提供方面存在市场缺陷。因此,在这个问题上经济学家的共识是:政府在"纠正市场失灵,对收入进行再分配,并对诸如失业、医疗费用、残疾和退休等各种风险提供社会保险"方面发挥着重要作用。由此来看,问题本质不在于是否需要政府干预,而在于如何解决市场配置资源与政府干预市场之间的平衡问题,其中的关键是政府职能应如何设计、行使职能的边界在哪里的问题。

(二)产业规制理论

产业规制理论主要研究为什么要规制、怎样规制、规制是否有效以及在规制无效即规制失灵情况下如何通过成本-收益分析比较而选择加强规制或放松规制。产业规制理论的"中心任务是解释谁从规制中得益,谁因规制受损,规制会采取什么形式,以及规制对资源配置的影响"。[①]

产业规制的研究、产业规制理论的形成和发展大致经历的过程是:从强调市场失灵和公共利益开始引入经济人假设和供求分析方法,运用信息经济学、博弈论、激励理论,由公共利益规制理论转向利益集团规制理论和完善性规制理论,由强调规制的必要性转向更注意规制的效果和合理化,由加强规制转向放松规制而引入竞争,由单向限制转向博弈和激励,由限制垄断和不正当竞争转向规制与竞争平

---

①[美]施蒂格勒,1996.产业组织与政府管制.上海:上海人民出版社、上海三联书店:210。

衡,由信息完全转向信息不完全,由作为外生变量转向内生变量,由注重需求分析转向注重供给分析,指出规制不能完全取代竞争、竞争也无法替代规制,没有理想的规制和竞争,理想状态是规制和竞争的兼容协调,深化和完善了产业规制理论,更好地说明了规制的基本问题,使产业规制理论更加贴近现实、更具解释力,并且加强了具体产业的规制的实证研究和应用研究,实现了产业规制理论的实践价值。

(三)产业政策理论

产业政策理论是为制定产业政策服务的一种经济理论。通过对产业政策进行研究,为产业政策的制定与选择,提供原理、原则和方法。产业政策是政府为了实现一定的经济和社会目标,对产业经济活动进行干预而制定的各种政策的总和。产业政策伴随着国家对经济活动干预的发生而萌芽,现代的产业政策是在二战后新的社会经济背景下,在经济发展的实践中逐步形成的。产业政策具有客观性、有序性、动态性、体系的协调性、指导性、时代性、民族性、供给导向性、市场功能弥补性等九大特征。产业政策理论的依据主要有市场失灵理论、比较优势理论、结构转换理论、规模经济理论。产业政策具有弥补市场失灵、促进超常规发展、增强本国产业的国际竞争力、实现资源优化配置的作用。产业政策不仅对社会经济发展具有巨大的作用,同时也有相当的局限性。产业政策实施的主要措施包括组织措施、财政措施、金融措施、外贸措施、法律措施、政府订购措施及国有化(私有化)措施。

第四节 本章小结

本章为城市展览产业发展的"四维"模式体系构建部分。首先,对城市展览产业的相关基本概念进行了界定与厘清,并对城市展览产业发展的基础与条件进行了深入剖析;在此基础上,分析了城市展览产业发展模式的内涵,并构建了城市展览产业发展的"四维"模式概念模型;最后,探讨了城市展览产业发展的"四维"模式研究的相关理论基础。本章的主要研究结论有:

1. 展览(会)是在一定地域空间和有限时间区间内举办的,以产品、技术、服务的展示、参观、洽谈和信息交流为主要目的,有多人参与的社会群体性活动。展览的属性特征有空间集聚性、时间区间性、展品展示性、活动交流性、社会群体性。

2. 展览产业是指向参展商及专业观众提供展览(会)产品和服务的企业、组织及其活动的集合。展览产业主要包括三大类企业:展览平台企业、展馆经营企业、展览服务企业。

3. 展览中心城市是指具备良好的展览业发展基础与条件、展览业比较发达、在国内或国际展览市场中占据重要地位的城市。展览中心城市除了具备一般中心城市的特征外,展览业是该城市的主要中心职能之一。按照其辐射范围的大小,可以分成不同的等级。

4. 城市展览产业发展的"基础",即城市展览产业发展的根本性因素,是在城市长期发展中累积形成的,难以在短时期内创造出来。其大致呈现两个层面:原发性基础与依托性基础。原发性基础是指产生那些需要借助展览实现交易的原动力因素,这些因素是城市展览产业发展的终极原因;依托性基础是指一个展览平台必须具备的环境与条件。原发性基础包括供应型原发性基础(区域经济实力、国内外贸易依存度、产业基础)和需求型原发性基础(市场规模、市场的辐射力和影响力);依托性基础包括"硬实力"因素(城市区位条件、城市基础设施、城市服务设施)和"软实力"因素(城市政治经济地位、城市社会文化氛围、城市的管理制度、法律法规等)。

5. 城市展览产业发展的"条件",是指能够激励或加速城市展览产业发展的因素,这些因素在短时期内可以创造出来。其又可分为:直接约束条件和间接约束条件。直接约束条件主要指展览企业、场馆设施、配套设施和服务,间接约束条件则主要指政府和展览行业协会的支持作用。

6. 城市展览产业发展的基础与条件,在城市展览业发展过程中存在根本的区别。"基础"是已经存在的事实,不论城市是否发展展览产业,其都已经存在;"条件"是原来不一定存在的,城市为了发展展览业而创造出来的。城市展览产业发展的基础,是城市展览产业发展的"保健因素",只有具备这些基础,该城市展览业才有可能发展,如果不具备这些基础,该城市展览业发展成功的可能性极小。城市展览产业发展的条件,是城市展览产业发展的"激励因素",这些因素有利于推动城市展览业加速发展或提升城市展览业发展潜力。

7. 城市展览产业发展模式是指展览产业在特定的发展阶段、特定的城市具有特色的发展道路和方略,包括产业驱动方式、产业组织形式、产业空间布局方式和产业管理调控方式等。研究城市展览产业发展模式的任务就是找出符合城市特征的展览产业发展道路,使产业驱动方式适应城市特点,使产业组织合理化,使产业空间布局合理化,使产业管理调控合理化,使产业发展相关资源达到最优配置,提高城市展览产业的竞争力。

8. 理解城市展览产业发展模式的概念,要注意四个方面:第一,展览产业自身发展的特点;第二,发展展览产业的城市特点;第三,城市展览产业发展模式的综合性特点;第四,城市展览产业发展模式的可持续性、适应性、普遍性等特点。

9. 城市展览产业发展的"四维"模式概念模型,是从城市展览产业的发展驱动力、产业组织、产业空间布局、产业管理与调控等四个角度构建的模式体系。该体系基本反映城市展览产业发展的主要方面。

10. 城市展览产业发展驱动模式的理论基础有:比较优势理论、产业竞争优势理论、城市竞争力理论、产业集群理论;城市展览产业发展的组织运作模式的理论基础有:产业组织理论、规模经济理论、有效竞争理论;城市展览产业空间布局模式的理论基础有:产业布局理论、城市空间结构理论、城市新产业空间理论;城市展览产业发展管理调控模式的理论基础有:政府经济职能理论、产业规制理论、产业政策理论。

第三章
Chapter 3

城市展览产业发展的驱动模式研究

本章从产业发展驱动力的视角对城市展览产业发展模式进行了研究。首先,分析了城市展览产业驱动模式的理论内涵;其次,对城市展览产业驱动模式的主要类型及适用条件进行了探讨,并详细分析了影响城市展览产业驱动模式选择的主要因素;最后,探讨了国际展览中心城市的展览产业驱动模式经验。本章的研究框架如图3.1所示。

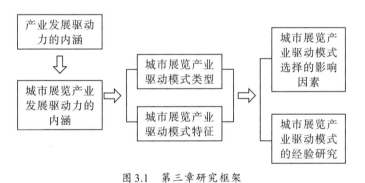

图 3.1　第三章研究框架

第一节　城市展览产业发展的驱动模式内涵

一、产业发展驱动力的内涵

“动力”是物理学科领域内的一个概念,指的是在物体的运动中起推动作用的力。而“成长(发展)动力”通常被运用在生物学上,指的是对事物的成长起作用的一切有利因素。它具有一定的规律性,且在生物学方面形成了较为成熟的理论体系。“成长(发展)动力”概念引入社会科学,有利于社会科学的研究从定性转向定量,以及构建理论模型框架等,因而在社会科学领域得到了广泛的应用,主要体现在产业、信息产业、企业、城市旅游等几个方面。

产业驱动力主要是指产业发展的主要驱动要素。学者们从不同的角度对产业驱动力的内涵进行了研究。最初的产业驱动力研究是在全球商品链理论中关于动力研究的基础上发展而来的,格里芬等人认为全球商品链运行可分为生产者驱动和采购者驱动两种模式,驱动力基本来自生产者和采购者两方面。生产者驱动,指由生产者投资来推动市场需求,形成全球生产供应链的垂直分工体系。采购者驱动,指拥有强大品牌优势和国内销售渠道的经济体通过全球采购和代工生产商等生产组织起来的跨国商品流通网络,形成强大的市场需求。

迈克尔·波特认为,任何国家在经济发展过程中产业竞争都会经历具有不同特征的发展阶段。一个国家的产业发展过程大致可分为四个阶段:第一阶段是要素驱动(factor-driven);第二阶段是投资驱动(investment-driven);第三阶段是创新驱动(innovation-driven);第四阶段是财富驱动(wealth-driven)。前三个阶段是产业竞争力增长时期,第四个阶段则是产业竞争力下降时期。

国内学者刘耀祥(2006)探讨了产业驱动力选择与城市化绩效之间的关系,其认为产业驱动力选择是否恰当,直接影响城市化的绩效。赵伟(2007)基于产业驱动的视角对县域经济发展模式进行了研究,认为县域经济发展模式有农业驱动型、工业驱动型、第三产业驱动型和资源禀赋驱动型等四种类型。彭华(1999)、魏卫等(2004)、保继刚等(2005)、任瀚(2009)等对旅游产业驱动力进行了探讨。

综上可知,格里芬等人关于驱动力的研究奠定了产业经济学驱动力研究的基础和基本分析框架。波特充分关注了驱动力变异的时间过程规律,后者的研究是在特定的历史背景下对格里芬研究的发展。国内学者关于产业驱动力的研究基本沿用了格里芬研究的理论框架。

二、城市展览产业发展的驱动机制模型

目前专门研究城市展览产业驱动力的文献还很少,有部分学者讨论了会展旅游的发展动力,如王春雷(2002)对中外会展旅游发展模式进行了比较研究;高静、朱海森(2003)对会展业的发展条件及其动力体系进行了初步探讨;胡斌(2004)对城市会展业的发展动力系统进行了研究,其沿用了彭华对旅游驱动力研究的范式,把会展的动力系统细分为需求、供给、吸引、支持以及中介系统;马宗福(2008)对会展旅游产品成长动力进行了研究。

本书借鉴产业经济学驱动力研究的基础和基本分析框架,并充分考虑城市展览产业发展的基础与条件,认为城市展览产业发展的驱动要素,主要包括市场供给因素、市场需求因素、城市吸引因素以及城市支撑因素。展览市场需求因素与展览市场供给因素作为一对矛盾,它们直接推动了城市展览产业的发展。城市吸引因素在与具体展览活动相结合时,它也就转化成为促进城市展览产业发展的重要力

量。城市支撑因素是城市展览产业发展的综合配套因素,它们为城市展览产业的
发展创造了条件。城市展览产业发展的驱动机制模型如图3.2所示。

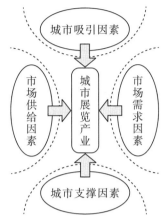

图3.2　城市展览产业发展的驱动机制模型

第二节　城市展览产业发展的驱动模式分析

一、城市展览产业发展的驱动模式类型分析

按照城市展览产业发展的驱动机制模型,城市展览产业发展模式可分为产业
驱动型、市场需求驱动型、城市魅力驱动型及城市综合实力驱动型四种类型。

（一）产业驱动型

产业驱动型发展模式,即城市展览产业的发展主要依托城市特色产业或产业
集群的驱动。这一类型的城市往往某一产业集中度较高。该城市已经形成的产业
集聚意味着本城市产业信息更密集,专业知识外溢和专业资源共享等外部经济较
其他城市发育更完全,这些都成为吸引其他地方的企业进入产业集聚区的原因。
同时,更多的厂商来此参展不需要支付额外的交通成本。因此,一个城市能否吸引
足够的企业,与城市产业集聚状况有很大的关系。

这一类型的城市大多为特色产业比较发达的中小市（区）。国内此类具有代表
性的市（区）有义乌、中山、温州、顺德、东莞、佛山等。义乌市展览业发展依托于其
发达的小商品制造业;中山市展览业发展依托于其发达的灯饰产业;温州市展览业
依托于服装、鞋类、打火机、眼镜和低压电器等几大类商品制造业;顺德区展览业依
托于家用电器、家具等特色产业。国外此类具有代表性的城市有汉诺威、杜塞尔多

夫、纽伦堡等。"世界展览之都"汉诺威是工业制造业高度发达的城市,是德国的汽车、机械、电子等产业中心;杜塞尔多夫的国际印刷、包装展闻名世界,与其是德国广告、服装和通信业的重要中心有很大关系;以玩具展闻名的纽伦堡,其展览业主要依托于发达的高精密电子、机械与光学产品产业、玩具产业等。

如上所述,这一类型产业发展模式主要是通过依托城市的优势产业来推动展览产业的发展,并形成自己独特的品牌,建立区域性或国际性的展览中心,实现展览产业、城市贸易和优势产业的有机结合和互动。需要进一步指出的是,在实现优势产业和展览产业良性循环互动的同时,有待在层次上实现城市优势产业的升级,并重新认识和定位,如此才能促进城市展览产业的持续健康发展。

(二)市场需求驱动型

市场需求驱动型发展模式,即城市展览产业的发展主要依托城市所在区域旺盛的市场需求驱动。这一类型的城市往往经济发达,人均GDP较高,经济辐射力强,市场开放程度高,产业体系完备,市场供给与需求旺盛。与产业驱动型发展模式不同,市场需求驱动型所指的市场并不仅仅局限于一个城市,而是区域性的。以城市为中心的区域的旺盛市场需求形成巨大的吸引力,吸引参展商和专业观众。因此,这一发展模式与该城市的市场辐射范围、地理位置及贸易发达程度有很大关系。

这一类型的城市大多为地理位置优越、经济发达、交通便利的区域性贸易中心城市。此类具有代表性的城市有新加坡、迪拜、香港、广州等。新加坡是东南亚商品贸易中心,在以新加坡为中心的3小时飞行距离内,覆盖2.5亿人口。迪拜是连接中东地区和世界各地的最重要的交通枢纽和最大的贸易中心,其"中心"作用通过直接影响海湾六国、西亚七国、非洲及欧洲南部国家的终端市场,从而辐射整个世界的14亿人口(另有说20亿人口)。

如上所述,这一类型产业发展模式主要是通过依托城市市场优势来推动展览业的发展,根据区域市场需求特征,举办与之相对应的展览会,使展览业和商贸活动充分结合,打造区域性的展览中心城市。

(三)城市魅力驱动型

城市魅力驱动型发展模式,即城市具有某些独特的自然或人文资源,并能够对参展商和观众形成持续并强大的吸引力,能够吸引参展商前来办展,从而促进展览产业发展的模式。这一模式下的展览产业发展主要依托城市独特的人文环境、高品位的旅游资源、休闲娱乐资源等。这一类型的城市的自然、人文旅游资源丰富,并具有高品位、独特性;有大型节庆活动;经济基础较好,有一定的经济影响力。城市魅力驱动型展览产业发展模式,主要是基于展览业与旅游业、休闲娱乐业、节事活动等的有效互动。服务对象的异地流动性(包括异地消费)是其互动的基础。展览为旅游、休闲娱乐等带来数量可观的客源,并创造更多的市场机会;旅游、休闲娱乐等为展览提供配套服务,并增强展览会的吸引力。

这一类型的城市大多为资源丰富、环境优美、品位独特的著名旅游城市,具有代表性的城市有拉斯维加斯、奥兰多、杭州、大连、三亚等。美国每年在拉斯维加斯举办的展会达2万多个,全美前200个顶级展会中有45个是在拉斯维加斯举办的。其中拉斯维加斯工程机械展、拉斯维加斯国际消费类电子展、拉斯维加斯汽配展、拉斯维加斯服装展、拉斯维加斯国际五金工具及花园用品博览会等入围世界商展百强。拉斯维加斯是世界著名的娱乐之都,奥兰多是世界著名的旅游度假地,有沃尔特·迪士尼世界(Walt Disney World)、奥兰多环球影城(Universal Orlando Resort)和奥兰多海洋世界度假地(Sea World Orlando Resort)等主题公园群落。近年来,美国大型展览会由传统举办城市向拉斯维加斯、奥兰多等城市迁移的现象增多。例如,北美塑料业规模最大的行业盛会——美国NPE国际塑料展览会,自1971年以来一直在美国芝加哥的麦考密克博览中心(McCormick Place)举行,但2012在奥兰多橘城会展中心举办。

如上所述,这一类型产业发展模式主要是通过依托城市的自然、人文旅游资源来推动展览产业的发展,形成自己独特的优势,不断完善展览产业的相关配套设施和服务,通过开展多层次、多种类的展览活动来吸引游客,创造商机,进而带动其他产业发展,形成一个以自然、人文旅游资源为主题的会议、展览、旅游的核心经济群。

(四)城市综合实力驱动型

城市综合实力驱动型发展模式,即城市展览产业的发展与城市产业结构、经济实力、市场条件、开放和市场化程度、基础设施建设和服务贸易发达程度等综合因素密切相关。作为城市综合实力驱动型的城市,其表现出的特征为展览总体实力强,城市经济发达,经济辐射力强,展览市场供给需求旺盛,人均GDP较高,对外社会、经济、文化联系广泛等。它具备了前面三种类型展览产业发展模式的所有动力内涵,以人流、信息流、资金流、技术和文化等为载体,以大流通为特征的城市综合实力正是驱动其展览业发展的关键因素。

这一类型的城市大多为世界性或区域性的大都市,代表性的城市有巴黎、伦敦、纽约、上海等。以上海为例,上海是我国综合实力较强的区域中心城市,是中国经济发展最快的城市之一。上海人口多、消费水平高、外贸出口额高,决定了上海是我国最有潜力的市场之一,具有其他城市无法替代的市场潜力。上海又是中国乃至亚洲的金融中心,发达的金融业也为发展会展旅游提供了良好的资本运作环境。作为中国最大、国际化程度最高和人流、物流、资金流最密集的经济中心城市,国际生产经营商进入中国市场的最佳点,上海的中心城市的辐射、影响正使上海成为中国乃至世界商业类品牌展览会的举办地。上海社会服务设施齐全,商业、接待服务、海关等服务体系成熟,同时展览市场化程度高,这些对参展商和专业观众选择展览城市有着重要的影响。

如上所述,这一类型发展模式主要是通过依托城市的综合实力来推动展览业的发展,依托自己强大的实力,吸引更多更大规模的国际展览会的举办,进而进一步提升和优化大都市功能。

二、城市展览产业发展的驱动模式特征分析

(一)城市展览产业驱动模式的适用条件

城市展览产业发展的四种类型驱动模式,特征各异,适用的城市也各不相同,各个城市要根据自己城市的特点来选择展览产业的发展模式(见表3.1)。产业驱动型发展模式,适合特色产业发达的中小城市,其特色产业集群圈具有一定的区域性或全球性影响力;市场需求驱动型发展模式,适合区域性经济贸易中心城市,其有一定的区域贸易腹地和成熟的贸易体系;城市魅力驱动型发展模式,适合全球或区域性的休闲、娱乐、旅游城市,其休闲旅游、娱乐等具有鲜明的特色;城市综合实力驱动型发展模式,适合全球性或区域性大都市,其城市综合竞争力强。

表3.1　城市展览产业发展的驱动模式适用条件比较

模式类型	主导驱动要素特征	展览产业特点	城市特征	典型城市
产业驱动型	特色产业集群并具有全球或区域性影响力	以与特色产业联系密切的展会为主	特色产业发达的中小城市	杜塞尔多夫、纽伦堡、义乌、东莞
市场需求驱动型	广阔的区域贸易腹地、成熟的贸易体系	以与经贸联系密切的展会为主	区域性经济贸易中心城市	新加坡、迪拜、香港、广州
城市魅力驱动型	休闲旅游具有鲜明地方特色,令人向往	展览业与旅游业互动发展	全球或区域性著名旅游城市	拉斯维加斯、奥兰多、杭州、大连
城市综合实力驱动型	城市第三产业发达,城市综合竞争力强	以大型国际性展览会为主	全球或区域性大都市	巴黎、纽约、伦敦、北京、上海

(二)城市展览产业发展的多因素驱动

城市展览产业驱动模式,主要考虑城市展览产业发展的主导驱动因素,其并不排斥其他驱动因素。实际上,任何城市展览产业发展都是多种因素驱动的结果,包

括产业驱动、市场驱动、城市魅力驱动、综合实力驱动等等。只是城市的具体情况不同,各种驱动要素在城市展览产业发展中所起的作用有差异。以香港为例,从展览业的源驱动力上看,香港展览产业发展模式是市场需求驱动型(见本章第四节),但其他驱动因素,如产业、城市魅力、综合实力等也都起到很重要的作用,如表3.2所示。

表3.2　香港展览产业发展的多种驱动因素分析

驱动因素	内容
产业依托	香港自身产业以贸易为主,是全球重要的贸易中心,有10种消费品的出口转口是全球第一位的,如人造花、钟表、制衣等,很多海外买家习惯到港订购;香港现有约15000家贸易公司,并有800家跨国集团在港设地区总部;香港是采购中国制造的高档消费品的消费者的基地;香港紧靠珠江三角洲——内地重要的消费品出口加工基地,使得香港的贸易得到强有力的支撑
市场需求	香港的展览展会以消费品商展为主,展商以港商为主体,加上台商、内地企业组成大的展商群,展品是中国内地生产的档次高的消费品。虽然香港本身的市场较小,但是其背靠内地,内地的市场规模庞大,且香港实施自由港政策,没有任何资金和外汇等方面管制,报关手续简捷,展品进出不需要上税,使得全球的买家都能方便地购买相关商品
城市魅力	香港是全球著名的旅游城市,拥有维多利亚港、天坛大佛和迪士尼乐园等众多旅游资源;英语在香港是普遍使用的,有利于吸引海外买家,且知识产权在港受到严格保护
综合实力	香港综合竞争力一直在中国城市高居榜首,香港的企业本体竞争力、产业结构竞争力、人力资源竞争力、硬件环境竞争力、软件环境竞争力、全球联系竞争力都排在前列

◀ 第三节　城市展览产业驱动模式选择的影响因素 ▶

　　城市展览产业发展的驱动模式主要有产业驱动型、市场需求驱动型、城市魅力驱动型和城市综合实力驱动型四种。对于一个城市来说,选取哪一种或几种驱动模式作为自己城市的驱动模式,可以通过城市功能、城市产业集群和城市竞争力的发展状况来确定(见图3.3)。这三个因素也是影响城市展览产业发展的驱动模式选择的主要因素。值得注意的是,这三个因素并不是城市展览产业发展的驱动模式本身的因素,而是影响其选择的因素。城市功能、城市产业集群和城市竞争力是三个显性的标准,其与城市展览产业关系密切,通过其进行驱动模式选择,具有可操作性。

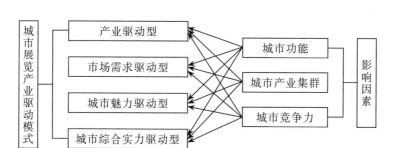

图 3.3　城市展览产业驱动模式选择的影响因素

一、城市功能

(一)城市功能与城市展览业关系研究现状

1. 对城市功能与城市展览业关系的认识误区

由于展览业对城市功能提升的巨大带动效应,目前我国大部分省市在"十三五"规划中均提到将继续支持会展产业发展,制定了会展经济的发展目标,办好重点品牌展会,借助会展平台加强区域合作,促进经贸往来。有十几个城市提出打造"会展之都",有些中小城市也兴建大型的展览场馆。造成这种现象的原因是多方面的:第一,与我国城市功能同化有关。由于深受计划经济的传统模式的羁绊,我国许多城市功能定位没有充分考虑资源禀赋优势,没有依据市场经济的法则,没有顺应区域经济的自组织,从而导致大多数城市出现明显的功能同化、专业化协作水平低等现象。第二,许多城市只认识到展览业对城市功能的提升作用,而没认识到展览业对城市功能的高要求。展览业发展对城市功能的"能性""能级""能位"都有一定的要求,并不是所有的城市都适合发展展览业。第三,许多城市没有考虑自身展览产业发展阶段与城市功能演进阶段的匹配关系,而盲目效仿国外或国内展览大城市,修建超大规模场馆。

2. 城市功能与城市展览业关系的研究简述

城市功能演进与城市展览业发展之间存在着密不可分的关系,一些学者从不同的角度对二者的关系进行了阐述,主要内容和观点有:(1)会展有利于促进城市功能的科学定位;(2)会展业的发展将推动和促进城市的基础建设,使得城市功能更加完善;(3)会展业对城市功能的优化表现在:充实城市的生活功能、强化城市的市场功能、丰富城市的交流功能;(4)会展经济促进城市功能优化的主要途径:以产业结构优化来促进城市功能优化、协调城市内部各功能以提高城市价值、促进城市融入世界经济大潮以提升其在全球城市网络体系中的层次;(5)现代会展对城市功能优化的促进作用表现在:促进城市提高其投入产出率、有助于提高城市的可持续发展能力、有助于城市内部各功能的协调、有助于城市经济创新;(6)会展经济对城市功能的影响：促进城市基础设施功能完善、提升城市品牌功能、带动城市的高级服务功能。

综上所述，城市展览业与城市功能之间的关系研究，目前主要集中于城市展览业的发展对城市功能的优化、提升、整合、完善等方面。这些研究大多是从展览业对城市功能影响的单一角度出发的，而城市功能对城市展览业发展的影响研究相对较少。另外，以上研究大多属于静态研究，对城市功能演进及城市展览产业发展历史阶段的动态分析较少。

（二）城市功能与城市展览业的演进

1. 城市功能的演进

城市功能，是指城市在一定空间地域内的经济、政治、文化中所承担的任务和所起的作用及由于这种作用的发挥而产生的功效和能力。城市功能按属性可分为政治功能、经济功能、社会功能、文化功能和生态功能。由前工业社会、工业社会到后工业社会、信息社会，城市的产业结构经历了由以第一产业为主、以第二产业为主到以第三产业为主，最后以第四产业（信息产业）为主的发展演进阶段，与之相对应，城市的主要功能也发生着深刻的变革，呈现由政治、宗教、军事中心向工业生产中心最后到服务中心、管理中心、信息中心的演进趋势，见表3.3。

表3.3　城市功能的演进

发展阶段	城市产业结构	城市主导功能	决定因素	作用形式
前工业社会	以第一产业为主	政治、宗教、军事中心功能	地理位置、自然条件	集聚
工业社会	以第二产业为主	工业生产中心功能	资源	集聚和扩散
后工业社会	以第三产业为主	第三产业中心功能	科学技术	渗透和辐射
信息社会	以第四产业（信息产业）为主	知识和信息生产、传播中心功能	信息技术	开放和共享

城市功能具有叠加性发展规律，即城市产业结构的每一次演进升级都使城市功能在原有基础上叠加新的功能，并且新功能与原有功能有机整合为一个整体，发挥出更强的功能效应。经过漫长的历史进化，现代城市已经成为多功能的集合体，但这并不意味着所有的功能都等量齐观，没有主次之分。城市功能存在着主导功能与辅助功能之分。主导功能是城市在特定历史时期内最显著、能量最大，在城市多元功能中占据最重要地位的功能。主导功能的结构基础一般是主导产业，因此主导产业的性质决定了城市的功能性质。城市的主导产业不断更迭，促使城市功能的不断演进。

2. 城市展览业的功能演进

城市展览业的功能,即指城市展览业依据自身成长机制,在实现自我发展的过程中,对展览举办城市社会进步、经济发展与环境改善的综合贡献。随着社会经济的不断发展,展览的种类和表现形态也不断发生变化,展览功能也从原来单一的市场交换功能,延伸到其他经济功能,又逐步延伸到政治功能、社会功能、文化功能、教育功能。在不同的历史发展阶段,展览的活动范围、典型形式、活动目的、组织方式及其主要功能是有差异的,具体见表3.4。

表3.4 不同阶段展览表现形式及其主要功能

发展阶段	活动范围	典型形式	活动目的	组织方式	主要功能
前工业社会	地区	集市	市场	松散	经济功能
工业社会	国家	工业博览会	展示	有组织	经济、政治功能
后工业社会	国际	贸易展览会和博览会	市场、展示	专业组织	经济、政治、社会功能
信息社会	国际	实物、网上展览会	市场、展示	专业组织、虚拟组织	经济、政治、社会、文化功能

从世界范围看,展览活动虽然在前工业化社会已经存在,但展览产业的真正形成是在工业革命以后,1851年伦敦世界博览会标志着旧贸易集市向标准的国际展览会与博览会过渡。1894年莱比锡国际工业样品博览会标志着展览业走上规范化和市场化道路。20世纪70年代,随着经济全球化,展览产业才达到国际性的产业规模。随着展览业的不断发展,展览产业属性不断升华,由传统商业服务业到生产性服务业再到体验经济和文化产业。展览业的功能也从单一经济功能,向多元化、综合化的趋势发展。

(三)城市功能与城市展览业的关联机理

城市展览业与城市功能的关联机理可以从以下三个层面展开分析(见图3.4)。

1. 关联机理的理念层面:适配关系

城市展览业的形成、发展要与城市功能的"能性""能级""能位"相适配。一方面,城市展览业的产业特性对城市的"能性""能级""能位"提出了较高要求,另一方面,城市的"能性""能级""能位"对城市展览业的形成、发展有一定的约束作用。只有两者达到适配关系,才有利于城市展览业和城市功能的良性发展。

城市的能性,是指城市总体功能的性质,是不同城市总体功能在质上的区别。决定城市能性的是城市主导功能或特殊功能。从定性的角度,城市能性可以分为政治、经济、文化三大类,每一大类又细分为若干亚类。由于展览业的生产性服务业特性,决定了其产生和发展必须以其他相关产业的存在和发展为前提,展览业的

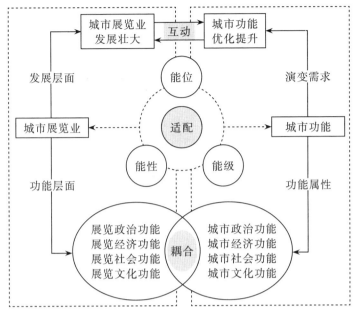

图 3.4　城市展览业与城市功能关联机理

产生和发展对城市的经济"能性"有一定的要求。一般来说,具有经济中心城市能性的城市才适合发展展览业,具体包括:工业生产中心、商品流通中心、交通运输中心、金融中心、科学技术中心等。比如,作为世界最大的展览城市之一的汉诺威,其工业、制造业、商业、金融业、旅游业都相当发达。

城市的能级,指一个城市的某种功能或诸种功能对该城市以外地区的辐射影响程度。城市能级的高低与辐射范围的大小呈正比例关系,即城市功能对外辐射范围越大,能级越高;对外辐射范围越小,则能级越低。依据城市能级的高低对城市的综合功能进行分类,可以将城市分为国际性城市、全国性城市和地方区域性城市三种类型。对专能性城市而言,城市能级高低与城市规模大小不一定存在必然的正比例关系。比如,国际展览之都——汉诺威,人口数量为51.4万。按照我国标准,这个城市因其规模而属于中小城市,实际却是公认的国际性展览城市。城市展览业的定位一定要与城市的能级相匹配,目前我国有十多个城市正在打造"国际展览之都",显然,有些城市没有考虑自身城市能级的高低,定位过高。

城市的能位,是指是城市功能发挥作用的空间区位,是指一个区域内若干城市的功能在地理上的分布结构。通俗地说,是指在一个国家或地区内具有不同功能和不同规模的各城市在地理上的布局。从"能位"的角度来研究区域展览城市体系,有助于把握区域展览城市体系形成的客观规律,建立合理的区域城市展览场馆布局,形成一个既具有专门化分工协作,又具有综合性功能的展览经济带或城市群。目前我国初步形成五大展览经济带:长三角展览经济带、珠三角展览经济带、环渤海展览经济带、东部展览经济带、中西部展览经济带。但由于缺乏跨行政区域的统一规划、协调机构，我国展览经济带或城市群的发展基本上处于自发无序状态。再加上行业条块分割，各城市缺乏分工协作，各个城市纷纷建造大规模的展览中心，这显然不利于我国展览业的良性发展。

2. 关联机理的发展层面：互动关系

城市展览业的发展与城市功能演进是良性互动关系。一方面，城市展览业发展有利于促使城市功能优化与提升。城市展览业的产生与产业地位的确立，是城市经济结构不断优化的结果。展览产业作为城市第三产业的重要组成部分，具有优化城市产业结构的功能，而产业结构对城市功能具有承载、传导、联动等作用，进而促使城市功能优化与提升。另一方面，城市功能的完善有利于城市展览业的进一步发展。城市功能的完善促使城市的基础设施、服务设施、专业人才的发展，使城市成为人流、物流、资金流、信息流的聚集地，良好的积聚优势反过来进一步促使展览业快速发展。

城市展览业的发展与城市功能演进又是一种动态发展的关系。只有当城市功能完善到一定程度，展览的产生才具备前提条件，而展览业的产生和壮大将促使城市功能在原有基础上获得进一步的提升。这种发展序列首尾相接，形成一个环状向上的螺旋链，使城市展览业和城市功能不断地发展，层次也在不断地提升。

3. 关联机理的功能层面：耦合关系

随着城市展览业的发展，其功能也从原来简单的市场交换，逐步延伸到其他各个方面，包括政治功能、经济功能、社会功能、文化功能等。而城市功能包含的政治功能、经济功能、社会功能、文化功能，与城市展览业的功能层面呈现耦合关系。

在经济功能方面，城市展览业除了产生直接的经济效益外，还具有强大产业带动效应，带来间接的经济效益，进而推动城市经济功能的提升；在政治功能方面，城市展览业发展能够改善政治关系，起到国际政治交流的桥梁作用；在社会功能方面，城市展览业发展可以完善配套服务设施，改善交通条件，提升城市软环境以及促进市民文明素质提高；在文化功能方面，城市展览业不仅能充分展示本土文化，还提供了不同文化交流的平台，从而促进了城市理念和思想的创新。

（四）城市功能对城市展览业发展模式选择的影响

城市功能对城市展览产业发展驱动模式的选择有重要影响，城市的"能性""能级""能位"从不同的角度与产业驱动型、市场需求驱动型、城市魅力驱动型、城市综合实力驱动型发展模式有着紧密的联系。

1. 城市的"能性"对展览业驱动模式选择的影响

城市的"能性"，可分为政治、经济、文化三大类，每一大类又分若干小类。以国际展览中心城市为例，其城市的政治、经济、文化功能如表3.5所示。这些国际展览中心城市绝大多数是国家的首都或是地区的首府,是国家和地区的政治中心,有的甚至是国际政治中心。同时,这些国际展览城市大多数又是世界级的经济中心,也几乎都是历史文化名城和旅游胜地。展览地与政治、经济、文化中心的重叠存在内在的必然性,政治、经济、文化因素对展览业发展提供良好的基础和条件,并驱动城市展览产业的形成与发展。

表3.5　若干国际展览中心城市的城市功能

城市	政治	经济	文化
伦敦	英国首都	国际金融中心	国际文化和艺术中心
巴黎	法国首都	法国和欧洲金融中心	欧洲文艺复兴的摇篮
米兰	意大利伦巴第大区的首府	意大利经济中心	欧洲文艺复兴的摇篮
纽约	联合国总部	国际金融中心	国际文化和艺术中心
汉诺威	德国下萨克森州首府	北德经济中心	北德文化中心
慕尼黑	德国巴伐利亚州首府	德国经济中心城市	德国传统文化中心
东京	日本首都	国际金融中心	日本教育与文化中心
迪拜	阿联酋首都	世界转口贸易中心	国际文化艺术中心
香港	中国特别行政区	国际金融中心	东西文化的交汇
新加坡	城市国家	亚洲金融、服务、航运中心	东西文化的交汇

属于城市综合实力驱动型展览产业发展模式的城市,其政治、经济、文化性质都相当突出,是全球或区域性的政治、经济、文化中心城市;属于城市魅力驱动型展览产业发展模式的城市,其旅游文化性质相当突出,是全球或区域性的旅游文化中心城市;属于市场需求驱动型展览产业发展模式的城市,其经济贸易性质相当突出,是全球或区域性的经济贸易中心城市;属于产业驱动型展览产业发展模式的城市,其特色产业经济性质相当突出,其特色产业具有全球或区域性的影响力。

2. 城市的"能级"对展览业驱动模式选择的影响

城市能级的高低与城市展览产业影响范围的大小呈正比例关系,即城市能级越高,城市展览产业影响范围越大,城市能级越低,则展览产业影响范围越小。一个城市展览产业的影响范围,主要是城市拥有国际展和国家展的比例、级别、参展商的国别数量、外国参展商的比例、外国观众的比例等。

选择产业驱动型展览产业发展模式的城市,主要是城市特色产业经济功能的能级高,其特色产业经济具有全球或全国或地方影响力;选择市场需求驱动型展览产业发展模式的城市,主要是城市经济贸易功能的能级高,其经济贸易具有全球或全国或地方影响力;选择城市魅力驱动型展览产业发展模式的城市,主要是城市旅游文化功能的能级高,其旅游文化具有全球或全国或地方影响力;选择城市综合实力驱动型展览产业发展模式的城市,城市的政治、经济、文化功能的能级都高,而且政治、经济、文化功能都具有全球或全国或地方影响力。

3. 城市的"能位"对展览业驱动模式选择的影响

城市的"能位"对展览业驱动模式选择的影响,主要体现在区域城市的布局上,看区域城市体系是否形成了一个专门化分工协作,又具有综合性功能的城市群。如果区域城市体系内,城市功能雷同,即使城市某项功能突出,也不利于促进展览业的发展。世界展览强国德国,有25个城市拥有大型的展览中心,大力发展展览产业,但各个城市之间分工协作很好,各个城市针对本城市特色产业,发展专业性展览,创造展会品牌。各城市在区域城市体系找到自己合适的位置,进行专业化协作,这也是德国展览产业一直强盛的原因之一。

综上所述,城市功能与城市展览业驱动模式间的关系如表3.6所示。

表3.6 城市功能与城市展览产业驱动模式间的关系

驱动模式	城市功能		
	城市的能性	城市的能级	城市的能位
产业驱动型	特色产业经济中心	特色产业功能具有全球/全国/地方影响力	优越/一般
市场需求驱动型	经济贸易中心	经济贸易功能具有全球/全国/地方影响力	优越
城市魅力驱动型	旅游、休闲娱乐文化中心	旅游文化功能具有全球/全国/地方影响力	优越/一般
城市综合实力驱动型	政治、经济、文化中心	政治经济文化综合功能具有全球/全国辐射力	优越

(五)案例分析:以上海市为例

从上海现阶段城市发展特点来看,上海的城市发展正处在由工业社会后期向后工业社会转型阶段。上海的城市产业结构由以第二产业为主向以第三产业为主转变,上海城市主导功能由工业生产中心功能向第三产业中心功能转变。上海展览业典型表现形式也由工业博览会向贸易展览会和综合性展览会转变,展览业的功能属性也逐步走向多元化。下面通过对上海展览业发展历程以及上海城市功能演变状况,来分析城市功能与城市展览产业发展的关系。

首先,从展览业与城市功能的适配关系来看,上海展览业发展历程与同时期的城市定位是相匹配的。从新中国成立到20世纪70年代末期,上海的城市定位是综合性工业基地,由于当时还没改革开放,展览以政治功能为主,展馆主要用于成就展,展出新中国成立以来工业、农业、国防、科技产品,以常年展为主;20世纪80年代上海的城市定位基本上延续工业生产中心的功能,展览以进口为导向的工业展为主;1992年上海确立"一个龙头、三个中心"的战略定位,展览会数量和质量迅速提高,展览业的功能迅速提升;从城市展览业与城市功能的"能性""能级""能位"相适配的角度来看,随着2010年上海世博会的举办以及上海建设"国际金融中心"与"国际航运中心"的深入,上海展览业发展的方向是:打造与"四个中心"相适配的"国际展览中心城市";"十三五"展览业规划中指出,上海明确将建设"国际会展之都"列为城市功能定位之一。加快会展业升级,成为上海"十三五"培育经济增长点、提升城市品牌与国际影响力的重要举措。上海展览产业发展阶段及城市功能定位如表3.7所示。

表3.7　上海展览业发展阶段及城市功能定位

展览业发展阶段	展览业发展主要特点	展览业主要功能	城市功能
准备阶段 (1949—1979年)	以展示中国的建设成就和国际友好城市来华展示为主	政治功能	国内先进的综合性工业基地和科学技术基地
起步阶段 (1980—1989年)	展览主体和展览项目数量少、规模小,软硬件建设亟待优化	经济功能 政治功能	工商业城市(基本延续工业生产中心功能)
高速发展阶段 (1990—1999年)	展览数量和质量迅速提高,一批逐渐成熟的品牌展会崭露头角	经济功能 社会功能 政治功能	以浦东开发、开放为龙头,把上海建设成国际经济、金融、贸易中心
提升阶段 (2000—2010年)	展览项目呈现专业化、市场化、国际化和品牌化的发展趋势	经济功能 社会功能 文化功能 政治功能	社会主义现代化国际大都市,国际经济、金融、贸易、航运中心之一
高质量发展阶段 (2011年至今)	场馆硬件设施明显改善、展览能级稳步提升,展览规模快速扩大、展览国际化程度不断提高	经济功能 社会功能 文化功能 政治功能 生态功能	基本建成国际经济、金融、贸易、航运中心和社会主义现代化国际大都市,同时形成具有全球影响力的科技创新中心基本框架;国际会展之都

其次,从展览业与城市功能的互动关系来看,上海城市功能转型为展览业发展提供了契机,上海展览业发展又加速了城市功能转型。自20世纪90年代,上海城市功能从工业生产中心向国际经济中心、贸易中心、金融中心转型以来,上海展览业高速发展。以国际展览会数量为例,1992年之前变化幅度不大,之后国际展览会数量呈逐年猛增的态势(见图3.5)。同时,上海展览业的发展提高了上海在世界

城市网络体系中的地位,增强了上海辐射带动及服务能力,从而加速了上海城市功能的转型步伐。

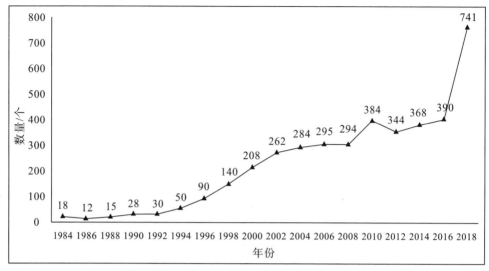

图 3.5　上海历年举办国际展览会数量

最后,从展览业与城市功能的耦合关系来看,上海展览业的功能发挥完善了城市功能,上海城市功能的完善又进一步促进了展览业的功能发挥。上海展览业发展,特别是 2010 年上海世博会、2018 年第一届进博会的举办,使上海的城市基础设施、城市交通条件、城市环境、城市管理能力得到很大提升。上海城市功能的提升使展览业的经济辐射功能、政治传播功能、文化教育功能、营销管理功能得到进一步发挥。

综上可知,上海展览产业发展与城市功能有密切关系。由于上海城市功能的多元性,上海展览产业发展的驱动模式也是城市综合实力驱动型。

二、城市产业集群

(一)城市产业集群与城市展览产业关系研究现状

产业集群与城市展览业发展之间有着紧密的联系,一些学者从不同的角度对二者的关系进行了阐述,主要内容和观点有:(1)会展产业是提升产业群集聚效应的助推器(曹群,2005;宋灿,2016)。(2)产业集群与会展经济存在耦合与非耦合关系效应。产业集群在纵向一体化的专业化分工发展比较成熟的阶段时,两者的耦合作用较强。产业集群处于横向一体化的专业化分工发展阶段时,其与会展经济之间存在非耦合的一面(张伟强,2005)。(3)产业集群是会展经济发展的基础,同时会展业的品牌效应和辐射效应也有利于突出产业集群的集聚效应(于世宏、张淑娟,2007;杜泽文、王景生,2017)。(4)会展业与产业集群发展具有耦合关系(罗燕、胡平,2008;牛秋婷,2016)。(5)会展是集群跨界联系的主要渠道,以会展促进产业集群跨界联系发育与成长(任宝、李婷婷,2008)。(6)展览会选题定位与产业集群有密切的关系(罗秋菊,2008)。(7)产业集群催生现代会展业的兴起,现代会展业为产业集群的发展提供有效的平台,实现互推互进(裴向军、陈英,2009;徐杰,2016)。(8)会展业水平的提高会拉动产业集群规模的扩张,但会展业水平的提高并非由于产业集群规模的扩张,二者之间不存在互为因果的关系(张旭亮、张海霞,2009)。

综上所述,学者们在对于产业集群与会展业的关系认识上,观点还不太统一,有些观点甚至还相互矛盾。城市产业集群与城市展览产业的关联机理究竟是什么？是不是凡有产业集群的城市都适合发展展览产业？城市展览产业对产业集群发展有何影响？产业集群对城市展览产业发展模式选择有何影响？对上述问题还有待于进一步深入探讨。

(二)城市产业集群与城市展览产业关联机理

1. 城市产业集群的内涵

城市产业集群是依托特定城市功能和发展环境,由城市基础产业、配套产业和服务产业相互联系地发展而形成的跨产业集合。城市产业集群是与城市的性质和功能相协调,以城市基础产业为核心所形成的城市跨产业聚落组织。城市产业集群从纵向和横向两个方向对产业发展发挥促进作用。

纵向产业集群是城市基础产业部门内关联企业的集聚。这类集群除了产生资源共享及专业化服务的便利之外,另一个明显的好处是加快了知识和信息在本产业中的传递。纵向产业集群越成熟、产业的价值链越长、企业集聚的程度越高,企业的专业化分工往往越发达,衍生企业也就越多,从而集群中的技术溢出效应和规模效应就更强。这类产业多为工业品或消费品制造业,如浙江绍兴的纺织产业集群地,基本形成了从化纤面料、印染印花、服装、家纺等完整的产业链。

横向产业集群主要是城市各相关产业的多产业集聚。它使得相同资源(技术、人才、公共服务平台等)可以得到迅速积累和充分利用,有效降低行业总体创新成本,并使各类关联产业之间能够形成有效互动,大幅增加实现技术突破的可能性。城市中基础产业、配套产业和服务产业的横向集聚,往往能够使基础产业得到相关产业更紧密的配合。城市的高新技术产业、旅游产业、会展产业、创意产业集聚都属于这种类型。

2. 城市产业集群促进城市专业展览会的发展

1)城市产业集群与专业展览会选题定位的关系

城市产业集群,特别是纵向产业集群,与本城市专业展会的选题定位有密切的关系(见图3.6)。对于本城市产业集群来说,从原材料、零部件、设备,到成品和销售网络,再到辅助和互补产业形成了比较完善的产业网络体系,不仅产品档次齐全,配套或相关产品众多,而且产品更新速度快。对于城市产业集群里面的企业而言,他们既是买家,又是卖家,展览会既可以展示新产品,又可以采购新产品、观看新产品,因此展览会为他们提供了一个非常好的平台,他们具有参展和观展的潜在意愿。另外,一个城市产业集群通常会延伸到周边区域,其外围区域主要是为产业集群的上中下游产业链提供相应的配套供应,他们对产业集群的市场非常看重,也是展览会非常重要的潜在客户。

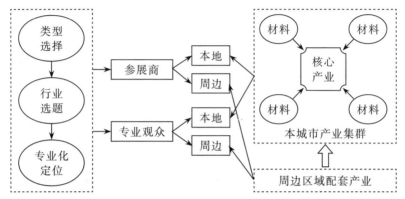

图 3.6 城市产业集群与专业展览会选题定位关系

资料来源:罗秋菊,2008.展览会选题定位及运作模式研究.天津:南开大学出版社,11:121。

从图 3.6 可以看出,依托城市产业集群的专业展览会,其参展商和专业观众的地域结构大致可分为三种情况:本地参展商＋本地专业观众(本地内部就具有产、供、销等完善体系);本地参展商＋周边区域专业观众(周边区域对本地产品感兴趣);周边区域参展商＋本地专业观众(周边区域企业看重本地市场,预备把产品供应给本地企业)。这三种的混合,是指参展商既有本地的也有周边企业的,专业观众既有本地的又有周边区域的。

2)城市产业集群促进专业展览会的可持续发展

城市产业集群对依托其发展的专业展览会极其重要,直接决定了专业展览会的可持续发展情况,主要原因有以下几方面:

第一,从交易的角度来看,产业集群的集聚效能为专业展会提供了丰富的参展品、众多的参展商和采购商。产业集群最基本特征是地域化集聚,相当数量的中小企业在一定范围的区域内集中布局,构成自发性企业群落。产业集群发展到一定阶段就产生了对专业展会的需求,产业集群为城市专业性展会的举办创造了产业基础,并且良好的产业基础又为专业展会造就了强力的发展后劲。

第二,从信息交流的角度来看,高竞争力的产业集群刺激创新,也只有创新才能维持企业所必需的竞争优势。因此,获取产业最新信息对城市产业集群企业尤为重要,而展览会的信息传播功能正好满足企业的需要。周边区域的相关企业也想通过展览会平台搜集到最新的信息,以便及时调整经营策略。

第三,从产业链角度来看,城市产业集群企业数量非常多,除了核心产业之外,在核心产业外围又形成大量辅助产业,因而,展览会的规模效应能得到保证。

3)产业集群的影响力同与之对应的专业展会影响力正相关

以产业集群为主题的展览会,在展览会初级阶段主要以吸引本地及其周边的参展商和专业观众为主。随着展览会的逐渐发展壮大,产业集群良好的声誉和区域品牌所得客源从集中走向分散,展览会的品牌效应也显现扩散。

众多的国际展览中心城市的顶级国际展大都与该城市知名的产业集群有关(见表3.8)。世界四大时装展——米兰时装展、巴黎时装展、纽约时装展和伦敦时装展都出于世界服装工业强国。世界著名车展除了日内瓦车展外,还有北美车展(原为底特律车展)、纽约车展、法兰克福车展、东京车展和巴黎车展。其所在国家或城市都是当今最发达的汽车工业国家或城市。

表3.8 若干国际展览中心城市产业集群与专业国际展会

城市	产业集群	顶级专业国际展会
汉诺威	汽车、机械、电子	汉诺威工业博览会;汉诺威信息及通信技术博览会(CeBIT)
慕尼黑	激光技术、微电子	慕尼黑国际激光、光电技术博览会;国际建筑机械博览会
杜塞尔多夫	纺织、服装、造纸、玻璃、精密仪器	杜塞尔多夫国际医院及医疗设备博览会;国际鞋类展览会;国际玻璃技术展览会;国际服装服饰及面料博览会
米兰	纺织与服装、皮革、鞋类	米兰时装展;米兰国际家具展;米兰卫浴展(MCE);马契夫国际消费品及礼品展(MACEF);米兰国际毛皮展(MIFUR)
巴黎	纺织、电器、汽车、航空	巴黎国际女装成衣展览会;巴黎—布尔歇国际航空航天展览会;巴黎国际汽车零部件及装备展览会
科隆	机械制造、化工	科隆五金展;科隆国际家具展;世界食品博览会
纽伦堡	玩具、机械、电子	纽伦堡国际玩具博览会;纽伦堡国际压铸展览会

3. 专业展会有助于城市产业集群的发展

首先,从产业链角度分析,专业展会作为交易平台和营销中介,在产业集群价值链整合中发挥着重要的作用。专业展会的参展商来自产业链的各个环节,有专业从事技术开发和产品设计的科研机构,有专注于加工生产的制造企业,有专业贸促机构的组织和产业相关协会等服务机构;专业展会的展品内容涵盖了整个产业链的内容,有原材料、半成品、成品、技术、工艺的展示;同时专业展会吸引产业链各环节的领军企业、科研院所和权威人士参与,整合了各方资源,让整个产业链的相关企业在某段时间来到某个地点进行全方位交流。根据微笑曲线理论,专业展会在产品的销售、信息传播、网络形成与扩大、品牌塑造等方面都起到了一定的作用,这些环节在整个产业集群价值链中占有重要的位置(见图3.7)。

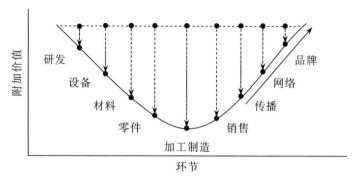

图3.7　专业展会在产业集群价值链中的功能

其次,从交易成本角度来看,专业展会提供了由集聚带来的最密集丰富的信息流,从而降低了企业对各类信息的搜寻成本。专业展会上的信息流有:产品的市场需求信息(包括价格、样式以及质量等信息);产品的市场供给信息(包括价格、样式以及质量等信息);产品发展趋势信息(材料、样式、功能及标准等信息);竞争对手的信息;智力资源的分布信息(包括行业内专家的分布以及行业相关大学、研究机构的分布)。

最后,从动态发展角度来看,专业展会有助于产业集群向更高层次发展,促进产业集群升级以及品牌提升。集群的发展演化可以分为三个阶段:地理集聚但未形成产业分工联系的集群—地理集聚并形成产业分工联系的企业集群—空间扩展但有产业分工联系的企业集群。专业展会的特点决定了其在产业集群形成纵向分工协作关系,以及在产业集群空间扩展上发挥着重要作用。

(三)城市产业集群对城市展览产业发展模式的影响

城市产业集群与城市展览业的关联,主要体现在产业集群与专业展会互为促进方面。由于各城市实际情况不同,其展览产业发展动力、路径也会不同,产业集群在城市展览产业发展中所起的作用各异。

1. 产业集群并不是城市发展展览业的充分必要条件

产业集群与专业展会互为促进,并不是说产业集群与展览产业互为发展,即并不是具有产业集群的城市都可以发展展览产业的。城市展览产业发展需要一定的基础和条件,包括原发性基础、依托性基础、直接约束条件和间接约束条件,只有具备这些基础和条件的城市,才适合发展展览产业(具体论述见第二章)。在城市具备发展展览业的基础和条件的前提下,产业集群与专业展会之间才会相互促进。

由于各个城市展览产业发展驱动模式不同,对于产业驱动型发展模式的城市来说,产业集群是其城市展览业发展的原动力。

2. 产业集群是专能性城市发展展览业的原动力

由于产业集群的专业性和专业展会的举办时间的间隔性,针对某单一产业集群的专业展会的举办频率不宜过高,一年一次已经算比较高的频率。专业展会主题重复、内容相同、档期相近,不仅浪费大量资源,而且搞乱市场秩序,使参展商和专业观众无所适从,大大降低专业展会的影响力,无法满足集群行业发展需求。若产业集群比较单一的专能性城市发展展览产业,则该产业的集聚度所支撑的现实或潜在市场容量很难能够支付举办专业展会的各项成本。以展览场馆运营为例,按照国际惯例,展览场馆出租率一般为40%~60%。很难想象一个专能性城市的展览场馆依靠单一的产业集群能维持下去。因此,产业集群比较单一的专能性城市并不太适合发展展览业。

只有专能性城市的产业集群达到一定数量,形成产业集群圈,与之对应的各种专业展会足以维持城市展览场馆的运营成本时,才适合发展展览产业。我国珠三角、长三角发展展览产业的中小城市,如中山市、东莞市、佛山市、义乌市、温州市、无锡市等,都有一批产业集群以及一定数量与之对应的专业展会(见表3.9)。以广东中山市为例,经过近年来的努力,中山市基本形成了电子信息、音响、五金、家用电器、灯饰、服装、包装印刷、食品、医药、家具、汽配等一批产业集群,中山市工业企业3045户,属于上述产业集群的企业占7成以上。中山市已拥有35个国家级专业化生产制造业基地,10个广东省产业集群升级示范区,初步形成了优势明显的区域特色经济。产业集群的崛起引发了展览业的蓬勃发展。近年来,中山市围绕特色产业集群举办了一系列专业大型展会。如在古镇举办的"中国国际灯饰博览会",在沙溪镇举办的"国际休闲服装节暨中国休闲服装博览会",在小榄镇举办的"中国轻工业产品博览会",在火炬开发区举办的"中国(中山)国际电子信息产品博览会",以及在黄圃镇举办的"中国国际食品工业经贸洽谈会"等,一系列专业大型展会已逐步发展成为在国内有较大影响力的专业品牌展会。

表3.9　珠三角、长三角部分产业集群与专业展会关系

珠三角			长三角		
城市	产业集群	专业展会项目	城市	产业集群	专业展会项目
中山市	灯饰 五金 音像 家具	中国灯饰博览会 中国轻工业产品博览会 中国国际音像展览会 古典家具及工艺精品博览会	无锡市	电动车 太阳能 冶金材料 光机电	南方电动车及零部件展览会 国际太阳能光伏产业展览会 粉末冶金及硬质合金工业展览会 国际工业自动化及仪表仪器展览会

续表

珠三角			长三角		
城市	产业集群	专业展会项目	城市	产业集群	专业展会项目
东莞市	家具 电子 自动化 纺织	国际名家具展览会 东莞国际电脑资讯产品博览会 华南国际电子工业博览会 中国国际纺织制衣工业技术展	义乌市	针织袜业 工艺品 饰品 小商品	义乌国际袜子、针织展览会 中国义乌工艺品交易会 中国框业与装饰画展览会 中国义乌国际小商品博览会
佛山市	陶瓷 装备制造 纺织 家电 有色金属	中国国际陶瓷博览交易会 中国机械装备展览会 中国童装交易会 中国国际家用电器博览会 中国国际金属工业博览会	温州市	皮革 眼镜 服装 低压电器	中国国际皮革展览会 中国国际眼镜制造业博览会 中国国际家用纺织品展览会 电力电工及高低压电器展览会

3. 产业集群与城市品牌专业展会高度相关

无论选择何种驱动模式的展览城市,其专业展会类型与影响力和本地产业集群类型与影响力高度相关,那些城市的品牌专业展会往往是以本地产业集群为依托的,如苏州(电子展)、长春(汽博会)、大连(软交会)、广州(装备机械展、皮具展)、虎门(服装展)、深圳(高交会)等。

(四)案例分析:以义乌市为例

义乌展览业起步于1995年,其依托独特的市场优势、强大的产业集群支撑、强有力的政策扶持、日渐显现的品牌效应和相对完善的硬件配套设施等有利条件,走出了一条"以贸兴展,以展促贸"发展道路,成为一个新兴展览城市。

1. 义乌产业集群情况

义乌市主导产业是商贸业(含会展业)和小商品制造业。义乌已经建成高度发达的市场体系,拥有全球最大的日用消费品市场。市场经营面积550万平方米,汇集了26个大类、4202个种类、33217个细类、180万种单品,辐射全球215个国家和地区。义乌市场有7.5万个商位,集聚了世界各地数十万家日用品生产企业,经营户、生产企业是巨大的潜在参展商资源。义乌小商品制造业突出,现有拉链、制笔、化妆品、针织袜业、无缝针织服装、工艺品、印刷、饰品、线带、合成革等10个国家级产业基地。

2. 义乌专业展会情况

义乌的专业展会开始于1995年的"义乌国际小商品博览会",该展会自开办起,规模不断扩大,档次不断提升,影响范围不断拓展,到2004年,"义乌第十届国际小商品博览会"的成交额仅次于"广交会"和"华交会",发展为我国第三大国内贸易展会。中国义乌国际小商品博览会(义博会)创办于1995年,是经国务院批准的日用消费品类国际性展会,由商务部、浙江省人民政府等联合主办,已连续举办24届,每年10月21日至25日在浙江义乌举行,已获得了国际展览联盟(UFI)的认证。自2018年第24届起,义博会主办单位新增国家标准化管理委员会,并更名为中国义乌国际小商品(标准)博览会,自此成为国内首个植入标准化元素的国际展览会。2018年义博会设国际标准展位4136个,产品涵盖五金、机电机械、日用品等14个行业。其特设标准主题展区和"品字标浙江制造"品牌主题展区,另设14个特色专区,展览面积达10万平方米,吸引2150家企业参展,展览经贸成交额184.28亿元。

2018年,义乌市共举办会展活动162个,其中商业性展览64个。展览面积51.24万平方米,参展企业16900家,展位48500个,观众2320000人次,展览面积在1万平方米以上的专业展会有25个,包括义博、文博会、森博会、旅博会四个国家级展会,五金会、进口商品博览会、电商博览会、智能装博会等一批专业品牌展会。

3. 义乌产业集群与展览业关系

从时间上看,义乌展览业的发展与产业集群的形成与发育之间的确存在并发性的特征。1980年的以农民群众为主体的义乌小商品市场,家庭小商品制造业在义乌初步集聚;发展到1990年,在西部大开发等发展契机下,集聚企业的共享式销售网络开始辐射全国,全国兴办了多家分市场;2000年前后,中小型制造企业集聚的义乌市开始孵化出产品销往世界各地的大型企业,如浪莎袜业、蒙娜袜业、双童吸管等,从而促进了产业集群的质量提升和结构优化;2005年,义乌市以市场为中心的产业集群经济外向度达到55%,大量中小企业利用义乌小商品市场的平台也成功将产品销往国外212个国家和地区;而今日的义乌,集群中发育的大型企业正从内向国际化向外向国际化阶段转型,依托良好的跨国共享市场平台向跨国企业发育。而展览业正是起步于1990年中小制造业集群的主要业务范围遍布全国的阶段,发展于2005年产业集群的内向国际化经营阶段。

从专业展会参展商的各行业企业分布上看,义乌专业展会与本地产业集群高度相关。2018年第24届义博会涉及产品涵盖五金、机电机械、电子电器、日用品、工艺品、文化办公、体育及户外休闲用品、服装鞋帽、针纺织品、饰品及饰品配件、玩具、宠物及水族用品、汽车用品、智能生活方式等十四大行业,与义乌市的针织、服装、拉链、饰品、毛纺、印刷、制笔、工艺品、化妆品、玩具十大产业集群密切相关。

从以上案例中可以得出以下几点结论:①义乌展览产业发展的驱动模式是典型的产业驱动型;②义乌产业集群是推动义乌展览产业发展的原动力;③义乌产业集群是义乌展览会行业定位非常重要的影响因素;④义乌知名展览会的选题紧密依托义乌的支柱产业;⑤义乌依托当地特色产业定位的专业展览会主要客源来自本地及周边的长三角城市,充分表明本地及其周边区域是专业展览会应该依赖的主要市场;⑥产业链长短和产业产品应用领域广泛程度决定了展览会的规模。

三、城市竞争力

(一)城市竞争力与城市展览产业关系研究现状

城市竞争力与城市展览产业发展有着密切的关系,学者们从不同的角度对二者的关系进行了研究,其主要内容与观点如下:①会展业的发展完全可能成为一个城市、一个地区、一个行业的经济增长点,构成表征城市竞争力的一个重要的部分,同时也说明了该城市的竞争力水平(倪鹏飞,2004);②一个城市的整体竞争力与会展业的竞争成正相关关系(吴子瑛,2005;何建东,2019;张文心,2019;张子宸,2019);③会展业能提升城市竞争力(赵春容,2006;吕彤,2013;程新智,2014;王红,2018);④会展业是提升城市品牌形象竞争力的平台(田书芹等,2008);⑤促进城市竞争力提升是蕴含于会展活动的本质功能,而会展经济持续快速发展也正是城市竞争力的充分体现(刘筱柳,2008);⑥会展经济适应并推动了城市经济结构的转型,提升了城市功能,提高了城市竞争力,同时带动了城市空间结构的良性发展(程建林等,2008;豆晓宁等,2011;陈燕,2012;虞润迪等;2015);⑦发展会展事业对提高城市竞争力有重要意义(王方华等,2009;王涛,2019)。

综上所述,学者们对于城市竞争力与会展业的关系研究,比较侧重于会展业对城市竞争力的提升作用,而对城市竞争力对会展业的影响研究相对较少。城市竞争力与城市展览产业的关联机理是什么? 城市竞争力对城市展览产业发展模式选择有何影响? 对这些问题还有待于进一步探讨。

(二)城市竞争力与城市展览产业关联机理

1. 城市竞争力的概念、特征与分类

城市竞争力是指一个城市以其现有的在自然、经济、社会、制度等方面的综合比较优势为基础,通过创造良好的城市环境,在资源要素流动过程中,与其他城市相比,具有更强的聚集、吸引和利用各种资源要素的能力,并最终表现为较其他竞争对手更为持久的发展能力和提高其市民福利水平的能力[①]。城市竞争力有以下几个方面的特征:①城市竞争力的主体是城市而非国家或企业;②城市竞争力具有综合性、系统性、动态性特征;③城市竞争力是一个相对的时空概念。

根据不同的角度,城市竞争力有不同的分类方法,比较典型的分类方法有以下两种:①《城市竞争力蓝皮书》中的城市竞争力分类。城市竞争力是一个复杂的系统,其子系统可概括成两类,即硬件竞争力系统和软件竞争力系统。硬件竞争力系统包括人才竞争力、资本竞争力、科技竞争力、综合区位竞争力、结构竞争力、基础

---

①程玉鸿,2005.城市竞争力概念界定及其模型构建.特区经济(7):121-122。

设施力和环境竞争;软件竞争力系统包括文化竞争力、制度竞争力、政府管理竞争力、企业管理竞争力和开放竞争力;②中国城市竞争力研究会对城市竞争力进行的分类。该研究会制定的《GN中国城市综合竞争力评价指标体系》涵盖经济、社会、环境、文化四大系统,具体包括综合经济竞争力、产业竞争力、财政金融竞争力、商业贸易竞争力、基础设施竞争力、社会体制竞争力、环境/资源/区位竞争力、人力资本教育竞争力、科技竞争力和文化形象竞争力等。

2. 城市竞争力对城市展览业发展的影响

一个城市综合竞争力越强,其展览产业发展的优势越大。展览业是一个以城市为载体的城市依托型产业,展览业的发展与城市的发展有着密不可分的联系,与城市竞争力也有着很大的关联性。城市展览业的形成是一个依托城市自然、经济、文化、制度条件和产业基础,经过长时间的产业链培育、知识积累和不断地应对外部环境变化进行变革和升级的过程。虽然,任何城市都可以举办展览活动,但并不是任何城市都具有发展展览产业的基础和条件。城市展览产业的形成与发展,与城市综合经济实力、产业基础、基础设施、环境、资源、区位、商业贸易、人才等都密切相关,而这些正是城市竞争力的重要来源。因此,一个城市的综合竞争力越强,该城市展览产业发展的优势越大。这一点在我国表现得更加明显,2018年中国城市综合竞争力排名前五位的香港、深圳、上海、北京、广州(见表3.10),同时也是我国展览业最发达的几个城市。城市综合竞争力排名第6至30名的城市,也是我国展览产业发展较好的城市。

表3.10　2018年中国城市竞争力排行榜(前30名)排名

排名	城市	分数	排名	城市	分数	排名	城市	分数
1	香港	11956.22	11	武汉	5693.42	21	西安	3593.16
2	深圳	11306.46	12	成都	5436.17	22	厦门	3586.05
3	上海	10806.06	13	青岛	4741.98	23	东莞	3540.67
4	北京	10169.49	14	宁波	4179.92	24	郑州	3337.45
5	广州	8561.96	15	澳门	4088.2	25	长沙	3278.66
6	重庆	7635.85	16	台北	3903.19	26	佛山	3093.09
7	杭州	7449.65	17	大连	3750.19	27	合肥	3028.66
8	天津	6937.85	18	济南	3703.89	28	福州	2944.93
9	苏州	6612.81	19	无锡	3649.08	29	珠海	2937.51
10	南京	5697.1	20	沈阳	3613.49	30	长春	2735.76

资料来源:2018年中国城市竞争力排行榜。

城市竞争力并不直接等价于城市展览业的竞争力。城市竞争力只是一个城市的综合竞争力的体现,它并不代表某一行业的竞争力。从某种意义上说,城市整体竞争力是城市所有产业竞争力的综合体现,其包括城市各个产业竞争力,如城市旅游竞争力、城市金融竞争力、城市物流竞争力和城市会展竞争力等。城市展览业竞争力要求的一些特质要素并不是综合竞争力较高的城市就一定具有的,比如,现代化的大型展览场馆、专业化的展览配套设施和服务、良好的展览环境氛围等。但是,如果这些方面具有一定的优势,不仅会提升展览业的竞争力,也会同时提升城市竞争力。"世界展览之都"汉诺威,在全球城市竞争力中排在第100位[①],其排名远远落后于上海(第27位),但这并不能说明上海展览业比汉诺威展览业发达。

3. 城市展览业对城市竞争力的影响

现代展览业作为生产性服务业,其本质功能就是提供一个交易、营销、信息平台,为相关产业参展商和专业观众服务,从而调节资源配置、降低交易成本。而城市发展展览业,正是充分利用了其对城市资源配置的获取与调节功能,并有效地发挥了其能够降低交易成本提高城市经济发展的效率,从而促进城市竞争力的提升。

第一,城市展览业通过增强城市的经济实力,以促进城市竞争力的提升。经济实力是城市竞争力最为重要的因素,主要体现在城市的经济发展规模、经济发展速度和经济发展效率等方面。展览业是一个外部性很强的产业,其具有较强的集聚效应、乘数效应与产业带动效应。基于较强的产业关联度,展览业能够有效地带动其他部门经济的发展,对相关产业的经济拉动系数是1∶5至1∶10(系数因各国各地区条件而异)。展览业作为现代服务业,能够引导特定产业发展与结构优化,使城市的产业结构向着更加合理化和高度化的方向发展,最终推动经济的发展。

第二,城市展览业通过增强城市的信息交流和科技水平,以促进城市竞争力的提升。科技水平是经济增长的主要源泉,体现城市竞争力的支撑力和潜力。展览会为知识、信息、技术的跨区域、跨国界在特定城市集聚和交流提供了机会和平台,不仅有利于不同区域参展商和专业观众相互交流与合作,更有利于展览城市对先进技术成果和信息资源的引进和转化。从城市技术发展角度看,展览业可以促进科技开发和实现科技成果转让;从社会经济发展角度看,展览会为城市技术信息的交流、科技创新以及技术成果的应用和传播起到了不可低估的作用。

第三,城市展览业通过提升城市生活质量,以促进城市竞争力的提升。城市生活质量是城市竞争力的一个重要表现因素,构成城市生活质量的要素包括:城市综合生活条件、教育卫生与健康、社会内聚力与民主、城市整体特色。城市展览业的发展,对推动城市经济的发展、提升城市声誉和国际地位、改善城市基础设施、美化城市面貌和综合环境,具有长期的、综合的影响和正面效应。

---

① 数据来自《全球城市竞争力报告(2017—2018)》。

第四,城市展览业通过增强城市影响力,以促进城市竞争力的提升。城市影响力反映了城市在区域经济中的重要程度,是城市竞争力的重要形成因素。城市展览活动能够展示一个城市的风采和形象,扩大城市影响力,提高城市在国内国际的知名度和竞争力,有利于城市品牌的营销和城市软实力的提升。

(三)城市竞争力对城市展览产业发展模式选择的影响

城市竞争力对城市展览产业发展驱动模式的选择有重要影响,城市综合竞争力与城市分项竞争力从不同的角度与产业驱动型、市场需求驱动型、城市魅力驱动型、城市综合实力驱动型展览产业发展模式有着紧密的联系。

1. 城市综合竞争力对展览产业驱动模式选择的影响

城市综合竞争力指一个城市在一定区域范围内集散资源、提供产品和服务的能力,是城市经济、社会、科技、环境等综合发展能力的集中体现,是一个城市发展水平和创新能力的重要指标。在现代社会中,一个城市综合竞争力的高低对人才与资金等资源的吸引力、对周边地区的辐射带动力、对改善城市发展面貌和层级的提升力等都有着重要的影响。

城市综合竞争力的本质特征是它的综合服务功能。城市综合竞争力越强,城市的综合服务功能能力越高。而展览产业发展对城市的综合服务功能有较高的要求,因此,城市综合竞争力排名越高,其城市展览产业发展的驱动力越强。实践证明了世界著名城市的展览业也高度发达,如伦敦、纽约、巴黎、东京等城市。

2. 城市分项竞争力对展览产业驱动模式选择的影响

有些城市综合竞争力没有排在前列,但其某项城市竞争力比较突出,对其展览产业发展的驱动模式也有一定影响。城市分项竞争力主要包括经济竞争力、可持续竞争力、宜居城市竞争力、营商城市竞争力等。

营商城市竞争力对市场需求驱动型展览产业发展模式有较大影响,如天津、重庆的经济竞争力指数分别排在第16、24位,但其营商竞争力指数分别排在第8、9位(见表3.11)。这两个城市营商环境好,又都是直辖市,具备成为区域展览中心城市的条件。

宜居城市竞争力对城市魅力驱动型展览产业发展模式有较大影响。宜居城市竞争力指数排名第2、3位的无锡、杭州等都是著名的旅游城市,其依托良好的环境优势发展展览业,成为区域展览中心城市。

经济竞争力对产业驱动型展览产业发展模式有较大影响。南京、武汉的经济竞争力分别排在第7位和第8位。这两个城市的展览产业都是依托城市产业集群发展起来的。从这个排名顺序也可以看出,产业驱动型展览产业发展模式不仅仅是依靠强大的产业实力,产业的软环境建设同样非常重要。

表 3.11　2018 年中国城市竞争力指数及排名（经济竞争力前 30 名）

城市	经济竞争力	排名	可持续竞争力	排名	宜居城市竞争力	排名	营商城市竞争力	排名
深圳	0.6671	1	0.7060	4	0.7076	8	0.7757	4
香港	0.5594	2	1.0000	1	1.0000	1	1.0000	1
上海	0.4194	3	0.8344	3	0.7027	12	0.8334	3
广州	0.3060	4	0.6769	5	0.7324	5	0.7406	5
北京	0.2592	5	0.8463	2	0.7025	13	0.9340	2
苏州	0.2224	6	0.6217	10	0.6970	17	0.6486	13
南京	0.2000	7	0.6660	7	0.7322	6	0.7178	6
武汉	0.1953	8	0.5722	14	0.7005	15	0.5884	22
台北	0.1885	9	—	—	—	—	—	—
东莞	0.1840	10	0.5194	27	0.6197	31	0.5371	29
无锡	0.1825	11	0.5401	19	0.7798	2	0.6109	18
佛山	0.1794	12	0.4612	36	0.6196	32	0.5181	32
成都	0.1549	13	0.6250	9	0.6741	21	0.6686	11
澳门	0.1546	14	0.6274	8	0.7119	7	0.6505	12
新北	0.1531	15	—	—	—	—	—	—
天津	0.1528	16	0.5514	17	0.6067	37	0.7035	8
厦门	0.1481	17	0.5966	13	0.7041	11	0.6409	15
常州	0.1460	18	0.4622	35	0.6710	22	0.5142	36
杭州	0.1439	19	0.6741	6	0.7408	3	0.7047	7
长沙	0.1439	20	0.5274	22	0.7019	14	0.5376	28
郑州	0.1422	21	0.5298	21	0.5838	43	0.5932	20
青岛	0.1422	22	0.6175	11	0.6880	20	0.6888	10
宁波	0.1307	23	0.5438	18	0.7071	9	0.5830	24
重庆	0.1298	24	0.5713	15	0.5380	66	0.6936	9
中山	0.1281	25	0.3756	61	0.5584	55	0.5214	31
镇江	0.1171	26	0.4612	37	0.7043	10	0.5229	30
南通	0.1160	27	0.4566	39	0.7342	4	0.5930	21
济南	0.1155	28	0.5602	16	0.6921	19	0.6311	17
珠海	0.1118	29	0.5262	23	0.5740	46	0.4736	47
合肥	0.1084	30	0.5098	29	0.6098	35	0.5969	19

资料来源：中国社会科学院,2019.中国城市竞争力报告No.17:住房,关系国与家.(2019-06-24) [2019-08-02].http://www.cssn.cn/zx/bwyc/201906/t20190624_4923185.shuml。

（四）案例分析：以深圳市为例

1. 深圳市展览业发展概况

深圳展览业的发展大致经历了以下三个阶段：

第一阶段（1985—1998年），深圳展览业培育阶段。这一阶段，深圳先后使用过的展览场地有寰宇展场、红岭大厦展场、深圳博物馆、深圳科技馆、深圳国际展览中心等9个展览场馆。1988年深圳国际展览中心成立，其室内展厅为8800平方米，成为深圳举办展会的主要场地。

第二阶段（1999—2003年），深圳展览业起步阶段。1999年，展览面积达4.2万平方米的高交会展馆正式运营。这一阶段培养和引进了一批本土、外埠展览品牌。

第三阶段（2004年至今），深圳展览业高速发展阶段。2004年，深圳会展中心落成，其室内展览面积达10.5万平方米。这一阶段，深圳高交会成为国内影响力仅次于广交会的品牌展会，文博会成为国内第一个国家级文化产业展会，安防展、礼品展、光电博览会、钟表展、机械模具展、珠宝展、全国电子展等都已成为国内同行业规模最大、影响力的最广的品牌展会之一。

2018年深圳市共举办展会活动111个，展览总面积348万平方米，在国内会展城市中处于领先水平。深圳共有会展企业1000多家，上下游相关企业近3000家，从业人员达10万人，其中有11家企业加入国际展览业协会（UFI），有10个展会通过UFI认证。会展业总体水平稳居全国前列。高交会、文博会、光博会、安博会、礼品展、服装展、机械展、钟表展、汽车展、内衣展等12个展会获得2018年度深圳市品牌展会。

2. 深圳城市竞争力与展览业发展关系

深圳展览业的飞跃式发展主要得益于城市竞争力优势。在2018年中国城市竞争力指数排名中，深圳经济竞争力排名第一位，可持续竞争力和营商环境竞争力排名第四位，宜居城市竞争力排名第八位（见表3.11）。从城市功能的竞争力上看，深圳各方面的功能发展很均衡。各项竞争力排名指标均列前八位。

3. 城市综合实力驱动型展览产业发展模式

深圳的城市竞争力优势为展览产业的发展创造了良好的基础、条件与环境，其展览产业发展驱动模式是典型的城市综合实力驱动型。深圳城市综合实力驱动主要体现在以下几个方面：

第一，雄厚的经济基础和突出的产业优势，聚集了巨量的参展商和买家资源。深圳人均国内生产总值、人均收入水平、外贸出口总额稳居全国大中城市第一，已形成以高新技术产业为主导的先进制造业、金融业、现代物流业及现代文化产业四大支柱产业，电子、机械、珠宝、钟表、服装、家具等产业也居全国领先地位并形成全国性的行业交易市场，与全球200多个国家和地区有经贸往来，形成了"产业＋市场"的格局,聚集了大量海内外买家。

第二,毗邻港澳的区位优势,为国际客商参展参会提供最大便利。深圳是中国唯一海陆空口岸俱全的城市,参会的国际买家经香港进入深圳在144小时内免签证,国际商务从容便利。深港澳合作的深入,提供了更丰富的国际资源。

第三,展览设施先进、展览服务水准高,配套完备。超大规模、功能卓越的深圳会展中心,不仅为各类展览和会议提供国际一流水准的硬件,同时为各类展会提供"一站式"、全方位、高效率、专业的会展服务。

第四,展览业的体系支持优势完备。深圳发达的市场经济体系、健全的金融体系、良好的知识产权保护体系、富有活力的创新支持体系和中西交融、包容性极强的城市文化,为展览业的良性发展营造了良好环境;深圳现代服务业发达、全市酒店的日接待能力达10万人次,先进的公共基础设施、便利的交通网络,为展会提供了完备的城市配套体系。

第五,完善的展览业市场运行体系和政策支持优势。深圳市政府设立了"会展业促进办公室"统一管理会展业,并先后出台了支持会展业发展的一系列政策措施,尤其是深圳市政府确立了国际化、市场化、专业化的指导方针和创建知名会展城市的目标,为会展业的良性发展提供全面支持。

第四节　城市展览产业发展的驱动模式经验研究

一、城市展览产业发展的驱动模式经验分析

(一)汉诺威展览产业发展的驱动模式:产业驱动型

汉诺威是德国下萨克森州的首府,德国北部重要的经济文化中心,面积为203平方千米,人口51.4万。它位于北德平原和中德山地的相交处,既处于德国南北和东西铁路干线的交叉口,又濒临中德运河,是一个水陆交通枢纽城市。汉诺威展览业高度发达,是国际上著名的展览城市之一。汉诺威展览中心拥有室内展厅面积49.6万平方米、室外展示面积58.1万平方米,27个馆和一个拥有35个功能厅的会议中心作为世界最大的展览场地,可容纳大约26,000的参展商和230万的观众,是目前世界上最大的展览设施。汉诺威展览公司平均年营业额约为2.5亿欧元,是排名世界前列的大型展览企业之一。汉诺威平均每年承办的国际展会有20多个,其中UFI认证的展会10个,包括汉诺威消费电子、信息及沟通博览会(CeBIT)、汉诺威工业博览会(HANNOVER MESSE)等都是该领域世界顶级的展会。

汉诺威展览业发展的原动力来源于其工业基础。二战之前,汉诺威工业发展

就有一定的基础,但二战时遭受严重的破坏。当时政府为了振兴经济,于1947年在汉诺威举办了第一届工业博览会,展览时间持续21天,共有来自53个国家的1300家企业参加了展览会,并吸引了73.6万参观者。这次展会随后发展成世界上最大的工业博览会。每年四月,有来自全球不下6000家厂商参展,其成为世界最新机器设备和新技术的风向标。除一年一度的工业博览会外,1986年起又从工业博览会分出CeBIT(办公技术、信息通信展览),航空博览会,国际建筑博览会等,把汉诺威展览业提升到新的高度。2000年,汉诺威承办了世界博览会,进一步确立了汉诺威作为国际展览名城的地位。

汉诺威举办的展览会基本都是专业展览会,而且与汉诺威产业集群联系密切。以通过UFI认证的汉诺威展会为例(见表3.12),展会所属行业为机械、能源、自动化、电子信息技术、冶金、设备制造、农业机械等。而这些行业基本都是汉诺威的优势产业。汉诺威是工业高度发达的城市,工业以机械(机车、汽车、拖拉机、电工器材和精密机械)、化工等制造业为主,有全国最大的轮胎厂;有钢铁、橡胶、钾肥、染料、纺织等部门;电子工业技术先进,德津风根公司的工程师研究出PAL电视制式,为世界上许多国家所采用。

表3.12　汉诺威的UFI认证展会一览

展会中文名称	展会英文名称缩写	主办公司	所属行业
汉诺威国际农业机械展览会	AgriTechnica	DLG	农业机械
汉诺威国际生物技术展览会	BIOTECHNICA	Deutsche Messe AG Hannover	生物工程技术
汉诺威消费电子、信息及通信博览会	CeBIT	Deutsche Messe AG Hannover	电子、信息
汉诺威物流及供应链管理行业展会	CeMAT	Deutsche Messe AG Hannover	物流、运输
汉诺威国际地面铺装展览会	DOMOTEX HANNOVER	Deutsche Messe AG Hannover	家用设备、家具
汉诺威国际金属板材加工技术展览会	EuroBLECH	Mack Brooks Exhibitions	冶金
欧洲畜牧业展览会	EuroTier	DLG	畜牧业
汉诺威工业博览会	HANNOVER MESSE	Deutsche Messe AG Hannover	机械、能源、自动化
汉诺威国际消防安全展览会	INTERSCHUTZ – DerRote Hahn	Deutsche Messe AG Hannover	保安、卫生、环境
汉诺威国际林业木工展览会	LIGNA	Deutsche Messe AG Hannover	林业、木工

资料来源:根据UFI官方网站(www.ufi.org)数据整理,时间截至2019年。

(二)巴黎展览产业发展的驱动模式：城市综合实力驱动型

巴黎是法国首都和最大的城市，也是法国的政治文化中心。巴黎有小巴黎、大巴黎之分。小巴黎指大环城公路以内的巴黎城市，面积105.4平方千米，人口224万人[①]；大巴黎，即巴黎都会区，面积达1.2万平方千米，人口超过1184万人[②]。巴黎被誉为"展览之都、时尚之都"。法国每年举办约1500个各类展会，70%以上都是在巴黎举办的，其中全国性展会和国际展约为175个，真正的专业展为120个左右，参展企业超过50万家。有870万名观众，其中31%为外国观众。巴黎主要有三大展览场馆，分别为巴黎展览中心、维乐班特展览中心和布尔日展览中心，展览总面积超过55.4万平方米。

巴黎的展览业如此繁荣昌盛，取决于城市的综合实力。从经济实力上看，大巴黎地区有1184万人口，国内生产总值达7380亿欧元（2015年），有企业105.4万多家。大巴黎地区是世界500强企业的第二大集中地，有7万多名研究人员，是欧洲第一大研发基地。

从城市领先行业和竞争力集群上看，巴黎领先行业有航空、汽车、化妆品、生态行业、图像与多媒体、物流、健康-生命、金融服务、信息与通信技术等；巴黎大区有八个竞争力集群：可持续城市与交通、航空、数码媒体和传播、化妆品、金融创新、生命科学、汽车与交通工具和高端系统应用等。

从城市接待能力上看，大巴黎地区同时具备全球最佳的客运和货运网络，它是欧洲第二大航空运输枢纽，拥有欧洲第一大高速公路网络。国内外170家航空公司在这落户，从巴黎可飞达世界上135个国家的530个城市。巴黎有2400家各个级别的星级宾馆，总计有15万间客房，有餐馆近2万家。如此便捷的交通、良好的餐饮和住宿条件为大手笔大规模运作展会提供了必要的保证。

从城市文化艺术、旅游上看，巴黎是世界著名文化艺术城市和世界著名旅游城市。巴黎拥有50个剧场，200个电影院，15个音乐厅。巴黎歌剧院是世界上面积最大的歌剧院，位于市中心的奥斯曼大街，占地11万平方米，整个建筑兼有哥特式和罗马式的风格。巴黎是一座世界历史名城，名胜古迹比比皆是，埃菲尔铁塔、凯旋门、爱丽舍宫、凡尔赛宫、罗浮宫、协和广场、巴黎圣母院、乔治·蓬皮杜国际艺术文化中心等。

由上可知，巴黎城市综合实力是推动巴黎展览业发展的驱动力。同时，巴黎专业展会的类型及数量也反映了巴黎城市的综合实力。巴黎175个国际性展会基本覆盖行业范围广泛，从航空领域到瓦楞板，在大巴黎地区都能找到适合的展会。巴

①数据为2019年9月统计数字。
②数据为2019年9月统计数字。

黎特别在纺织/时尚/配件、工业和研究、食品/宾馆饭店/餐饮、信息与技术通信等行业展会方面有较大的优势(见图3.8)。

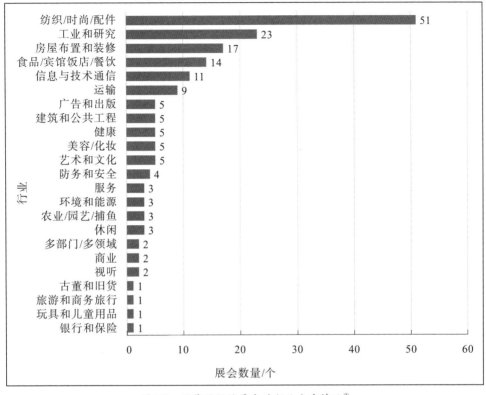

图3.8　巴黎国际性展会的行业分布情况①

(三)拉斯维加斯展览产业发展的驱动模式:城市魅力驱动型

拉斯维加斯(Las Vegas)是美国内华达州的最大城市,市区面积340平方千米,城市面积712平方千米,市区人口64万人(2018年),大都会人口222万人。现在的拉斯维加斯的会展业极其发达,在全美名列第一。每年,有近24000场展览或商务论坛活动在拉斯维加斯举办(平均每天66场)。单拉斯维加斯会议中心,每年就承办了50多场展会,接待近150万人次与会人员。其中全美最大的200个展会中的近50个是在拉斯维加斯定期举办的。全球知名的展会有国际消费类电子产品展览会(CES)、国际服装展(MAGIC SHOW)、国际家具展、国际消费品及礼品博览会等等。近年来,在美国其他城市举办了多年的展会也纷纷落户拉斯维加斯,使拉斯维加斯展览业的发展势头更为强劲,展览项目持续增长,展会数量明显上升。

①数据来源:根据www.parisregion-tradeshows.com相关资料整理。

拉斯维加斯展览业的发展是典型的城市魅力驱动型。拉斯维加斯原是一个沙漠之城,既无产业优势亦无市场优势,却凭借独特的城市发展模式成为全美第一乃至世界知名会展城市。拉斯维加斯独特的城市发展模式就是"以服务业为城市主要的产业经济部门,以娱乐业为主导行业来诱导和带动其他服务行业的发展"。

拉斯维加斯以博彩业这种特殊的娱乐服务业起家,虽然初期的服务业只局限于传统的服务业如博彩业、饭店业、旅游业等,但是随着这些服务业的发展壮大,城市的服务业涵盖面也逐步扩大到整个服务业即广义服务业的范畴。在这一发展过程中,从早期单纯的博彩业,到后来的赌场饭店业,再到现在的娱乐休闲业,娱乐业一直在拉斯维加斯经济中处于主导行业的地位。它自身的增长速度最快,而且对其他服务业起了先导作用,即它产生了一种刺激力,为更大范围的服务业提供了可能,甚至为又一种重要的主导行业——会展业建立起台阶。

虽然不断涌入的旅游者是饭店的较大消费群体,但是那些旅行费用可以报销并且经常出差的会议和展览人员才是为饭店带来最大收益的客源群体。20世纪五六十年代,具备举办会议展览条件的城市并不多,拉斯维加斯就是其中之一。拉斯维加斯很早就认识到了这一点,在1959年4月建成了拉斯维加斯会展中心(the Las Vegas Convention Center),各家饭店也在饭店内部增设了会议厅、展示大厅等相关设施,来迎接不断增加的各种会议、展览以及培训活动等。到20世纪70年代,拉斯维加斯吸引的参加会展人数为全美参加会展总人数的近3%。拉斯维加斯会展中心也随着接待会议和展览的数量与级别的提升而不断扩建,现在已经成为全美最大的单层会展用途建筑。经过一系列的建设和发展,拉斯维加斯成为全球的会展之都。

综上可知,拉斯维加斯是一个把博彩、旅游、演出、购物、商贸会展完美结合的城市,具有全世界独一无二的城市资源。正是这一城市特殊魅力驱动着拉斯维加斯展览业的发展。

(四)新加坡展览产业发展的驱动模式:市场需求驱动型

新加坡是一个面积仅为724.4平方千米(截至2019年)、拥有570万人口(截至2019年6月)的城市国家[①],自然资源极其贫乏。新加坡是亚洲最重要的金融、服务和航运中心之一。新加坡有显著的国际展览业地位,连续17年成为亚洲举办会展地首选地区,举办国际展会的规模和次数居亚洲第一位。每年举办的展览和会议等大型活动达4000多个,前来参加这些会议、展览的人数达40多万人次。一些世界驰名展览公司,如励展博览集团、杜塞尔多夫展览公司等都曾选择新加坡作为亚太地区总部。目前,新加坡具有一批世界著名或亚洲领先的展会项目——航空展、

---

①数据来源:根据 www.fmprc.gov.cn 相关资料整理。

海事展、电子展等。

新加坡展览业发展驱动模式是典型的市场需求驱动型。其主要有两方面的原因。一是新加坡市场腹地范围广阔。新加坡本身国土面积狭小,但其地处交通枢纽的核心位置,在以新加坡为中心的三小时飞行距离内,有2.5亿人口活动,每年仅中转旅客就达250多万人次,这样非常适合举办国际性的会展。新加坡是东盟的成员方。东盟是地区性的政治经济合作组织,由位于东南亚的10个国家组成,除新加坡外,还有文莱、柬埔寨、印度尼西亚、老挝、马来西亚、缅甸、菲律宾、泰国、越南。从区域经济发展水平(人均国内生产总值)上看,新加坡所在的东盟虽然成员国发展差异较大,但平均水平仍然比我国高得多。以东盟为主的广阔经济腹地,带来了巨大的市场需求,这是新加坡展览业发展的一个重要驱动力。

二是新加坡地理位置优越、交通便利。新加坡位于马来半岛最南端、马六甲海峡出入口,北与马来西亚相邻,南与印尼相望。只需经过短途飞行即可从泰国或菲律宾抵达新加坡。新加坡樟宜机场连续多年被评为世界最佳机场,是进出东南亚的门户。

(五)香港展览产业发展的驱动模式:市场需求驱动型

香港为我国的特别行政区,陆地面积约为1106.66平方千米,人口748.64万(截至2018年)[1]。香港是一个自由港,位处亚洲中心位置,对外航空联系十分便捷。作为全球第十二大贸易地区,香港已发展成为亚太地区乃至国际的金融中心、国际航运中心、地区贸易中心,拥有邻近很多国家和地区不可替代的优越地位。香港第三产业高度发达,占国民生产总值的87%左右。香港经济四个主要行业为金融服务、贸易及物流、旅游和工商业支援及专业服务。

近些年香港每年都要举办上千个大大小小的会展活动,其中有100多个是大型国际展会,吸引着近200万人次会展及奖励旅游的海外客商前来参展参会,为本土经济带来400多亿港元的收入,潜在的经济价值更是无法估量。在香港举办的这些展会中,全球范围内最大的分别是亚洲博闻有限公司主办的香港珠宝首饰展、香港贸易发展局主办的香港电子产品展、香港钟表展和香港礼品及赠品展等4个展会,亚洲范围内最大的分别是香港贸易发展局主办的香港玩具展、香港家庭用品展、香港国际秋季灯饰展和香港时装节,Vinexpo Overseas SAS主办的亚太区国际美酒博览会、亚洲博闻有限公司主办的亚太区美容展和亚太区皮革展等7个展会,此外还有书展、茶叶展、美酒展、艺术展、影视展等一大批在国际上很有影响力的知名品牌展会。香港非常重视会展基础设施建设,经过多年的积累,香港现有50多个会展场地,其中三大展馆分别是位于主要商业区的香港国际会展中心、香港国际

---

①数据来源:根据www.gov.hk相关资料整理。

机场附近的亚洲国际博览馆和毗邻九龙湾的国际展贸中心,可展览面积超过15万平方米。2018年,香港共举办了逾100项展览,吸引超过190万人次会议、展览以及奖励旅游的海外过夜旅客来港参加。

从展览业形成及发展的源驱动力上看,香港展览产业发展最初的驱动模式属于市场需求驱动型。在20世纪50年代前,凭借转口贸易的发展和内地对外贸易的主要门户地位,从欧美来的货品和从内地来的原材料都集中在香港以待中转,吸引海外尤其是东南亚华商和内地商家来港参展交易,但以此为依托的早期展览主要集中在为方便来自世界各地客商的需要而自发进行的商贸展销,场地简陋,规模很小,缺乏组织,主要是通过实物展示来促进交易,还带有浓厚的贸易展销集市的特征。

严格意义上的香港展览业形成时期是在20世纪70年代初,而香港展览业大发展则是在内地实施改革开放政策、香港转口贸易大发展的20世纪80年代中期以后。1966年,香港成立以贸易推广和促销为主要职能的贸发局。1970年,贸发局主办第一届香港时装节,真正意义上的香港展览业由此正式诞生。20世纪70年代末,内地实行改革开放政策。进入20世纪80年代中期,受内地经济特别是邻近珠江三角洲经济迅速发展的有力拉动,香港成为中国外贸的窗口,香港厂家的数目大量增加,香港对外贸易尤其是香港转口贸易迅猛发展。

1997年,香港回归祖国后,由于政治、经济、政策、法规等因素为香港展览业的发展提供了更为便利的经贸往来条件,香港展览业发展的速度明显加快。特别是2003年,香港与内地签署《内地与香港关于建立更紧密经贸关系安排》(CEPA)后,内地和香港的经贸联系日益加强。香港本地厂商由于CEPA的实施,对内地出口可以享受免税待遇,而内地客商赴港的签证手续也大大简化。

从上可知,香港展览业发展的原动力是市场需求拉动型。但随着香港城市综合实力大增,以及广州、深圳等城市展览业的发展,香港展览产业的驱动模式已由市场驱动型向城市综合实力驱动型转变。目前,香港举办的展览会类型以消费品展览会为主,这也从一侧面反映了香港展览业驱动模式的转型。

二、城市展览产业发展的驱动模式经验总结

(一)根据城市优势选择合适的展览产业发展模式

国际展览中心城市都是根据城市自身优势来驱动展览产业发展的。汉诺威是德国重要的工业城市,依托其工业基础,驱动展览产业发展;巴黎是世界城市,本身综合实力强,成为世界著名展览之都的基础和条件都已具备;拉斯维加斯是以博彩业起家的世界娱乐之都,依托其独特的城市魅力以及完善的综合配套设施的优势,驱动展览产业的发展;新加坡是站在世界十字路口的国家,依托其区位优势和市场

腹地广阔的优势,驱动展览产业发展;香港处于亚洲中心位置,具有广阔的内地市场。由上可知,无论是城市大小还是原来的知名度高低,城市展览产业发展最初的原动力都与城市优势密切相关。

(二)产业、市场需求驱动模式有弱化的趋势

展览产业作为平台产业,主要是为参展商和专业观众服务的,因此展览活动一般会在参展商比较集中的产地城市,或在专业观众比较集中的销地城市举办。这也是产业驱动型和市场需求型城市展览产业发展模式形成的原因之一。随着形势的发展,这一问题变得不像以前那样突出。当今世界信息技术飞速发展,航空业日益发达,通信联系、人员流动更为便捷,沟通的成本不断下降。过去阻碍买家流动于世界各地的种种不便正在消失。产地和市场因素对展览会的影响力在弱化,办好展览会的关键更在于城市经济的发展,这使得该城市具有良好的社会环境、管理水平、基础设施、服务水准等。

对比拉斯维加斯和芝加哥的展览业发展情况,我们可对新时期展览业发展的新趋势产生较深刻的认识。芝加哥是美国重要的工业、金融、商业中心,享有美国"工业祖母"之称,其展览产业发展是典型的产业驱动型模式。芝加哥曾在较长时期内一直是全美排名第一的展览城市,但随着新兴展览城市的发展,芝加哥的展览业地位不断下降,其大量展会移植到拉斯维加斯和奥兰多。2003年,芝加哥占全美的会展市场份额为14.3%,排名第二,远低于拉斯维加斯27.4%的市场份额。2006年,芝加哥又被奥兰多赶超,会展排名退至第三,所占市场份额降至9%;在全美排名前200名的展览中,只有9个在芝加哥举办。而拉斯维加斯有45个,奥兰多有20个。芝加哥最重要的展馆麦考米克展览中心的办展面积也逐年下降,2001年办展74场,总净面积为132万平方米;2007年降至41场,总净面积为68万平方米。拉斯维加斯和芝加哥的展览业的消长,在一定程度上反映了产业驱动型展览业发展模式的弱化。

新加坡展览业是典型的市场需求驱动型发展模式,但随着周边国家展览业的兴起,新加坡展览业的发展模式受到挑战。20世纪70年代正值石油危机,新加坡政府主要借鉴德国的发展经验,大力发展会展经济。经过不到十年的努力,至20世纪80年代新加坡已经成为亚洲会展中心,许多大型的展览会在新加坡扎根,如家具、食品、通信、机械展览会都成为亚洲最大的展会。但到20世纪90年代,周边国家开始重视会展业发展,如越南、泰国、中国等。新加坡展览业发展的市场需求大为减少,原有的许多优势展览项目,如木工展、机械展、印刷展都已经不存在或者转移到周边地区了。形势的变化迫使新加坡政府改变发展思路,目前朝向观光、会议与娱乐休闲为主、展览相对为辅的发展策略。

（三）城市展览业的竞争最终是城市品牌和综合配套的竞争

从国际展览中心城市发展状况看，一个城市展览业的发达程度明显依赖于该城市综合配套实施建设和服务业发展的水平。随着城市展览业竞争的加剧，城市展览业的竞争实际上就是展览城市品牌与形象的竞争。当今时代，人们对办展环境有着更高的需求，那就是必须更舒适、更快捷、性价比更高。拉斯维加斯模式的成功，既是城市配套规划和建设的成功，也是城市管理体制和形象推广的成功。奥兰多展览业发展也是这一模式，其依托全球著名的"旅游主题公园之都"这一城市品牌与形象，使旅游、度假、会议、展览协同发展。这是新兴展览城市学习的榜样，足以引起传统展览城市的觉醒。

第五节　本章小结

本章从产业发展驱动力的视角对城市展览产业发展模式进行了研究。首先，分析了城市展览产业驱动模式的理论内涵，然后对城市展览产业驱动模式的类型及适用条件进行了探讨，并详细分析了影响城市展览产业驱动模式选择的主要因素，最后，对城市展览产业驱动模式进行了经验验证研究。本章的主要研究结论如下：

1. 城市展览产业发展的驱动要素，主要包括市场供给因素、市场需求因素、城市魅力吸引力因素以及展览支持性因素。展览市场需求因素与展览市场供给因素作为一对矛盾，它们直接推动了城市展览产业的发展。城市魅力吸引力因素在与具体展览活动相结合时，它也就转化成为促进城市展览产业发展的重要力量。展览支持性因素是城市展览产业发展的综合配套因素，它们为城市展览产业的发展创造了条件。

2. 城市展览产业发展驱动模式可分为：产业驱动型、市场需求驱动型、城市魅力驱动型及城市综合实力驱动型。这些模式，特征各异，适用的城市也各不相同，各个城市要根据自己城市的特点来选择展览产业驱动模式。

3. 对于一个城市来说，选取哪一种或几种驱动模式作为自己城市的驱动模式，可以通过城市功能、城市产业集群和城市竞争力的发展状况来确定。这三个因素是三个比较显性的标准，其与城市展览产业关系密切，通过其进行驱动模式选择，具有可操作性。

4. 城市功能与城市展览业的关联机理从理念层面、互动层面和具体层面分别表现为适配关系、互动关系和耦合关系。城市展览业的形成、发展要与城市功能的"能性""能级""能位"相适配。

5. 城市产业集群促进专业展览会的可持续发展;城市产业集群与专业展览会选题定位有密切关系;产业集群的影响力同与之对应的专业展会影响力正相关。同时,专业展会有助于城市产业集群的发展。

6. 城市产业集群并不是城市发展展览业的充分必要条件;产业集群圈是专能性城市发展展览业的原动力;产业集群与城市品牌专业展会高度相关。

7. 一个城市综合竞争力越强,其展览产业发展的优势越大。城市竞争力并不直接等价于城市展览业的竞争力。城市竞争力只是一个城市的综合竞争力的体现,它并不代表某一行业的竞争力。

8. 城市展览业通过增强城市的经济实力、城市的信息交流和科技水平、城市影响力以及提升城市生活质量,促进城市竞争力的提升。

9. 城市综合竞争力越强,其城市展览产业发展的驱动力越强,产业驱动模式越趋向于城市综合实力驱动型。城市的综合区位竞争力对市场需求驱动型展览产业发展模式有较大影响;城市的环境竞争力对城市特殊魅力驱动型展览产业发展模式有较大影响;城市的制度竞争力和企业管理竞争力对产业驱动型展览产业发展模式有较大影响。

10. 国际展览中心城市的展览产业驱动模式经验总结:根据城市优势选择合适的展览产业发展模式;产业、市场需求驱动模式有弱化的趋势;城市展览业的竞争最终是城市品牌和综合配套的竞争。

第四章

Chapter 4

● ● ▪

城市展览产业发展的组织运作模式研究

本章主要从产业组织的视角对城市展览产业发展模式进行了研究。首先,分析了城市展览产业发展的组织运作模式的内涵;其次,对城市展览产业组织合理化进行了分析,并在此基础上,分别对城市展览企业的集团化模式和展览场馆的投资经营管理模式进行了详细探讨;最后,探讨了国际展览中心城市的展览产业发展的组织运作模式经验。本章研究框架如图4.1所示。

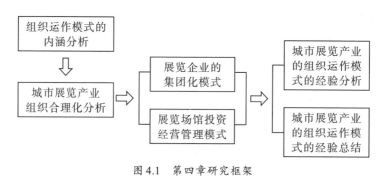

图 4.1　第四章研究框架

◁••••◀ **第一节　城市展览产业发展的组织运作模式内涵** ▶•••▷

一、城市展览产业发展的组织运作模式内涵分析

城市展览产业主要包括三大类企业:展览平台企业、展馆经营企业、展览服务企业。展览平台企业是展览产业的核心企业;展馆经营企业是展览产业的支撑企业;展览服务企业是展览产业的支持企业。这三大类企业也是城市展览市场的经营主体。本书所指的城市展览产业发展的组织运作模式,主要是展览企业的运作模式。

1. 展览平台企业

展览平台企业,即展览的主承办机构,主要是指负责展览会的整体策划,并进行组展、招商、承租场馆,以及进行展览会现场组织控制的企业。由于展览组织者向展览参展商提供展示自己的展品或者形象的平台,并向参加展览的观众(尤其是专业观众)提供交易信息和相关交易服务,因此,也被称为展览平台企业,即平台运营商。展览平台企业的实质是中介企业,它从各类服务提供商手中购买产品和服务,如向展览场馆企业租赁展览场馆和设施,向展览服务企业购买专业的展览服务。各类不同的产品和服务在展览平台企业的运营下就变成了一个个的展位,然后展览平台企业向参展商出售自己的展位,向参展观众收取门票。

2. 展馆经营企业

展馆经营企业是展览平台企业最重要的服务提供商,它是展览业中专门提供场地的那些企业。由于展览场馆是展览活动得以最终实现的空间载体,所以展览场馆经营企业在展览产业占有重要地位,是展览业的重要支撑企业。这类企业的建设需要大量的土地资源,因而前期投资都非常大。展览场馆企业大多是政府投资建设的。

3. 展览服务企业

展览服务企业是指专门为展览活动提供各种辅助性服务的企业。这些服务包括展台的设计和搭建、展品展具的租赁、展品的运输、广告代理、展览咨询、模特展示、翻译、观众登记、会务、餐饮服务、现场服务等。

展览平台企业、展馆经营企业、展览服务企业及其与参展商、专业观众的关系如图 4.2 所示。

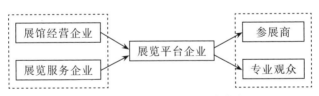

图 4.2　展览企业的分类及其关系

二、城市展览业的产业组织合理化分析

分析一个城市展览产业的组织运作模式,必须考察其产业组织的合理化程度。城市展览产业是具有双边市场的生产性服务业,其产业组织与其他产业相比,具有明显的特殊性。下面对城市展览业的产业组织合理化进行初步探讨。

(一)城市展览产业组织合理化的含义

产业组织合理化问题是产业组织理论研究的核心问题。经济学家研究产业组织理论的主要目的,是通过产业组织各构成要素的性质及其变动的分析,寻找产业组织合理化的有效模式及其实现路径,促进产业组织合理化,实现产业内资源的优化配置和产业的高效发展。产业组织合理化集中体现在两个方面,即规模经济和有效竞争。只有产业既有规模经济又能有效竞争,才表明该产业的组织结构是合理的。城市展览产业作为一个具体的产业,其规模经济和适度竞争具有相当的特殊性。

1. 城市展览产业规模经济

城市展览产业规模经济是指随着城市展览产业经济活动规模的扩大,每一个展览企业的平均成本和收益水平发生改变,平均成本不断降低,收益水平不断提高。展览产业规模经济是引导城市展览产业进行规模扩张的内在动因。同时,展览产业规模扩张也是产业间竞争发展的必然产物。如果一个城市展览产业不能随经济的发展而不断扩张,则必然会被其他城市展览业超越,在竞争中处于不利的地位。城市展览产业规模经济可以从展览会规模经济及展览企业规模经济两方面反映出来。

(1)展览会的规模经济

通常来说,展览会只有达到一定的规模才能实现其经济效益。长期以来,人们对于展览会规模经济的认识存在很大的误区,这主要体现在人们习惯于根据展览会交易金额、观众人数、面积等来衡量和评价展览会的经济效益和规模。这显然是缺乏一定科学性的。从展览会本身特点来看,展览会的规模经济有以下几个衡量标准:

第一,参展商的数量与市场地位。展览会应该反映一个具体行业的基本情况,包括主要的厂商和产品。因此,展览会的参展商必须占据行业中的一定比重,同时具有一定的行业代表性。

第二,专业观众数量及其结构。如前所述,专业观众比重是衡量展览会规模的指标之一。一般而言专业观众的比重应占到整个展览会参观总人数的70%~80%。

第三,同一时期同一地点无重复办展。由于展览产业本身的空间和时间的聚集性,相同主题的展览活动不应该在同一时期(一般为一年)、同一空间市场上进行竞争。否则必然造成资源的分割,展览会作为现代营销的重要手段,难以发挥其在沟通供给与需求、促进经济发展中的独特作用。

(2)展览企业的规模经济

对于展览企业而言,举办一次展览会就进行了一次生产和销售。展览会规模经济的特点,决定了展览企业规模经济的特殊性,它不能按照传统的习惯衡量企业的注册资本、固定资产和销售额等。展览企业规模经济主要体现在两个方面:

第一,企业通过定期举办多个展览会实现企业规模经济。好的展览活动通常不是一次性的,而是定期举行参与市场竞争,最终沉淀为企业的常规性运作项目。

企业通过经营运作常规性项目实现规模经济,通过经营运作多个项目实现范围经济,大幅度地降低企业的成本,如使用已有的宣传渠道、与已有的展览服务配套企业实现更广泛的合作、通过某个项目的反复运作增加企业对该项目组织的熟练程度,减少相关摩擦和不协调成本。

第二,企业通过合并同类展览会、扩大单个展览会规模实现规模经济。展览活动的规模经济要求相同主题的展览会在同一时期只举行一次。因此,展览企业的规模经济也反映在企业举办的展览会规模是否满足了整个行业的需要上。当企业在行业需求范围内扩大展览会规模的时候,增加一个参展商或专业观众的边际收益将大于边际成本。展览企业可以通过合并同类展览会、扩大单个展览会规模实现规模经济。

单个展览场馆规模越来越大的趋势,也反映出展览产业规模经济的不断发展。展览会的规模往往受到单个展览场馆的规模的限制,随着展览会规模的不断扩大,单个展览场馆的规模也不断扩大。截止到2018年,全球单个展览场馆室内展览总面积超过10万平方米的展览中心有62个(见表4.1)。

表4.1　2019年全球展厅总面积超过10万平方米的展览中心

排名	场馆名称	国家	城市	展厅总面积/m²
1	国家会展中心(上海)	中国	上海	400000
2	法兰克福国际展览中心	德国	法兰克福	393838
3	汉诺威展览中心	德国	汉诺威	392453
4	米兰新国际展览中心(Rho-Pero)	意大利	米兰	345000
5	中国广州进出口商品交易会展馆	中国	广州	338000
6	昆明滇池会展中心	中国	昆明	300000
7	科隆国际博览中心	德国	科隆	284000
8	莫斯科 Crocus 国际展览中心	俄罗斯	莫斯科	254960
9	杜塞尔多夫展览中心	德国	杜塞尔多夫	248580
10	巴黎北郊维勒班展览中心	法国	巴黎	242082
11	芝加哥麦考密展览中心	美国	芝加哥	241549
12	巴塞罗那展览中心	西班牙	巴塞罗那	240000
13	瓦伦西亚国际展览中心	西班牙	瓦伦西亚	230837
14	巴黎凡尔赛门展览中心	法国	巴黎	219759
15	慕尼黑新展览中心	德国	慕尼黑	200000
16	重庆国际博览中心	中国	重庆	200000
17	博洛尼亚展览中心	意大利	博洛尼亚	200000
18	马德里展览中心	西班牙	马德里	200000

续表

排名	场馆名称	国家	城市	展厅总面积/m²
19	上海新国际博览中心	中国	上海	200000
20	青岛市国际会展中心	中国	青岛	200000
21	奥兰多橘城会展中心	美国	奥兰多	195096
22	伯明翰国际展览中心	英国	伯明翰	186000
23	拉斯维加斯会展中心	美国	拉斯维加斯	180290
24	纽伦堡展览中心	德国	纽伦堡	179600
25	柏林国际展览中心	德国	柏林	170000
26	维罗纳国际展览中心	意大利	维罗纳	151536
27	毕尔巴鄂国际展览中心	西班牙	毕尔巴鄂	150000
28	武汉国际博览中心	中国	武汉	150000
29	华沙PTAK国际展览中心	波兰	华沙	143000
30	巴塞尔展览中心	瑞士	巴塞尔	141000
31	曼谷IMPACT展览中心	泰国	曼谷	140000
32	帕尔马展览中心	意大利	帕尔马	135000
33	亚特兰大国际会展中心	美国	亚特兰大	130112
34	里昂Eurexpo展览中心	法国	里昂	130000
35	里米尼国际展览中心	意大利	里米尼	129000
36	休斯敦Reliant公园展览中心	美国	休斯敦	120402
37	义乌国际博览中心	中国	义乌	120000
38	肯塔基州国际会展中心	美国	肯塔基州	120000
39	伊斯坦布尔TUYAP展览中心	土耳其	伊斯坦布尔	120000
40	斯图加特新展览中心	德国	斯图加特	119800
41	迪拜国际会展中心	阿联酋	迪拜	118996
42	罗马国际博览中心	意大利	罗马	118910
43	布鲁塞尔展览中心	比利时	布鲁塞尔	114445
44	莱比锡国际博览中心	德国	莱比锡	111300
45	布尔诺BVV商展中心	捷克	布尔诺	110921
46	埃森国际展览中心	德国	埃森	110000
47	波兹南国际展览中心	波兰	波兹南	110000
48	成都世纪城新国际会展中心	中国	成都	110000
49	韩国国际展览中心	韩国	首尔	108556
50	北京新中国国际展览中心	中国	北京	106800

排名	场馆名称	国家	城市	展厅总面积/m²
51	日内瓦展览中心	瑞士	日内瓦	106000
52	沈阳国际展览中心	中国	沈阳	105600
53	莫斯科VVC展览中心	俄罗斯	莫斯科	105000
54	深圳会展中心	中国	深圳	105000
55	新奥尔良展览中心	美国	新奥尔良	102230
56	肯塔基展览中心	美国	肯塔基	102193
57	新加坡国际会展中心	新加坡	新加坡	101624
58	ExCeL伦敦展览中心	英国	伦敦	100000
60	荷兰国际贸易展览中心	荷兰	阿姆斯特丹	100000
61	长春国际会展中心	中国	长春	100000
62	苏州国际博览中心	中国	苏州	100000

注:此数据为展厅展示面积,不包括室外展示面积。

数据来源:AUMA,Exhibition Centre Worldwide,2018。

2. 城市展览产业适度竞争

适度竞争介于过度竞争与缺乏竞争之间。适度竞争要求市场有一定的竞争但又必须避免过度的无序竞争(夏大慰,1994)。适度竞争可以依据市场竞争自由程度及市场集中度来考察。

(1)市场竞争自由程度

一方面,从展览业的起源看,展览活动最初都具有相当的政治因素,政府常常会举办宣传性质的经济性展览活动,如法国"国家工业展览会"等(林宁,1999)。举办这些展览活动主要是为了说明政府的社会和经济发展政策、规划以及前景,以此获得人民的理解和支持并且吸引外来资本的投资,最终推动经济和社会的发展。在这种背景之下发展起来的展览活动具有相当的非经济性因素,很多国家长期以来或是建立审批制度或是国家主导展览市场,市场竞争的自由程度受到很大限制,难以实现适度竞争。

从另一方面看,展览业是进入壁垒较低的产业,具有天然的竞争性(保健云等,2000),市场竞争自由程度过大,必然引起展览企业过度进入而加剧展览业内部的竞争,破坏展览业市场竞争的独立性。

因此,展览业既不能像某些国家行政性垄断行业那样,完全生长在政府的遮阳伞底下;也不能像某些完全市场竞争行业那样,没有任何的行业进出限制。展览业的市场竞争自由必须控制在一定的度之内。

（2）展览业市场集中度

集中度是产业组织理论中反映市场垄断和竞争度的基本指标。通过对集中度的分析，一方面可以考察产业及企业的集中分散情况，并据此判断特定市场和产业的垄断及竞争程度，另一方面也可以由此考察社会资源配置的状况和产业组织结构产生的效益状况（杨公朴等，1998）。由于展览企业规模经济的特殊性，在核算展览业的市场集中度的时候，我们不能单纯地以一般的市场集中度的计算方法进行衡量，根据上述分析和展览业的实际运作情况看，展览公司的实力（规模）主要体现在掌握展览项目规模的大小上，特别是定期展，这充分体现了展览企业产出的能力和目前的市场地位。因此，在计算展览业市场集中度时，我们不能按照一般的计算方法进行核算，而应该首先按照举办展览会规模的大小对展览企业进行排序，然后统计处于前几位展览企业举办的展览活动的规模占全部展览活动规模的比重来进行核算。

（二）城市展览产业组织合理化的内容

产业组织合理化的内容包括市场结构合理化、市场行为合理化、市场绩效高度化。产业组织合理化是产业的市场结构合理化、企业的市场行为合理化、市场绩效不断提高的过程。由于城市展览产业在规模经济及有效竞争方面的特殊性，其产业组织合理化的内容也与其他产业有明显的差别，下面对城市展览业的市场结构合理化、市场行为合理化和市场绩效高度化进行分析。

1. 市场结构合理化

市场结构合理化是指市场集中度恰当、对消费者有利的产品差别化程度不断提高、市场进入与退出壁垒合理化的过程。由于展览产业的"展览会"产品的特殊性，其对展会规模要求高，而对展会的数量要求并不太高，展会的数量并不能直接反映展览产业的绩效水平。因此，对城市展览产业来说，它需要较高的市场集中度。

世界展览业发达国家或城市的展览业的市场结构基本上都呈现出个别主导的现象，单个展览企业的规模越来越大。德国展览产业的市场结构高度集中，在德国拥有展览场馆的70个城市中，专业展览公司大约只有100家，也就是说，每个城市只有1~2家专业展览公司。他们不追求每年举办展会的数量，而是重视展会的规模和质量。德国场馆的经营者通常也是展览会的主办者。如汉诺威国际展览公司通过政府授权管理汉诺威市100万平方米的展览馆，并以此为依托，开展展览经营。由此可知，汉诺威的展览业是高度集中的，除行业协会举办某些展览会之外，汉诺威国际展览公司负责该市所有的展览活动。

随着全球展览产业专业化、集团化趋势的加强，展览产业的市场集中度不断提高，大多数城市展览产业的组织结构朝"寡头主导，大中小共生"方向演进，城市展览产业的组织结构不断趋向于合理化、高级化。

2. 市场行为合理化

市场行为合理化是指展览企业逐步合理地进行价格竞争和非价格竞争、展览企业组织结构和规模经营日趋完善的过程。也就是说，展览企业不进行不正当竞争和过度竞争，如重复办展、骗展等，而是通过加强管理、提升品牌、提高服务质量等方法进行合理的适度竞争，以提高市场占有率，实现利润最大化；适当进行展览企业联合兼并，实行合理的多元化经营；合理扩大经营规模，实现规模经营，不谋求不合理、长期的垄断。

3. 市场绩效高度化

市场绩效高度化是指城市展览产业的市场绩效不断提高的过程，即城市展览产业的资源配置效率和规模结构效率不断提高、技术不断进步的过程。也就是说通过市场结构合理化和市场行为合理化，城市展览产业的资源配置效率不断提高，主要是在城市展览产业利润率不断提高的同时为社会提供更多的展览会，更好地满足参展商和专业观众的需求；使城市展览产业内达到合理规模的企业越来越多，规模结构日趋合理，整个产业的规模效率不断提高。

综上可知，城市展览产业组织合理化的内容主要体现为市场结构的合理化、展览企业市场行为的合理化和市场绩效的高度化。市场绩效的高度化是产业组织合理化的基本目标，市场结构的合理化、企业市场行为的合理化是市场绩效高度化的基本保证。仅靠市场机制的作用，难以实现组织的合理化，必须在有效发挥市场机制的作用的同时，实行合理产业规制和实施恰当的产业组织政策。

(三)城市展览产业的组织结构演进方向

综上所述，合理化的城市展览产业组织就是一种充分发挥规模经济效益并且兼顾竞争活力的产业组织结构。纵观世界展览发达国家或城市的展览产业组织结构，"寡头主导，大中小共生"是大多数城市展览产业组织结构的演进方向，因为其兼顾规模经济和适度竞争，实现了产业整体效率的提高。

1. "寡头主导，大中小共生"展览产业组织结构特点

"寡头主导，大中小共生"产业组织结构的主要特点是：第一，产业内既有大型企业，又有中小型企业；第二，某几个企业占有相当大的市场份额，对市场产生一定的影响，这些企业之间既相互依赖又相互竞争；第三，产业内还存在相当一部分中小型企业，它们占据较小的市场份额，却依然保持着较强的生存力；第四，大型企业和中小型企业之间有明确的细分市场和市场分工，它们之间有竞争有合作，能达成长期的均衡状态，也就是说产业组织结构在相当长的一段时间内保持稳定状态。

2. "寡头主导，大中小共生"展览产业组织结构合理性

"寡头主导，大中小共生"展览产业组织结构的本质在于扩大市场核心展览企

业的规模,提供市场的集中度,同时兼顾中小展览企业独特的优势。在这种产业组织结构下,资源配置出现两种方向的运动,第一是大部分资源趋向集中化,即要素越来越集中于专业化大型展览企业;第二是小部分资源趋向分散化,即要素向与大型企业有协作关系的小型企业扩散。通过这些变化,展览产业组织结构会呈现出享有规模经济的大型展览企业集团与建立在分工协作基础上的中小企业并存的局面,由此促进展览市场的有效运行,资源得到合理配置。

1)有助于实现规模经济

当展览企业规模扩大、举办的展览会规模扩大时,会引起企业平均固定成本下降;当展览企业规模扩大、举办的展览会数量增多时,企业平均固定成本较原有水平也会大幅度下降,实现规模经济。按照规模经济的要求组织生产,形成合理的产业组织结构是城市展览产业健康发展的重要内容。具有规模经济的展览产业组织结构是开展合理竞争、发挥竞争对资源的积极作用的重要条件。

2)有助于维持适当竞争

寡头展览企业控制70%的市场份额,有效提高市场集中度,并对整个行业产生一定的市场控制力,能有效抑制市场的恶性竞争和无序竞争。同时,在"寡头主导、大中小共生"的产业组织结构下,展览产业内部存在三种类型的竞争:一是大型寡头展览企业之间的竞争;二是中小型展览企业之间的竞争;三是展览业中两部分之间的竞争,也即大型寡头展览企业和中小展览企业之间的竞争。各种规模的展览企业从数量上看又不是唯一的,这能保证优胜劣汰的市场竞争原则,维持展览业市场的竞争力。

3)有助于节约交易成本

展览企业规模扩大带来的交易成本的节约,主要体现在两个方面:第一,展览企业内部交易代替了原先是企业之间的交易市场,询价费用、合同费用、监督费用、采购费用等都会随之降低,同时也使原有多元主体利益造成的机会主义的损害程度减少。第二,展览企业规模扩大必将促进展览会规模的扩展以符合相关产业发展规律,减少重复办展现象,展览会规模的扩张为买卖双方在支付固定费用的前提下,提供了更多的交易机会,通过展览会实现企业营销费用、调研费用、产品推广费用等大幅度减少。

4)有助于兼顾市场各种需求

第一,展览业受经济大环境和其他行业发展的影响较大。展览活动类型和规模随社会经济的发展、随展出对象产品生命周期的变化而呈现周期性变化,如在经济衰退或者出现不确定因素的情况下,展览活动规模变小,数量减少。第二,某些行业发展到一定阶段,产生对展览这种交易渠道的需要时,随着最初规模不断发展壮大,对展览活动规模的需求会不断增加。当行业步入稳定的成熟阶段时,专业展览会的规模也比较稳定。在行业收缩阶段,展览会的规模也逐渐减少。从这个意义上说,可以按照不同行业生命周期发展的不同阶段,按展览会规模大小进行分工,大型企业可以承办具体行业产品处于生命周期的成长后期阶段和成熟期阶段的展览会,而行业产品处于导入期或者衰退期的展览会可以由中小企业承办。

5)有助于充分利用当前资源

城市展览产业组织结构演进的同时,还须考虑城市原有资源的利用程度,也即存量资本的利用问题,尽量减少由于产业组织结构演进带来的各种社会成本和资源浪费的情况。一般来说,城市原有的展览场馆大多属于中小型规模,但随着城市展览业的发展,大多需要重新建造具有相当规模的大型展览中心。这样就会产生原来中小场馆的利用问题。采取"寡头主导、大中小共生"的产业组织结构在兼顾市场需求的同时,也能解决原有展览馆资源的利用问题。一些新兴或衰退行业的展览活动可以在原有展览场馆举办,充分利用原有资源。

6)有助于维持产业发展的完整性

一般来说,除自然垄断行业以及国家垄断行业之外,行业内企业规模无论怎样扩大,也不能覆盖整个市场,其他企业总是能通过细分和裂化市场、专业化分工而获得一定的市场份额。正是因为这样,即使形成大型展览企业主导市场的局面,它也不可能完全侵占整个展览市场。中小展览企业作为大型展览企业的市场补充,两者并存共同实现产业发展的完整性。

第二节 城市展览产业发展的组织运作模式分析

本书所指的城市展览产业发展的组织运作模式,是展览产业的微观主体——展览企业的运作模式。鉴于展览企业及其运作模式的复杂性,本书重点探讨两方面的内容:展览企业集团化的模式;展览场馆的投资运营管理模式。

一、展览企业的集团化模式

（一）展览企业集团化的现象分析

全球展览产业朝专业化、集团化方向发展。如前所述,"寡头主导,大中小共生"是大多数城市展览产业组织结构的演进方向。随着展览业的发展,展览企业集团化趋势越来越明显。截至2018年,年营业额超过1亿欧元的展览企业全球共有34家,其高度集中在欧美发达国家,其中英国和德国共拥有17家大型展览集团,占全部的一半(见表4.2)。

表 4.2　全球年营业额超过 1 亿欧元的展览企业

排名	展览企业	营业额/百万欧元		
		2018年	2017年	2016年
1	励展博览集团(英国)	1351.9	1264.0	1277.4
2	Informa Exhibitions(英富曼会展集团)(英国)	1318.9	631.1	358.3
3	法兰克福展览集团(德国)	718.1	669.1	647.0
4	GL Events(智奥会展)(法国)	477.0	481.9	452.6
5	MCH集团(瑞士)	463.9	421.8	410.0
6	慕尼黑国际博览集团(德国)	417.9	332.6	428.1
7	联合商业传媒(英国)	415.8	979.0	830.6
8	高美艾博展览集团(法国)	366.0	264.0	277.0
9	柏林展览有限公司(德国)	352.1	284.0	309.4
10	科隆国际展览集团(德国)	337.4	357.9	274.0
11	翡翠会展集团(美国)	332.6	285.2	305.9
12	纽伦堡展览集团(德国)	315.1	205.5	288.0
13	德国博览会集团(德国)	309.7	356.4	302.3
14	杜塞尔多夫展览集团(德国)	294.0	367.0	442.8
15	米兰展览集团(意大利)	247.2	271.3	221.0
16	PSPA Topco 有限公司(英国)	242.3	171.1	182.8
17	香港贸易发展局(中国香港)	240.0	254.1	237.6
18	巴塞罗那展览集团(西班牙)	210.0	187.6	165.0
19	ITE集团(英国)	197.2	173.2	155.8
20	NEC集团(英国)	184.6	182.9	170.2
21	东京国际展览中心(日本)	184.5	157.1	178.0
22	斯图加特展览公司(德国)	178.0	131.0	158.5
23	博洛尼亚展览集团(意大利)	170.8	126.0	132.4
24	巴黎展馆集团(法国)	167.0	146.0	165.0
25	意大利IEG展览集团(意大利)	159.7	130.7	124.8
26	马德里展览中心(西班牙)	157.1	160.1	114.9
27	阿姆斯特丹RAI展览集团(荷兰)	152.3	123.3	120.2
28	阿特西斯集团(瑞士)	139.2	126.6	131.0
29	马德里展览中心(西班牙)	138.5	118.1	105.6
30	上海新国际博览中心(中国)	134.8	127.5	121.1

排名	展览企业	营业额/百万欧元		
		2018年	2017年	2016年
31	DMG全球传媒（英国）	130.9	131.8	122.6
32	乌得勒支展览集团（荷兰）	124.4	115.7	111.1
33	塔苏斯展览集团（英国）	110.6	132.5	79.8
34	汉堡国际会展中心（德国）	104.3	72.8	110.9

数据来源：AUMA，Turnover of Trade Fair Organises Worldwide。

由表4.2可知，大型展览集团基本分布在欧美发达国家和地区，这也在一定程度上反映了其所在国家或城市展览业发展的水平。目前，大型展览集团已经在全球展览市场布局，实现跨国经营。以英国励展博览为例，2018年营业额将近13.52亿欧元，遥遥领先于其他展览公司。励展博览集团是专注于展览及会议的专业主办机构，在世界各地拥有4200多位员工，在43多个国家举办500多个展会项目，其展览及会议组合为跨美洲、欧洲、中东、亚太和非洲地区43个行业部门提供服务，2018年励展博览集团在大中华区主办的65余场展会吸引了115万余名观众，共有3万余家展商参与展示，其展位面积总计超过180万平方米。

励展博览集团独一无二的全球业务推广与销售网络覆盖65个国家，为展商的出口业务提供服务与支持。励展博览集团主要涵盖的行业有航天与航空、汽车、广播、建筑与施工、电子、能源、石油天然气、工程、制造、环境、餐饮与酒店、礼品、医疗保健、室内设计、信息技术与通信、珠宝、生命科学与制药、机械、医疗教育、印刷与视觉传达、房地产、安全、体育与娱乐、旅游等。

（二）展览企业集团化的动因分析

展览企业集团化的动因是多方面的，可分为内因和外因、经济动因和社会动因等。下面主要分析展览企业集团化的经济动因。

1. 规模经济性

经济效率的最主要源泉之一是规模经济性。因企业组织形态与企业行为和绩效有密切关系，对企业组织结构进行调整、实现规模经济效益，是企业集团化发展的动因之一。展览企业的业务特点之一是其市场空间跨度大，如：展览会的参展商和专业观众分布比较广泛，对展览企业的招展能力是个考验。因此，有些展览企业会在不同的地区寻求业务伙伴，协助他们招展、招商或进行展示设计等配套工作。通过实施企业集团化可以将不同地区的业务伙伴变为同一集团内部业务链上的一个个环节。企业集团化将原各企业间的纯市场关系变成了一种有管理的市场关系，使企业集团成员企业的许多交易活动都纳入"有管理、有秩序的内部市场"进行,这样就减少了交易的中间环节,节约市场交易费用,提高了经济效益。

2. 范围经济性

若一个企业进行多角化经营、拥有若干个独立的产品、市场,当若干个经营项目联合经营要比单独进行能获得更大的收益时,则该企业获得了范围经济。当组建展览企业集团后,能够同时进行展会组织、展馆租赁、展示工程、展览服务等,使得集团收益有可能大于单个企业的收益之和。展览企业集团的不同业务单元能够形成优势互补、资源共享,从而产生协同效应。如中展集团成立后,就形成了场馆经营、展会主办、展品运输、广告宣传、贸易咨询、后勤保障一条龙,为客户提供优质服务。

3. 速度经济性

所谓速度经济性,是指依靠加速交易过程而得到的流通成本的节约。展览企业集团组建,使得集团内部的生产和流通速度加快。比如,几个小规模展会通过整合,很明显能使展会的推出加速、规模加大,减少沟通、协调以及合同方面的麻烦,并为创建展会品牌打好基础。

4. 网络经济性

展览项目的经营运作,需要庞大的资源、信息、网络的支撑,而要做好每个项目,没有一个统一计划、灵活高度的全球性或区域性网络是很难实现的。展览企业集团尤其是跨国的集团,可以打破地域性限制,通过展会移植,把"触角"伸向全球市场。在当前展览市场竞争日趋激烈的情况下,只有通过集团化,发展外向型的企业集团,依靠集团优势,不断开发出具有国际竞争力的新项目、新产品、新服务,建立相当规模的信息和宣传、营销网络才可能在国际上角逐。

(三)展览企业集团化的模式分析

1. 资本模式

资本模式是组建展览企业集团的最主要方式。从目前大量的兼并收购以及战略重组活动可以看出,资本运作已经被公认为一种有效的方式。它的优势在于:第一,股权联结有力地促进企业产权主体的多元化,规范集团的经营活动,促使企业集团遵循市场规律,按经济规律办事;第二,有利于突破资本量对企业集团的扩张的限制,通过资本市场获得增量资产,即通过发行股票或转让股权吸引外部投资帮助企业集团发展;第三,产权市场扩张一定程度上能够减少政府行政干预。资本模式具体实现方法通常有以下几种方式:投资购买兼并式、授权持股经营式、资产划拨式、横向持股式、收益转换式、债权转换式、资产剥离式等。

2. 非资本模式

非资本模式是指几个展览企业通过协定、合同的手段使彼此结合在一起,达到优势互补、联合竞争的目的。但由于它是通过协定、合同对加盟企业进行相互约束的,所以其约束力较弱,其形式也不稳定。非资本模式又分为战略联盟和契约联结式两种方式。

战略联盟是指两个以上展览企业出于对达到市场的预期目标和自身总体经营目标的需要而采取的一种长期联合与合作的经营方式。其具体形式包括品牌联盟、联合体和战略伙伴关系等。

契约联结式包括特许经营、租赁经营、管理合同等主要形式。这种方式没有直接投资,突破了资本量的限制,有利于提高企业集团的扩张速度,同时减少了风险。而且,一般不涉及企业的产权问题。因此在进行跨地区、跨所有制或跨系统扩张时集团遇到的阻力较小。但是它需要企业集团在各方面具备一定的实力,如一套完整的管理体制、标准化服务程序、质量控制手段、有吸引力的品牌等。

二、展览场馆的投资经营管理模式

展览场馆在展览产业发展中担任着举足轻重的角色,其投资运营管理模式甚至可以决定城市展览业的整体发展。下面分别对城市展览场馆投资运营管理模式进行探讨。

(一)展览场馆的投资模式

1. 政府投资模式

一是政府全额出资。展馆公共产品的性质和色彩较多,政府不以展馆直接营利为目的,关注的是展览对当地经济的带动效应。在我国经济发展的现阶段,这种展览场馆较普遍,它对政府公共财政的压力较大,加上许多城市展览场馆建设缺乏充分的市场调研和准确的规模定位,规划的制定带有很大的盲目性,且投资者对展览场馆的基础性设施功能和投资回报期长认识不足。同时很多展览场馆作为城市标志性建筑来建设,设施外观豪华,营运成本较高,造成投资、土地资源的一定程度上的浪费。这种模式由政府下属机构经营,以维持盈亏平衡为经营目标,因此发展是有限的,各地政府应根据城市的规模和现实需要适当建设。

二是政府部分出资。由于大型展览中心建设一般投入的资金巨大,不可能完全按公共设施由各地从公共财政支出,但完全按照市场化原则由企业投入会使政府无法对其加以控制,因此部分政府采取的变动方式是场馆建设由政府立项,投入部分资金,同时在规划土地和其他政策上予以相应支持,空缺的资金通过引入其他投资主体共同建设解决,这样使大量投资并不全部压在政府身上,建成后的展馆归政府和出资人共同所有,并根据出资额获得相应的资产回报。其经营按照规范的商业运作方式,由资产所有者决定经营管理者人选。

2. 商业投资模式

场馆由商业机构投资,包括国资和外资、合资、民营投资,如上海新国际博览中心(SNIEC)由上海陆家嘴(集团)有限公司与德国汉诺威展览公司、杜塞尔多夫展览公司、慕尼黑展览有限公司联合投资建造。广州的保利世贸中心由国有企业(保利集团)与民营企业(锦汉展览公司)合作投资,锦汉会展中心、中洲展览中心、国际采购中心则是民营企业全额投资。这类会展中心进行商业运作,以盈利为目的。这种方式产权关系清晰、责权利明确,是完全按市场化方式运作的。

(二)展览场馆的运营模式

展览场馆运营分为纯场馆经营、场馆经营加自办展两种模式。

1. 纯场馆运营模式

纯场馆运营模式,即法律法规只允许场馆所有者经营场地出租及其相关业务,而不能从事自办展业务,这种模式符合公平化的竞争原则,但依靠场馆经营利润有限,难以偿还场馆的投入。

2. 场馆经营加自办展模式

场馆经营加自办展模式,即除场地出租及其相关业务外还能从事自办展业务,其利润来源主要是自办展,这种模式使场馆将好的档期排给自己,对其他展览组织者不公平。

(三)展览场馆的管理模式

展览场馆管理分为民有民营、民营公助、公有国营、公有托管、公有民营五种方式。

1. 民有民营

民有民营,即展览场馆由商业资本投资,并进行商业运作。展览中心主要经营收入来源于自办展,展览场馆为其自办展服务。如广州益武国际展览有限公司,拥有广州中洲国际商务展示中心,同时旗下有CACFair中国(广州)编织品、礼品及家居装饰品展览会、中国(广州)卫浴民用工业、中国茶叶博览会,其中CACFair工艺品展通过UFI认证。2016年,经过10年的展馆运营以及行业的积累,益武将自有展馆物业——中洲国际商务展示中心成功转型为一个时尚的茶主题购物中心的商业综合体。

2. 民营公助

展览场馆可以从民间和政府财政收入中获得相应的补助和津贴,为展览场馆减少部分经营风险,从而为其盈利创造条件。如新加坡展览场馆周边的酒店和餐馆必须拿出收入的10%补贴场馆。

3. 公有国营

政府直接委派下属机构经营管理,展览场馆经营公司的盈利与亏损都由政府承担,不注重市场开拓,目前我国大部分的政府投资的展览场馆都是这一模式。

4. 公有托管

政府并不直接经营和管理,而是委托一个专业委员会或专业管理公司从事管理和监督,这也被称为"委员会管理模式"。如德国的展览场馆大都是采用这一模式。

5. 公有民营

政府以公开招投标的方式选择民营企业对展览进行经营,目标根据需要来确定,这些目标可以是减亏目标,也可以是政府委托的其他公益展览活动目标。

(四)展览场馆的运作模式类型及特征

根据展览场馆投资、运营、管理方式的不同组合,展览场馆的运作模式大致有以下十种模式,其特征如表4.3所示。

表4.3　展览场馆的运作模式

模式编号	模式类型	模式特征	代表性国家或城市的展览场馆
模式一	民有民营纯场馆经营模式	为展览企业提供公平竞争的机会	法国私人展览场馆
模式二	民有民营场馆经营加自办展模式	为展览场馆提供了更多盈利或减少亏损的机会	德国私人展览场馆
模式三	民营公助纯场馆经营模式	为展览场馆降低部分经营风险,为盈利创造条件	新加坡展览场馆
模式四	民营公助场馆经营加自办展模式	为展览场馆降低部分经营风险,为盈利创造条件	
模式五	公有国营纯场馆经营模式	政府承担展览场馆的盈利或亏损	中国尚未改制的场馆企业
模式六	公有国营场馆经营加自办展模式	政府承担展览场馆的盈利或亏损	中国尚未改制的场馆企业
模式七	公有托管纯场馆经营模式	政府不直接经营与管理,委托专业委员会从事管理和监督,委员会对政府或议会负责	美国部分展览场馆
模式八	公有托管场馆经营加自办展模式	政府不直接经营与管理,委托专业委员会从事管理和监督,委员会对政府或议会负责	美国部分展览场馆
模式九	公有民营纯场馆经营模式	政府通过招投标方式,由民营企业经营场馆	
模式十	公有民营场馆经营加自办展模式	政府通过招投标方式,由民营企业经营场馆,并允许自办展	德国大多数公有展览场馆

从表4.3可以看出,展览场馆的运作模式种类比较多,由于国情及市场经济程度不同,各个国家和地区采取了不同的运作模式。由于展览场馆投资巨大,政府投资占了很大比重,但政府一般不参与展馆的经营与管理。

第三节 城市展览产业发展的组织运作模式经验研究

一、城市展览产业发展的组织运作模式经验分析

下面通过对国际展览中心城市汉诺威、巴黎、拉斯维加斯、新加坡和香港的展览产业发展的组织运作模式进行分析,以对城市展览产业发展的组织运作模式理论进行验证分析。

(一)汉诺威展览产业发展的组织运作模式:公有民营、场馆经营＋自办展

汉诺威展览中心是汉诺威市唯一的展览中心,由汉诺威展览公司经营与管理。汉诺威展览公司不仅可以从事经营场地出租及相关业务,而且还能从事自办展业务。因此,汉诺威展览场馆经营管理模式,就是典型的"公有民营＋场馆经营与自办展相结合"模式。德国其他城市的大型展览场馆经营管理也基本属于这种模式。

展览场馆既是主办者,也是展览场地的经营者。汉诺威展览公司负责协调和筹备在汉诺威举办的所有展事,如营造展场、出售展位、广告公关,等等。1997年,在汉诺威工业展举办五十周年之际,汉诺威展览公司的营业额创造了4.7亿马克(约20亿人民币)的历史最高纪录,成为首家营业额达到4亿马克的德国展览公司。2018年,汉诺威展览公司营业额达309.7百万欧元(约24.2亿人民币)。

(二)巴黎展览产业发展的组织运作模式:民有民营、纯场馆经营

巴黎有10个主要展览场馆,基本都属于私有性质。巴黎的展览运营与汉诺威不同,巴黎展览公司不拥有展览场馆,而展览场馆经营公司不组办展会,也不参与其经营。巴黎展览业界人士坚持这种做法,认为这样能够促进展览公司之间的公平竞争,也有利于展览场馆公司专心做好自己的场馆服务工作。随着展览业竞争加剧,巴黎展览业呈现出以下发展趋势:

第一,展览主办机构专业化发展趋势。在20世纪60年代,许多专业性展会是由行业协会主办的。随着展会之间竞争的激烈化,越来越多的行业协会把自己的展览会卖给了专业展览公司,或者和专业展览公司合资组成股份公司,行业协会只保留一定量的股份,把展会全部或部分交给展览公司经营。如闻名法国的法国国

际男装展(SEHM)原属于法国男装行业协会,由于经营不善出现巨额赤字,已将其全部股份卖给了一家专业展览公司。

第二,展览公司集团化发展趋势。市场对展会的要求愈来愈高,这就要求展览公司对资金、人力资源、国际网络等各方面有很大的投入。小型展览公司往往力不从心,被大型展览公司兼并收购,形成了展览公司集团化的趋势。2008年,法国展览行业的两大巨头巴黎工商会(CCIP)和尤尼百-洛当科集团(Unibail-Rodamco)将各自的展览业务按照场馆和组展两个板块进行融资重组。在场馆板块方面,两大集团把各自在巴黎地区所拥有的9个展览馆和会议中心整合在新品牌"巴黎展览馆集团"(VIPARIS)的旗下,其中包括著名的维勒班展览中心、凡尔赛门展览中心和巴黎会议中心。2018年这9个会展场馆的室内展览总面积已达68万平方米,每年平均联合举办330场展览、100多场演出、150场会议及620场商业活动,吸引1100万名游客,是目前全球最大的场馆集团。

在展览组织方面,巴黎工商会拥有高美司博展览集团(COMEXPO),尤尼百-洛当科集团拥有爱博展览集团(EXPOSIUM),合并后组成高美爱博展览集团(COMEXPOSIUM)。高美爱博目前拥有150个专业展和大众展,其中包括SIAL食品展、SIA农展、SIMA农牧业设备展、INTERMAT工程机械展、Equip Auto巴黎汽车工业展、SILMO眼镜展、巴黎国际博览会等世界著名展会品牌。重组后,展会每年将吸引4.8万家参展企业,接待410万名参观观众,成为全球最大的展览公司之一。由此,巴黎也由三大展览公司三分天下的局面进入法国励展集团(Reed Expositions France)与高美爱博展览集团分庭抗礼的局面。

在展览服务市场方面,占有最大份额的企业共有四家,分别为通用租赁集团(Générale Location)、美尔罗门集团(Melrom)、创造展览集团(Créatifs Exposition)和迪斯波集团(Dispose)。其中通用租赁集团和美尔罗门集团是两家规模较大的企业,分别拥有的资本也最为雄厚,每年的营业额在10700万至13700万欧元之间。

(三)拉斯维加斯展览产业发展的组织运作模式:公有托管、纯场馆经营

拉斯维加斯的大型展览场馆主要有四个,即拉斯维加斯会展中心(Las Vegas Convention Center)、卡什曼中心(Cashman Center)、金沙会展中心(Sands Expo & Convention Center)、曼德里海湾酒店的会展中心(Mandalay Bay Convention Center)。拉斯维加斯会展中心和卡什曼中心展览场馆主要由拉斯维加斯市政府投资,并委托给非营利组织拉斯维加斯会展及观光局(LVCVA)进行管理。这种管理模式往往比政府管理更有效。由于经营自主和收入独立,由一个非官方组织管理的展览场馆,可以更少地受政府采购和城市服务需求的限制。金沙会展中心、曼德里海湾酒店的会展中心以及拉斯维加斯城市其他展览场馆都属于私有公司所

有,并由其进行经营管理。在拉斯维加斯,无论是公有展馆还是私有展馆,只进行场馆经营管理,并不主办展览会。

与汉诺威、法兰克福、科隆、米兰等城市的展览业相比,拉斯维加斯展览业的独特魅力还在于其进行了业态创新,即在同一建筑空间中融展览、会议、餐饮、宾馆、娱乐、大卖场、旅游观光等不同的行业业态于一体,使之相互补充,相得益彰,从而减少了展览馆、厅的空置浪费,大大提高了展览业的综合效率和经济效益。与其相似的还有威尼斯大酒店、曼德里海湾酒店等。

(四)新加坡展览产业发展的组织运作模式:公有民营、场馆经营+自办展

新加坡展馆建设是非常独特的。新加坡政府在展览业上采取较宽松的政策,由企业按照市场需求自由发展。在新加坡的四个主要展览场馆中,除新加坡博览中心属于新加坡政府贸工部外,新达城展览中心、新樟宜展览中心和滨海湾金沙会议展览中心均为私营(见表4.4)。

新加坡博览中心的经营管理模式是公有民营加场馆经营与自办展相结合。1999年3月投入运营的新加坡博览中心是唯一属于新加坡政府而由私营企业公司新加坡国际会展集团博览中心有限公司负责管理及经营的会议展馆。该场馆虽然是新加坡政府所有,但是政府并没有给予经营公司任何资金上的扶持。新加坡博览中心采取多种经营的运营方式,除了场地出租,还自己主办展览会,并承办会议、考试、庆典、餐饮、宴会活动等。

表4.4　新加坡展览场馆设施一览

展览场馆	室内展览面积/平方米	竣工或扩、改建完成年份
新加坡博览中心	101624	2005年
新达城展览中心	27700	1995年
新樟宜展览中心	40000	2007年
滨海湾金沙会展中心	120000	2010年

资料来源:笔者根据相关资料整理,数据截至2016年3月。

新加坡政府在对展览场馆的补贴问题上创造了一种全新的社会补贴机制,即制定相应的法律法规,明确规定展览场馆周边的酒店和餐馆必须拿出收入的10%补贴展览场馆。这一做法不仅体现了公平性原则,还具有更高的效率意识。因为展览场馆拿了周边酒店和餐馆的补贴,就会产生一定的经营压力,就会想方设法举办更多更好的展览会,从而为这些酒店和餐馆带来更多的收益,酒店和餐馆的收益多了,展览场馆的收益自然也就多了,这样就形成了一个良性的循环。

（五）香港展览产业发展的组织运作模式：公有民营、纯场馆经营

香港展览场馆投资模式主要分为政府投资兴建、政府与私营合建两种。目前，香港主要有两大展览场馆，即香港会议展览中心和香港亚洲国际博览馆。香港会议展览中心由香港政府和香港贸易发展局拥有，并由其创建的全资附属机构——香港会议展览中心（管理）有限公司管理。亚洲国际博览馆是一项公营及私营合作联办的发展项目，由香港特区政府与包括香港宝嘉建筑有限公司及中国工商银行（亚洲）有限公司在内的私人财团共同投资，用地则由香港机场管理局提供。

香港展览场馆经营模式是纯场馆经营。香港特区政府对办展企业和举办的展会从不实行审批管理，除了规定展览场馆经营企业不能办展也不能承担展位搭建装饰工程外，其他单位均可办展，按行业规范进行市场竞争。展会是否被接纳举行，完全由展馆经营者根据展会的性质优先次序与办展公司按市场规则商定，一视同仁，平等对待，实行公平竞争，即使是展馆产权所有者的香港贸发局办展也不例外。在香港举办展览手续十分简单，不但无须报批，而且税务、展品出入境手续非常快捷。

香港会议展览中心与香港亚洲国际博览馆在经营方式上都是采取综合运营方式。展览场馆不但举办展览，还举办会议、体育和各类文娱活动。香港每年举办的大型展览约90个，不能满足展馆运营需要。但香港每年举办的大型会议200个以上，再加上大型的演唱会等，香港的展览场馆利用率相当高。

二、城市展览产业发展的组织运作模式经验总结

（一）展览场馆投资呈现出多元化特点

在展览场馆的投资模式方面，由于展览场馆投资大，投资周期长，私人资本一般不愿承担如此大额投资风险，所以，大型展览场馆一般由政府投资兴建。但各个国家及城市表现又有所差异。德国各展览城市是城市政府参与大量投资并控股；意大利是多元化、股份制方式，市政府出资但不控股；美国的展览场馆中约有三分之一是私人投资；日本政府则是几乎承担建设展览场馆的大部分投资。但是，无论是哪样投资方式和控股比例，政府都要对展览场馆的功能进行科学的定位和实事求是的可行性分析，以求获得最佳的投入产出比和性能价格比。

国际展览中心城市的展览场馆，在展览业形成期，多为政府投资兴建，但到展览业发展到成长期、成熟期后，随着展览业强劲势头，往往吸引大量私人资本、外资、合资等投资展览场馆。1959年，拉斯维加斯会展中心由拉斯维加斯政府投资兴建，后面的拉斯维加斯再建的大型展览场馆全部都有私人资本投资。新加坡的展览场馆也是如此，现在除新加坡博览中心外，其他展馆全为私人投资。德国展览

场馆主要由政府投资建设的传统模式也开始出现了转变。如,科隆和斯图加特两个展览中心在展馆改扩建过程中就采取了向基金会融资的新模式。香港的展览场馆在展览业发展初期完全由政府投资,如1988年运营的香港会议展览中心。而2005年运营的香港亚洲国际博览馆就由政府和私营公司投资。

(二)展览场馆经营模式呈现多样化特点

国际展览中心城市的大型展览场馆经营模式各异,呈现出多样化的特点。汉诺威展览中心是"场馆经营＋自办展＋管理输出"多元化经营;巴黎的展览场馆经营呈现专业化、集团化趋势,巴黎地区所拥有的9个展览馆和会议中心整合成巴黎展览馆集团,只从事展馆经营业务;拉斯维加斯和新加坡的展览场馆经营呈现多业态综合特点,展览场馆的经营项目不但举办展览会,还举办大型会议、宴会、集会、庆典活动等;香港的两个主要展览场馆也是综合运营,除展览外,还经营会议和文化体育活动等。展览场馆经营业态的多样化,提高了展览场馆的利用率,保证了展览场馆的正常收益率,从而也激发了更多的私营资本进入展览场馆业。

(三)展览场馆的扩改建是一个长期的过程

国际展览中心城市,由于展览业发展势头良好,对于展览面积的需求不断增长,因此,不断地扩建或翻建几乎是所有展览中心城市所面临的问题。但展览场馆扩建或翻建方面,所有的城市都比较慎重,改扩建所用的周期也比较长。如杜塞尔多夫展览中心,利用39(1971—2010年)时间扩建的幅度达2.5倍;法兰克福展览中心扩建持续时间为90年(1911—2001年);斯图加特展览中心扩建持续时间为39年(1950—1989年);香港会议展览中心,1988年11月正式启用,于1997年和2009年又完成了两次扩建,扩建持续时间超过20年。一方面,这说明了展览场馆建造面积的大小,主要受市场需求的影响,并不是说一开始建造大型展览场馆,城市展览业就能发展好;另一方面,也说明了城市建造主要展览场馆要预留一定的发展空间,为将来改扩建做准备。这样既避免了城市一开始就建造大型展馆而利用率低的现象,又避免了展览产业发展起来后,展览场馆空间不够的现象。因此,城市展览场馆的规划要充分考虑改扩建模式。

(四)展览场馆的经营管理的创新模式增多

随着城市展览产业的成熟,单个展览会的展览面积越来越大,动辄几十万平方米。而展览场馆的展览面积的增加缺乏灵活性,即使改扩建至少也需要3~4年时间。这就造成了展览场馆展览面积不够用的情况。如果进一步扩建的话,并不是所有的展会面积都能达到展馆最大展览面积,有可能造成扩建后展览场馆利用率不足的情况。这就需要展览场馆企业和展览平台企业在经营模式上创新。拉斯维加斯和香港在这方面进行了尝试,实行了"一展两地"创新模式。香港两大主要展览场馆,香港会议展览中心展览面积为66000平方米,香港亚洲国际博览馆展览面积为70000平方米,这两个展馆都不能单独举办面积超过10万平方米的大型展会。2009年,香港珠宝首饰展览会,首次尝试同时在这两个展览场馆成功举办,使其跃升为全球最大的珠宝展,2009年至2014年,该展览会的参展商及买家人数分别增长21%及51%。拉斯维加斯也是如此,最近三届美国国际消费类电子产品展览会均在两个展场进行,分别是拉斯维加斯会议中心(LVCC,含希尔顿展馆)和金沙会展中心(Sands Expo)。

◀· 第四节　本章小结 ·▶

本章主要从产业组织的视角对城市展览产业发展模式进行了研究。首先,分析了城市展览产业发展的组织运作模式的内涵;然后,对城市展览产业组织合理化进行了分析,并在此基础上,分别对城市展览企业集团化的模式和展览场馆投资经营管理模式进行了详细探讨;最后,探讨了国际展览中心城市的展览产业发展的组织运作模式经验。本章的主要研究结论有:

1. 城市展览产业组织合理化集中体现在两个方面,即规模经济和有效竞争。城市展览产业组织合理化的内容包括市场结构合理化、市场行为合理化、市场绩效高度化。产业组织合理化是产业的市场结构合理、企业的市场行为合理、市场绩效不断提高的过程。

2. 展览产业规模经济是引导城市展览产业进行规模扩张的内在动因。同时,展览产业规模扩张也是产业间竞争发展的必然产物。城市展览产业规模经济可以从展览会规模经济及展览企业规模经济两方面反映出来。

3. 展览会的规模经济有以下几个衡量标准:参展商的数量与市场地位;专业观众数量及其结构;同一时期同一地点无重复办展。展览企业的规模经济主要体现在:企业通过定期举办多个展览会实现企业规模经济;企业通过合并同类展览会,扩大单个展览会规模,实现规模经济。

4. 城市展览业的市场竞争自由程度必须控制在一定的范围之内。城市展览业的市场集中度应该以展会的规模大小来核算,而不是以展会的数量多寡来核算。

5. 合理化的城市展览产业组织结构具有以下特质:兼顾规模经济、适度竞争,实现有效竞争;提高展览产业的整体效率。

6. "寡头主导,大中小共生"是大多数城市展览产业组织结构的演进方向,因为其有助于实现规模经济、维持适当竞争、节约交易成本、兼顾市场各种需求、充分利用当前资源、维持产业发展的完整性。

7. 展览企业有集团化发展的趋势,其经济动因有:规模经济性、范围经济性、速度经济性和网络经济性。展览企业集团化的模式分为资本模式和非资本模式。

8. 展览场馆的投资模式可分为:政府投资模式和商业投资模式;展览场馆的运营模式可分为:纯场馆运营模式、场馆经营加自办展模式;展览场馆的管理模式可分为:民有民营、民营公助、公有国营、公有托管和公有民营。

9. 国际展览中心城市的展览产业的组织运作模式中可供借鉴的经验有:展览企业集团化特点;展览场馆投资多元化特点;展览场馆经营模式多样化特点;展览场馆的扩改建是一个长期的过程;展览场馆的经营管理的创新模式增多。

第五章

城市展览产业发展的空间布局模式研究

本章主要从空间布局角度对城市展览产业发展模式进行研究。首先,分析了城市展览产业发展的空间布局内涵;然后,从三个不同角度分别对城市展览产业发展的空间布局进行分析,即宏观角度——不同城市之间的展览产业布局、中观角度——城市空间内的展览产业布局、微观角度——城市空间内的不同展览场馆之间的空间布局;最后,探讨了国际展览中心城市的展览产业发展的空间布局模式经验。本章主要研究框架如图5.1所示。

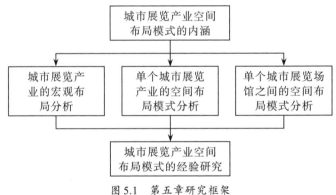

图5.1 第五章研究框架

◀ **第一节 城市展览产业发展的空间布局内涵** ▶

一、城市展览产业空间布局的概念

城市展览产业布局是指展览产业在城市空间上的分布与组合。具体来说,城市展览产业布局是指展览企业组织、展览场馆、展览活动等在城市空间上的集中与分散情况。城市展览产业空间布局模式是指展览产业在城市空间上的分布与组合方式。城市展览产业的合理布局,有利于合理利用资源,有利于发挥城市的优势,有利于展览产业的发展。

城市展览产业的业态特征决定了城市展览业的空间布局特点。展览基础设施、展览活动、展览企业到展览产业实际上是相辅相成的几个方面(见图5.2)。现代城市展览产业的发展过程中,一定是有了展览活动的载体——展览场馆之后才有可能开展各项展览活动,有了展览活动的开展才出现了相关企业的聚集,有了大批企业集聚,才有可能促进规模经济的实现,从而推动整个行业和产业的发展、调整、再发展,而后又会促进展览设施的进一步完善,如此循环最终实现空间布局的不断优化和提升。纵观国际展览中心城市,以及目前迅速崛起的展览城市,发展展览设施、展览活动和展览产业是不可偏废的方面。

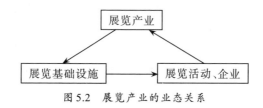

图5.2　展览产业的业态关系

城市展览产业布局除了与展览场馆、展览企业的分布有关外,还与相关产业的配套设施的分布密切相关,比如酒店、餐饮、娱乐、购物等。这三类企业或设施的空间分布组成了城市展览产业布局,即在相对集中的城市空间范围内,聚集大量的第三产业服务机构,如金融、商业、贸易、信息及中介服务机构,拥有大型的展览场馆、酒店、餐饮、娱乐、商务、办公、公寓等配套设施,具备完善的城市交通与通信条件,以及相应的公共服务设施,营造了开展各类展览活动的空间环境。

二、城市展览产业布局的"圈层结构"特征

城市展览产业布局主要由"三级圈层"所组成:一级圈层,即核心圈层,是展览场馆建筑群,其原点是在展览场馆举办的各类展览活动;二级圈层,即分布于核心圈外、为展览活动举办和场馆经营管理提供专业配套服务的机构,如展览物流公司、会务公司、广告公司、印刷、设计等,以及海关、税务、工商、检疫、卫生等政府监管部门;三级圈层,多为相关产业的配套设施,如酒店、办公、商业购物、娱乐、餐饮、公寓、写字楼、法律、会计、审计、金融,以及部分高档住宅,如图5.3所示。

在城市展览产业的实际空间布局中,圈层结构中"二级圈层"的展览企业及相关专业配套服务机构对空间的要求不如"一级圈层"及"三级圈层"那么明显。大部分展览企业及相关专业服务机构没有明显集聚的特征,因此,对城市展览产业布局圈层进一步简化,分为内部圈层(展览场馆群落)及外部圈层(相关产业的配套设施等),如图5.4所示。

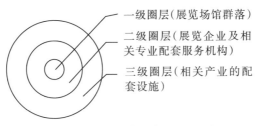

图 5.3　城市展览产业布局圈层结构

图 5.4　城市展览产业布局圈层简化结构

　　城市展览产业布局圈层结构具有以下几个特点。第一,具有专业化的特色产业区特点。城市展览产业圈层结构布局实际上是一个专业化的特色产业区,即能够集聚大量相关企业的特色产业区域。由于信息化和全球化,专业化的产业区显得更加重要。第二,具有产业集群特点。城市展览产业圈层结构内通过集聚展览产业企业,形成与上中下游产业链的前项、后项关联的各类企业群,能够通过持续不断的展览产业生产活动提供有特色的产品和服务。第三,具有现代服务产业新区的功能,社会化服务较强、中介机构发达、人际关系信任度较高,具备一种新城区或类似CBD的、功能强大的、稳定的持续的创新环境。

三、展览场馆与相关配套设施布局的表现形式

　　如上所述,城市展览产业布局在空间上主要由内部圈层和外部圈层组成。根据内部圈层(展览场馆群落)和外部圈层(相关配套设施)的空间分布特点,城市展览产业布局的具体表现形式有三种:集中式布局、散点式布局及混合式布局。

1. 集中式布局

　　集中式布局是指内部圈层(展览场馆群落)与外部圈层(相关配套设施)紧密相连,即展览场馆与主要配套设施的分布基本上集中连片布置,围绕展览场馆聚集。在地理区位上,以展览场馆为中心,配套设施形成集中形态。集中式布局的特点是主要配套设施围绕展览场馆建设,展览场馆是区域内发展的主要动力及中心,这种模式下的配套设施布局紧凑,要求展览场馆周边有宽敞的用地条件,有足够的空间范围。

　　集中式布局的优点有:①有利于形成展览业发展系统。配套设施紧密围绕展

览场馆分布,以展览场馆为发展中心,形成发展系统。②有利于充分利用城市的基础设施。这种模式下,可以节约城市资源,充分共享市政设施,相关配套设施建设成本低。③有利于参展商及观众参与展览活动。集中布置配套设施使参展商及观众能方便快捷地享受各种服务。人员的出行距离缩短,有利于节约时间,培养周边商业氛围,人员之间的交往需求也容易得到满足。

集中式布局的缺点有:①不利于城市道路交通的组织。集中式布局使人流、物流活动密度增加,给交通疏导带来困难,增加城市交通负荷量。②不利于展览场馆的扩建。展览场馆需要预留发展用地,以保证场馆的建设、扩展、规模扩大,集中式布局使周边用地被配套设施占据,展览场馆的扩建难以实现。③不利于管理。集中式布局使各种配套设施之间的功能分区不明显,相互错杂,容易造成混乱,增加管理难度。

集中式布局的适用对象:集中式布局适用于城市新区(城)展览产业空间布局,原因在于:①城市新区(城)受城市中心的影响少,配套设施的布局不需要套用市中心的模式,并能借助城市新区发展的良好势头,集中布局配套设施。②城市新区(城)配套设施发展空间大,所需要的配套设施少,主要的配套设施可以集中分布在展览场馆的周边,因此可以采取集中式布局。③位于城市新区(城)的展览场馆在新区开发过程中被列为首批开发的对象,可以得到优先发展,其在新区建设发展中能起到带动作用,因此,配套设施的建设往往集中围绕展览场馆布局。④城市新区(城)是城市格局的发展和延伸,新区(城)发展过程中往往提高了展览场馆的知名度,因此,在知名度的指引下,配套设施会把展览场馆作为发展建设的中心。

2. 散点式布局

散点式布局是指展览场馆的配套设施散点状布置于展览场馆周边的适当位置上,这种布局形式分区不明显。散点式布局的特点是展览场馆周边的配套设施以单体或组体的形式,散点状分布在展览场馆的适当位置上,与配套设施各自的微观区位选址有关,展览场馆不是该区域主要的发展动力以及中心,其布局不具备规律性。

散点式布局的优点有:①有利于配套设施的服务半径的扩大。配套设施分散布置,可以服务的人群增多,不仅服务于展览场馆,同时也可以满足周边居民或商务人士的需要。②有利于缓解展览场馆周边土地利用的紧张趋势。配套设施分散布置,不需要集中在展览场馆周边临近地块进行配套设施布局。③有利于展览场馆灵活发展。配套设施分散布置,可以在展览场馆周边布置其他城市资源,增加土地利用容量。

散点式布局的缺点有:①不利于城市资源的共享,分开建设导致成本增加。散点式布局使配套设施的空间布局凌乱,没有规律可循,造成城市建设成本增加。②不利于参展商与观众参与展览活动。散点式布局促使人员的流动量增大,出行距离增大,城市交通量增大。③不利于展览场馆周边的展览市场的培育。散点式布局造成展览场馆产业集聚影响力降低,展览市场培育难度加大,不利于短时期内实现展览市场的扩大。

散点式布局的适用对象:散点式布局适用于城市中心展览产业空间布局。原因在于:①城市中心建设的展览场馆由于其周边没有可供扩展的用地,因此限制了配套设施集中分布,只能采取散点式布局。②这种模式下的展览场馆不是所在区域的单一动力、发展的核心,城市中心存在有其他的吸引力和核心,配套设施不是单纯为展览场馆服务。③城市中心交通拥挤,配套设施散点式分布可以缓解城市交通压力,保持展览场馆周边的交通通畅。④展览场馆周边人流汇聚,人员之间对配套设施的选择是不相同的,配套设施的选择幅度大,再加上城市中心的交通发达,可以随时往返于城市中心的各个角落,这也决定了配套设施不需要集中布置。⑤城市中心已经建立了比较完善的市政设施,展览场馆可以借助已有的设施,所需要新建的配套设施较少,可以不再集中于场馆周边布置配套设施。

3. 混合式布局

混合式布局是指集中与分散两种兼有的布局,展览场馆既有相对集中的配套设施,又有分散布置的配套设施。混合式布局的特点是展览场馆周边的配套设施的布局没有规律性,它可以采取集中的形式,分布在展览场馆的某一地块,或者散点状分布在展览场馆的适当位置;展览场馆可以是该区域发展的主要动力,也可以是发展的次动力。

混合式布局的优点有:①有利于高效利用土地。混合式布局兼具集中式和散点式两种特点,可以吸取两者的长处,不拘泥于某一种形式,形成既有集中又有分散的布局形态,充分发挥周边土地的功效。②有利于培育稳定的市场环境,营造浓郁的市场氛围。展览场馆周边展览市场的培育需要有稳定的经营者,但同时也需要有足够的拓展空间,混合式布局实现了一张一弛的发展格局,保证市场氛围的形成。③有利于配套设施可持续发展。配套设施服务半径增大,既可以服务于展览场馆,又可以为城市其他行业和居民服务,增加了服务人群,提供了发展空间。

混合式布局的缺点有:①不利于发挥集群优势。混合式布局的目标定位不明确,难以针对不同的目标市场制定不同的营销手段,也不易形成营销网络,集群优势得不到发挥。②不利于建立稳定的消费群体。配套设施分散且不定时变化,给消费群体带来错觉,心理上形成不稳定因素。③不利于周边的建设和管理。由于配套设施布局缺乏规律性,难以从整体上对配套设施进行把握,导致管理难度加大。

混合式布局的适用对象:混合式布局适用于市区边缘及郊区的展览产业空间布局。原因在于:①城市边缘和城市郊区都是城市中心的拓展和延伸,这两种模式下的展览场馆不是区域唯一的发展动力,它的发展受到城市的影响很大,采取混合式布局,可以汲取两者的优势,发挥最大潜力。②城市边缘和城市郊区用地虽然宽松,但是借助城市已建的市政设施,不需要再多建设配套设施,对配套设施需求较少。采取混合式布局,可以在需要的地方集中布置会展配套设施,而其他地方则可以采取散点式布局。③城市边缘和城市郊区离市中心的远近条件适中,对消费群体来说,可以选择的范围扩大,可以使用就近集中布置的配套设施,也可以享受散点式分布的设施。④城市边缘和城市郊区的人口规模相对城市中心的人口规模较小,人口分布不具备规律性,采用混合式布局,可以方便人群,同时可以充分发挥配套设施的功能。

第二节　城市展览产业发展的空间布局模式分析

下面分别从宏观、中观、微观角度对城市展览产业发展的空间布局进行分析,即一个国家或区域内的城市展览产业布局、单个城市的展览产业空间布局、城市不同展览场馆之间的空间布局。本书重点对单个城市的展览产业空间布局模式进行分析。

一、城市展览产业的宏观布局分析

城市展览产业的宏观布局,是指在一定的地域空间内,不同城市展览产业的分布与组合,即不同级别的展览城市如何合理布局。下面对城市展览产业布局的宏观区位选择、城市展览产业宏观布局的特征以及城市展览产业宏观布局的依据进行分析。

(一)城市展览产业布局的宏观区位选择

从展览业发达国家或地区的城市展览产业宏观布局来看,城市展览业的宏观区位选择具有以下几个共同特点。

1. 区域经济基础好、城市等级高

雄厚的经济基础是展览业得以发展的最基本的条件之一。展览业与城市的产业支撑和消费能力密切相关。一般来说,如果展览业所依托的区域经济发展比较快、经济实力雄厚、市场贸易环境良好,展览业的运行也较好,展览业的综合效益则相对较高。反之,则会走向衰落。美国的会展名城拉斯维加斯、芝加哥,德国的科隆、慕尼黑,意大利的米兰等无一不是国家或者区域的经济中心城市。可以看到展览业具有较强的区域首位城市指向性,城市等级越高,规模越大,产业优势越明显,对展览场馆的新型生产要素的孵化能力就越强,展览业的市场竞争力就越强。

区域中心城市占据着优良的信息和知识区位,符合展览作为信息经济和知识

经济载体的需要。展览业为物质流、技术流、信息流等迅速聚集与疏散提供了广阔的运转空间。城市等级对展览业外向性、交流性等经济特性的发挥具有决定性的影响力。城市等级越高,展览业越发达,其融通、汇集信息流、资金流、技术流和商品流的功能就越强,在国际分工体系中,竞争力就越大。沿海或者开放度高的城市便于创造一个开放型经济发展环境,对展览业融入全球化展览经济发展潮流、开拓国际市场、吸引国际资本具有至关重要的影响。

2. 腹地支撑、产业支持强大

展览业的发展必须有来自参展商和观众的需求。展览首先是一个交易的平台,把买方和卖方汇聚一堂。国外展览业发达城市无一不具有强大的消费能力和广阔的市场腹地。香港展览业的兴起也是建立在珠江三角洲这个"世界工厂"和整个中国的庞大市场上的。米兰国际时装展就是应意大利高档服装产业的需求产生的。正是有了强大的产业需求支撑、广袤的市场腹地,才使得这些城市的展览业持续增长。

展览业本身的发展与完善需要建筑、物流、通信、交通、宾馆、旅游、餐饮、零售、广告、装潢、设计、金融、保险、市政等产业和部门的支持,同时展览业也会对这些产业或部门产生强劲的辐射和拉动作用。产业之间的相互作用与相互制约已远远超过展览活动本身,而波及整个城市社会和经济领域。

3. 集中设点、分散布局

从一国或一地区城市展览业的整体布局上看,展览业发达国家和地区呈现"集中"与"分散"合理并存的特点。

所谓"集中",一是指展览业主要集中在几个大城市,以便集中力量培育国际展览中心城市。如北美的展览活动主要集中在奥兰多、拉斯维加斯、多伦多、芝加哥等16个城市。这16个城市每年举办的展览会,约占美国和加拿大举办展览会总数的50%。二是指各展览城市的场馆规模较大,便于统一规划、集中布展。德国拥有10个室内展览面积10万平方米以上的展览场馆,展览总面积高达878万平方米,且集中在少数几个城市。其中,汉诺威的巨型场馆就拥有展览面积49.5万平方米。正因为如此,许多国际性的品牌展览会都选择落户德国。

所谓"分散",即指几乎所有展览业发达国家都制定了科学的展览业发展规划,表现在场馆上便是突出重点、分级开发,以确保本国展览业具有持续发展的潜力。例如,目前意大利的大型国际展览会主要在米兰、博洛尼亚、巴里和维罗纳4个城市举办,这些城市都是著名的旅游城市,但相隔一定距离且各自的品牌展览也不同,展览活动各具特色。再如德国的柏林和法兰克福属于商业型展览城市,主要定位在大型或超大型的会议展览项目上。斯图加特是一个山水城市,环境优美、景色宜人,侧重于开发会议市场。各城市在会展内容、特点等选择上各有特色,错位发展。

(二)城市展览产业宏观布局的特征

1. 多层次、多节点的空间格局

正如本书在第三章中所分析的,展览产业的发展需要一定的基础与条件,并不是所有城市都有机会成为展览城市的。在国家或区域展览产业发展中,城市越早认清区域展览业的竞争格局,明确自身在国家或区域展览业整体发展中的定位,也就能够越好地规避风险,增强展览能力,提高城市经济效率。

在国际或区域范围内,各个城市的城市等级不同,城市功能各异,其展览业的发展定位和发展潜力也不尽相同。根据其规模、实力和展会性质的不同,国家或区域内的展览城市可以分为综合性首位展览城市、综合性区域展览中心城市、区域展览节点城市和特色展览城市等几种类型。以长三角城市展览业为例,上海是综合性首位展览城市,杭州、南京是综合性区域展览中心城市,宁波、苏州是区域展览节点城市,义乌、温州、无锡等是特色展览城市。不同层次的展览城市根据自身的特色或优势,走有自己特色的展览之路。

2. 各具特色、相互补充的功能布局

一个国家或区域内的城市展览产业定位上要相互错开,在内容上各有特色,在功能上相互补充。这样既可以增强展览业的实力又能避免同质化的恶性竞争。以珠三角城市展览业为例,珠三角地区已经有广交会、深圳高交会、东莞国际电脑资讯产品博览会、顺德国际家电博览会和佛山建筑装饰陶瓷国际博览会等二三十个著名展会。这些展会在时间上相互衔接,在内容上相互补充,使得参展商具有了规模效应,节约了时间和费用,并且能够优先利用展会的辐射优势,把区域整体经济发展向前推进。

与现代化经济中其他产业的专业化生产相类似,随着产品服务的细分,展览业发展要求更加专业化,这是未来展览发展的趋势所在。一个国际或区域内的城市在长期的社会经济发展过程中根据本区域经济基础,已具备各具特色的产业及名牌优势,这些城市在发展展览业中就应充分发挥自己的优势,发展专业性的展会,创造品牌展会。

(三)城市展览产业宏观布局的依据

判断一个国家或区域的城市展览产业宏观布局是否合理,主要是看各展览城市的定位是否与其城市功能的"能性""能级""能位"相适配。从"能性"角度考虑,一般来说,具有经济中心的城市才适合发展展览业,具体包括工业生产中心、商品流通中心、交通运输中心、金融中心、科学技术中心等。从"能级"角度考虑,城市的能级越高,发展展览业的优势越明显,在区域展览产业布局中优势越大。从"能位"角度考虑,有助于把握区域城市展览业体系形成的客观规律,建立合理的区域城市展览场馆布局,形成一个既具有专门化分工协作,又具有综合性功能的展览经济带或城市群。

一个国家或区域的城市展览产业布局可以从以下三个方面着手:第一,从宏观角度上看,应该成立全国性或区域性的城市展览业管理机构,制定全国性或区域性的城市展览业发展规划。在规划中,不同"能性"的城市,展览业发展要优势互补;不同"能级"的城市,展览业发展要层次有序;不同"能位"的城市,展览业发展要合理布局。从中观角度上看,各个城市应理性制定展览业发展战略。城市展览业发展战略要充分考虑自身展览业发展阶段以及城市功能所处的历史演变阶段,并针对自身城市功能的"能性""能级""能位"特征,进行合理的定位。从微观角度上看,展览企业要从实际出发,依照该城市功能及其产业结构的特点,恰如其分地组织一些具有本城市特色的展会活动,打造特色展会品牌。

二、单个城市展览产业的空间布局模式分析

对于单个城市来说,大型展览场馆的布局是城市展览产业布局的核心,下面对大型展览场馆在城市空间布局中的制约因素以及其在城市空间中的布局模式进行分析。

(一)大型展览场馆在城市空间中布局的制约因素

布局制约因素是指制约展览场馆布局的各种外部环境。大型展览场馆布局决定着城市展览业发展的区位导向和产业布局。城市大型展览场馆空间布局的制约因素主要包括规划因素、交通因素、经济因素、自然条件和基础设施因素等。

1. 规划方面的因素

城市总体规划布局决定着城市大型展览场馆布局的位置、规模,良好的城市大型展览场馆布局是对城市总体布局的优化和补充。对城市总体规划的解读,是展览中心选址规划的第一步。城市总体规划一般设定了城市将来十至二十年的结构、规模与发展方向,没有巨大的特殊外力是不会轻易改变的。因此,大型展览场馆的选址必须与城市总体规划相协调,在总体规划的指导下进行选址。

城市规划对大型展览场馆空间布局的制约因素具体表现在城市发展方向、规划用地性质、区位条件、布局均衡性、发展空间等方面。大型展览场馆的建立,对城市总体规划的实施和空间发展战略的落实起到积极的引导和推进作用。大型展览场馆的布局应该与总体规划的城市发展方向一致,与城市规划用地性质相符。大型展览场馆选址应在区位条件良好的地块,并预留足够的土地储备,以满足自身建设以及今后发展的需要。

2. 交通方面的因素

交通是制约大型展览场馆布局的一个重要因素。交通便捷,尤其是发达的公

共交通系统,可以使大量的人流物流在一个相对集中的时间和空间内迅速疏散,避免了在召开大型展会期间造成交通拥堵的情况。这就要求在展览场馆布局的时候,必须充分考虑交通的因素,选择那些交通便利的地方。

交通条件对大型展览场馆空间布局制约因素具体表现在:①展览场馆与市中心的距离。在周边路网及车流量相近的条件下,离市中心越近,可达性越好,同时通过公交出行成为可能。②轨道交通站点,以及大型换乘中心布置。展览场馆短时人流量大,需通过轨道交通帮助疏散。③周边车流量。展览场馆自身产生的车流量很大,如果周边车流量也很大,将会给疏散造成巨大困难。在市中心布局尤其要考虑这一点。④周边道路状况。大型展览场馆应靠近城市主干路、快速路布置,同时周边路网应发达,这样才便于疏散。

3. 经济方面的因素

经济方面对大型展览场馆布局的制约因素主要有:①地价。大型展览场馆占地面积较大,建设布局的土地价格,在建设成本中占有较大比重。②拆迁成本。拆迁成本在大型展览场馆建设成本中占的比例越来越大。③对地区经济的带动性。大型展览场馆的建设,能带动周边相关产业的发展,促进地区经济发展。④场馆利用率。大型展览场馆平时维护成本较高,这要求在空闲时间中,其可吸引更多市民来使用。布局时要求不能离市中心太远。

4. 自然条件和基础设施因素

自然条件和基础设施对大型展览场馆布局的制约因素具体包括:①地质、地形状况。展览场馆大多属于大型公建设施,有大量的人流量,所建位置要求地质条件好,地势平坦,远离地质灾害。②基础性设施。布局时应要求煤电气等设施供应条件良好。

(二)大型展览场馆在城市空间中的布局模式

由于建设年代及所处城市发展不同,各大型展览场馆在城市空间中的布局模式也有很大的差异,主要有城市街区型、城市边缘型、城市郊区型和城市新区(城)型四种(如图5.5所示)。

1. 城市街区型

城市建成区,特别是市中心,是城市商业活动、社会活动、文化活动集聚的地带,强调多种功能的混合,是城市中人流、物流的汇集中心。在城市建成区内建设展览场馆的有利因素有:①可以充分利用各种服务设施和市中心的吸引力,建成后是对所在区域职能的完善和补充,建筑多为大型展览建筑综合体类型。②借助建成区已形成的商贸活动氛围、建成区所吸引的人流,达到宣传的最佳效果。③借助建成区已有的市政设施(如给水、排水、通信等)、交通设施(如公共交通、轨道交通等),减少基础设施的投入。在建成区内建设展览场馆的不利因素:受到已有城市

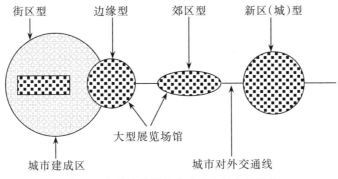
图 5.5 大型展览场馆在城市空间中的区位

建设的限制,难以形成较大规模的集群,建设时如果要拆迁,则会促使投资额大大增加。因其周边已处于建成状态,可供展览场馆扩展用地近乎没有了,发展受到周围环境的制约太大,难以拓展,较难形成功能齐全的现代化展览场馆。

以德国展览城市为例。处于城市建成区的展览场馆以法兰克福、科隆和斯图加特展览中心为代表。它们多拥有较长的建馆历史,所处位置基本就在城市中心附近不超过3公里的地方。其周边已处于建成状态,可供展览中心扩展用地近乎没有了。其中地处欧洲交通枢纽和金融中心的法兰克福展览中心更具典型性。它有建于1909年的世界最大的穹隆式建筑,有建于1989年达265.5米的当时欧洲最高建筑,有已成为城市地标的博览会大厦。从展览中心步行仅10分钟可达市中心的火车站。建于1924年的科隆展览中心则与著名的科隆大教堂隔河相望,与繁华的市中心相距不过1公里。

根据展览场馆所依附的区域类型又可以分为以下两种情况:①依附于已经形成的(副)CBD(中心商务区)。这种类型展览场馆应充分利用其地理位置上的优越性,举办一些级别和知名度比较高的展览会,以吸引更多人的眼球。如上海东亚展览馆,地处上海市徐汇区人气极旺的黄金商业地段,城市公交和轨道交通网络密集,便利的交通吸引了大量的展会在此落户。②老城区建筑改造。老城区内由大型优秀建筑改造而成的展览场馆,比较适合举办一些与人们的日常生活相关的产品展览会,利用老城区内人气旺盛,给参展商创造更多机会。如美国加利福尼亚州的圣何塞(San Jose)会展中心,位于Guadalupe河畔市中心旧区内,占地5.5公顷,总建筑面积10.2万平方米,其中展览部分1.53万平方米。它还包括会议中心、图书馆、艺术中心、酒店等。上海展览中心及上海农业展览馆也属于此种类型。

2. 城市边缘型

市区边缘地带是一个城市中心的过渡地带,它连接着城市中心和郊区、城市新区,这一地带避开了热闹拥挤的市中心,用地较为宽松。在市区边缘建设展览场馆的有利因素有:①可以充分借助城市中心的影响力,在展览场馆的周围已经形成一定的建设规模,其基础设施建设相对完善,可以较快促进会展场馆的发展。②在市区边缘一般有城市环线或城市干线(公路或轨道交通)可以方便地到达城市其他地区,展览场馆可以充分利用其有利的区位优势,发挥其城市腹地与城市郊区的纽带作用。③市区边缘一般有相对宽敞的扩展用地,展览场馆的发展可以不受用地限制,随着场馆的发展进程来扩展用地。④由于市中心地价高,而市区边缘相较而言地价低,不少城市商务办公区、金融区、商业区等都移至城市边缘,一般把发展中心设在城市边缘的环线附近,使展览场馆更有利于培育自己的市场,促进会展场馆的发展。

以德国展览城市为例,处于市区边缘的展览场馆以杜塞尔多夫、柏林展览中心为代表。它们的历史相对较短,多建于20世纪70年代前后,一般处于市区边缘,距市中心5公里左右,既有便利的公共交通系统,又有相对宽敞的扩展用地。通过47年的运营,这些展览中心也在不断扩建改建。目前它们的扩建能力也近乎到达极限。以杜塞尔多夫展览中心为例,它的展览面积已经从最初1971年的11.3万平方米扩充到2018年的29.2万平方米,其中室内展览面积24.9万平方米,室外展览面积4.3万平方米,现有场地已经接近饱和。

国内城市在市区边缘建设的展览场馆,依据所依附区域类型又可分为两种情况:①依附于经济开发区。一般来说,大多数城市经济开发区位于市区边缘附近。依附于经济开发区、经济技术开发区的展览场馆应充分发挥产业支撑的优势,举办与产业园区、经济开发区的主要行业相关的展览,吸引更多的投资商。实践表明一个地区具有优势的行业能够带动行业展览会的发展,产业园区的持续发展也必将催生出档次更高的展览会。如上海长宁区虹桥开发区、上海世贸商城与上海国际展览中心就位于此开发区内。②新建场馆。大型会展中心一般用地规模比较大,在市中心找地比较困难,成本也高。而在郊区选址,一方面交通便利,一方面为今后的发展留出空间。一般来讲,企业规模发展到一定程度之后,就趋向于选择一个环境比较好的地区,从而使自己的利润最大化,所以才出现这种大型会展中心的离心倾向。在城市边缘地带建造的场馆,规模都比较大,适合于举办一些大型的专业化程度高的展览会。由于面对的是专业人员,所以不会影响观众的人数。例如,上海市结合城市发展的需要,确定了以浦东花木为重点的展览业的发展规划,1999年由中德合资建造了上海新国际博览中心,并于2001年正式开业。

3. 城市郊区型

城市郊区是城市机体构成中不可缺少的部分,城市机能的运作,除了市区所提供的空间与设施外,还需要有郊区在环境、土地等方面提供支持,城市市区与郊区具有双向互补和互为依存的关系,它们是城市建设综合体系的重要组成部分。

城市郊区建设大型展览场馆的有利因素有:①由于城市郊区用地宽敞,可以为城市公共设施、基础设施提供分布空间,城市中的一些设施,比如市政、交通、能源等,其中有的不适宜在市区设置,可以在郊区得到适宜的布置场所,而在这种模式下的会展场馆,可以充分利用这些设施建设发展。②城市郊区是城市中心与经济腹地联系的通道,这里区位条件优越,交通便捷。郊区与市区利用快速干道或高效的轨道交通连接,依赖便捷的大型公共交通带来大量人流、货流以提升郊区的经济地位。城市郊区的场馆环境,不仅交通便捷且经济氛围良好。③郊区地价相对便宜,结合郊区开发的展览场馆可以根据经济发展需要建设分期,并留有充分的拓展区和发展用地,建设用地广阔。④郊区能够提供良好的生态环境,郊区作为城市的绿色开敞空间,是久居城市的居民向往的旅游去处。城市郊区的展览场馆,可以充分利用郊区的良好的生态环境,发挥郊区良好的生态效应,吸引客源。⑤郊区具有森林、水面、山丘等优越的自然条件,可以开辟成为市民的游览休息场所,或作为休养、疗养的基地,在这种情况下,展览场馆客源市场大而稳定,有良好的市场发展前景。

以德国展览城市为例,地处城市郊区的展览场馆以慕尼黑、莱比锡展览中心为代表。它们均为近年来迁新址建成的,处于城市的远郊,距市中心10公里左右,靠近高速公路或快速道路。这类展览中心多是因原有市中心老馆发展受限制而异地重建的,它们往往是改造利用一些衰落的产业用地。比如慕尼黑展览中心利用了旧的机场,而莱比锡展览中心则利用了废弃的工业垃圾堆场。选择城市郊区一方面能为场馆发展储备充足的建设用地,同时也带动了城市新区的发展。

福建厦门的国际会展中心就处于厦门市的郊区经济开发区内。美国芝加哥McCormick展览中心位于芝加哥郊区,紧邻高速公路并跨越铁路线,新旧馆分布于两侧,由人行天桥相连。

4. 城市新区(城)型

城市新区或新城(卫星城)是在大城市郊区或其他以外附近地区,为分散中心城市的人口和工业而新建或扩建的具有相对独立性的城镇。它是一个经济上、社会上、文化上具有现代城市性质的独立城市单位,但同时又是从属于某个大城市的派生物。城市新区或新城能满足城市规模扩张和人口增长需要,优先选址建设新区能对郊区土地进行开发经营,形成具有特色的城市功能区,进而带动旧城改造,促进整个城市发展。

城市新区(城)建设大型展览场馆的有利因素有:①展览场馆建设和发展受城市的影响较少,展览场馆可以借助新区(城)宽敞的用地条件,利用其先进的服务设施和新规划的合理格局,并在新区的良好发展势头的影响下得到较快发展。②有助于新区(城)的发展。展览场馆的建设往往是新区(城)开发的动力,其在新区(城)建设中起到带头作用。③新区(城)展览场馆借助所处城市优越的地理区位,举办大型的会议展览活动来提高新区的知名度,促进新区的开发,从而提高会展场馆的知名度,并有助于城市格局的发展和延伸。④新区(城)展览场馆作为经济开发区的启动项目,使整个区域的商务活动量、物流量大大增加,从而带动周边其他产业的发展,并有助于在短期内创造开发区新形象,以增强地区的吸引力。

德国慕尼黑的新建博览中心选址于城市东郊的新城 Messestadt Riem 区内,1998年开放,展厅面积14万平方米,室外展场28万平方米,2018年展厅面积已达20万平方米,室外展场面积达41.4万平方米,配备了完善的会议、办公、住宿等设施;交通与城市高速路结合,充分利用城市地铁、铁路系统,展馆出入口与车站出入口直接相连,十分便利。另外,英国国家展览中心位于伯明翰市外的完全独立位置。

广州琶洲国际会展中心,即广州国际会议展览中心,位于广州珠江南岸的琶洲岛地块,是相对独立的广州副城市中心区。1998年,该展览中心选址琶洲岛,其由A、B、C三个展馆及配套设施组成,目前展馆总建筑面积达110万平方米,其中室内展厅总面积33.8万平方米,室外展场面积4.36万平方米,总展位数55885个,总展览面积112.5万平方米。其目前是室内展览面积"亚洲第二,世界第五"的会展中心,面积仅次于上海国家会展中心、法兰克福国际展览中心、汉诺威展览中心、米兰新国际展览中心。

(三)大型展览场馆在城市空间中的布局变动趋势

1. 展览场馆在城市空间布局中的区位比较

不同类型的展览中心要求有不同的配套设施、不同的区位。应根据城市经济发展的现状和目标,选择合适的展览中心类型、规模以及区位,而不是盲目地确定,这将给城市发展的进程带来阻碍,使之无法达到预期目标,造成资源浪费(见表5.1)。

表5.1 大型展览场馆在城市空间的区位比较

类型	城市用地	对交通的要求	对服务设施的要求	合适的展览中心模式
街区型	占地小、容积率大	城市级快速干道	配套设施要求多,有一定的商贸、办公环境	展览建筑综合体
边缘型	占地较大	城市级快速干道、城市环线	配套设施要求较少	展览建筑综合体、展览城
郊区型	占地大	区域级快速干道、大公共交通系统	配套设施要求少,自身带有辅助设施	展览城
新区(城)型	占地大	区域级快速干道、大公共交通系统	配套设施要求少,自身带有辅助设施	展览城

室内展厅规模的大小与到市中心的距离成反比,即距市中心越近,展厅的规模

越受限制,但设施档次相对较高,并强调多功能以适应环境的高密度,故以大型展览建筑综合体为合适;而距市中心越远,展厅规模可以越大,展览的核心功能地位更加突出,设施也更专业化,以"展览城"模式为佳。

2. 多个展览场馆在城市空间布局分析

如果一个城市拥有多个展览场馆,往往是"大中小、远中近"的展览场馆布局。展览场馆在城市空间中的布局与城市展览产业的发展阶段有密切的关系。在城市展览业的培育与形成期阶段,展览场馆多分布在城市建成区,借助建成区便利的交通条件和健全的配套产业,会形成展览经济聚集的向心力,从而产生集聚效应,有利于展览业的生产与发展。当城市展览业规模发展到一定程度之后,原有的展览场馆往往不能满足展览业发展的需要。由于建造时间较长,展览在不同程度上存在单体规模小、硬件设施陈旧落后以及没有建造和扩建空间等弊端,无法承担大型展会,此时需要建造新的大型展览场馆。由于只有城市边缘区和城市郊区才能满足大型展览场馆的用地需要,所以,新的展览场馆多分布在城市边缘区或郊区。随着城市展览产业的发展,在城市建成区利用原有小型展馆举办中小规模的展览会;在城区边缘区建设中型展馆,在城市郊区或城市新区(城)建立大型展馆。这样城市展览产业就会形成"大中小、远中近"的展览场馆布局。

3. 展览场馆在城市空间中区位变动趋势

(1)大型展览场馆逐渐由城市中心向边缘地区扩展

自20世纪八九十年代起,世界各大城市纷纷新建、改造和异地重建现代化的会展中心,这些中心的特点是规模宏大、设备齐全,功能多样化。新建的会展中心建筑面积一般都超过100万平方米,展览面积超过20万平方米。为此许多大城市在市中心用地拥塞的状况下,往往在城市近郊甚至远郊发展新的会展中心,并且场馆的建造往往与改造利用城郊一些衰落产业用地或废弃用地结合,如慕尼黑会展中心利用旧机场等。

(2)展览场馆由单体建造规划向与城市总体规划相结合发展

由于展览业所处的系统是一个规模庞大和关系复杂的巨型系统,它所牵涉的经济社会面极广,产业结构十分复杂,展览场所原来仅需以单体建造考虑的规划逐渐发展到需要与整个城市总体规划相结合。规划大型展览中心实际上是在当地具有发展展览业的良好条件下,布局一个城市化的建设群体,即如何布局人流、车流、物流和信息流的聚集和辐散,把展厅、会议中心、管理用房、接待区、表演区、停车楼等多种功能不同的建筑合理地组合在一起,因此其布局现状是一个综合系统决策的结果。

(3)展览场馆与拓展区的规划相结合

展览场馆拓展区是对展览场馆发展的延伸、补充。利用拓展区的次核心带动功能,辅助展览中心的发展,带动周围地区的发展。将拓展区的发展与展览场馆的发展结合起来,形成展览场馆与拓展区的联合区域,推动城市经济建设,创造城市景观,为市民提供活动场所,同时也促进展览场馆本身的发展。

三、城市展览场馆之间的空间布局模式分析

一个城市往往不止拥有一个展览场馆。城市的多个展览场馆间的空间布局关系,对城市展览产业的发展也有重要的影响。由于城市展览业空间布局基本上是以大型展览场馆为中心的产业集聚,所以从城市大型展览场馆的数量及区位分布上,可以大致分为:单中心产业集聚布局、双中心产业集聚布局、多中心产业集聚布局三种模式。

(一)单中心产业集聚布局模式

单中心产业集聚布局模式,即城市大型展览场馆集中在一个区域,展览平台企业、专业展览服务企业及相关配套设施也相当集中在此区域。这一布局模式像一个相对独立的"展览城"。例如,"世界展览之都"汉诺威,只有一个大型展览中心,但拥有49.5万平方米的展览面积,俨然是个小城市的规模。展览中心距市中心虽然仅6千米,但却自成一体、相对独立。采用这一布局模式的城市大致分为两类:一类是展览业历史悠久,并且调控方式为政府主导型的城市,比如德国大部分展览城市都属于这种模式;另一类是新兴的展览城市,如美国奥兰多市。

(二)双中心产业集聚布局模式

双中心产业集聚布局模式,即城市大型展览场馆集中在城市的两个区域,各类展览企业及其相关配套设施在这两个区域相对集聚。香港的大型展览场馆主要有两个,即香港会展中心和亚洲国际博览馆。香港会展中心扩建后展览面积达8.3万平方米,亚洲国际博览馆可租用面积为7万平方米。

(三)多中心产业集聚布局模式

多中心产业集聚布局模式,即城市大型展览场馆分散于城市多个互不相连的区域内,各类展览企业及相关配套设施分别围绕各大型展览场馆集聚。上海的大型展览场馆有上海国家会展中心、上海新国际博览中心、上海光大会展中心、上海汽车会展中心、上海展览中心、上海世贸商城、上海国际展览中心、浦东展览馆、上海世博展览馆、上海广播电视会展中心等,其中上海国家会展中心总建筑面积147万平方米,地上建筑面积127万平方米,是目前世界上面积最大的建筑单体和会展综合体。这些展馆在空间上比较分散,形成多中心产业集聚布局。

第三节　城市展览产业发展的空间布局模式经验研究

一、城市展览产业发展的空间布局模式经验分析

下面通过对国际展览中心城市汉诺威、巴黎、拉斯维加斯、新加坡和香港展览产业空间布局模式的分析,对城市展览产业空间布局模式理论进行验证分析。

(一)汉诺威展览产业空间布局模式:单中心集聚布局"展览城"

汉诺威展览产业空间布局模式是典型的单中心集聚布局——"展览城"模式。汉诺威展览中心是世界上最大的展览中心,位于下萨克森州首府汉诺威市的东南角,离主城区约20千米,并修有专用铁路线与之对接,若干条主要干道以及高速公路环绕四周,并在展览中心周围以集中和分散相结合的方式配有大量室外停车场,以缓解和疏导交通过于集中的压力。尽管其展出面积为世界最大,但其功能和运行都是十分顺畅的。

汉诺威展览中心拥有49.6万平方米室内展场面积,5.8万平方米室外展场面积,有27个大展厅,35个多功能厅,可容纳大约26000个参展商,230万名观众。大厅之间是草坪以及会议中心等,以保证轻松而富有成效的工作氛围。汉诺威展览中心成为名副其实的展览"百货公司",陈列和出售各种最新、最专业的"商品",如各种展览商品、展览信息、展览评估、展览策划,等等。在汉诺威,展览会场提供全方位服务,包括银行、邮局、海关、航空、翻译、日用品、商店、餐馆,整个服务体系使之成为一座城中城。这些先进的管理方法和管理理念也成为汉诺威展览业发展不可或缺的保证。

(二)巴黎展览产业空间布局模式:多中心集聚布局

巴黎展览产业空间布局属于典型的多中心集聚布局。巴黎主要有12个展览场馆(见表5.2),其中展示面积超过20万平方米的展馆有巴黎凡尔赛门展览馆和巴黎北郊维勒班展览中心,其他多为小型展馆。

表5.2　大巴黎地区主要展览场馆

展馆名称	展示面积/平方米	展馆名称	展示面积/平方米
巴黎北郊维勒班展览中心	242082	拉维莱特展览馆	18555
巴黎凡尔赛门展览馆	219759	巴黎百花园展览馆	11250
勒布尔歇展览馆	79602	巴黎尚贝里展览馆	8857
巴黎会议宫	19460	巴黎罗浮宫展览馆	7125

续表

展馆名称	展示面积/平方米	展馆名称	展示面积/平方米
拉德芳斯国家工业与技术中心	17931	巴黎科学与工业城	4370
巴黎会议中心	51000	巴黎大皇宫	17770

资料来源:根据www.parisregion-tradeshows.com网站资料整理。

巴黎的多个主要展览场馆空间布局比较分散,除拉维莱特展馆、巴黎科学与工业城展馆相距较近外,其他各场馆之间距离较远。

巴黎的展览场馆布局比较符合城市展览产业布局的一般规律,即"大中小,远中近"布局。大型场馆基本分布在城市郊区或市区边缘,如巴黎北郊的维勒班展览中心、布尔热展览馆;小型的展览馆分布在市区内,如罗浮宫展览馆、尚贝里展览馆。

巴黎的展览场馆在空间分布上虽然比较分散,但巴黎的各展览场馆之间关系比较紧密。经过多次兼并重组,巴黎北郊维勒班展览中心、凡尔赛门展览中心和巴黎会议中心等九个展览馆和会议中心,全部纳入"巴黎展览馆集团"(VIPARIS)旗下。2009年这九个会展场馆的室内展览总面积57.5万平方米,室外展览总面积42.6万平方米,是全球最大的场馆集团之一。"巴黎展览馆集团"宣布,将在10年内再扩建13.5万平方米的室内展馆,而主要扩建巴黎北郊的维勒班展览中心,使其展览面积逐步由目前的24万平方米增加到35万平方米。2018年其室内面积已达68万平方米。

(三)拉斯维加斯展览产业的空间布局模式:多中心集聚布局

拉斯维加斯展览业的空间布局属于多中心集聚布局。拉斯维加斯主要展览场馆有拉斯维加斯会展中心、金沙会展中心、卡什曼中心、曼德里海湾酒店会展中心,其大部分分布在酒店里,且距离较远。最大的专业展馆——拉斯维加斯会展中心,位于拉斯维加斯山谷的中心地带。会展中心可在步行距离内提供1.8万间客房,在3英里①范围内提供7.7万间客房。会展中心距离市中心和拉斯维加斯大道仅3英里。市中心和拉斯维加斯大道的酒店可以提供9000多间客房供参加展会的参展商和观众住宿。会展中心距离麦卡伦国际机场和拉斯维加斯商业区也仅仅是10分钟的路程。

(四)新加坡展览产业的空间布局模式:多中心集聚布局

新加坡展览产业空间布局属于多中心集聚布局。新加坡主要有五个展览场

---

①1英里约为1.609千米。

馆：新加坡博览中心、新樟宜展览中心、莱福士城会议中心、新达城展览中心、滨海湾金沙会展中心。除了新达城展览中心和滨海湾金沙会展中心距离较近外，其他三个展览场馆分布都较为分散，在空间上并没有集聚分布。

（五）香港展览产业发展的空间布局模式：多中心产业集聚布局模式

香港展览业的空间布局是以位于主要商业区的香港会议展览中心、毗邻香港国际机场的亚洲国际博览馆和位于九龙湾的国际展贸中心为中心的多中心产业集聚布局模式。香港展览场馆与其相关配套设施布局集中。香港会议展览中心坐落于香港商厦林立、繁忙的商贸中心地带，其临海位置可俯瞰维多利亚港。香港会议展览中心毗邻两座五星级酒店，同区内还有接近6000间酒店客房。香港亚洲国际博览馆毗邻香港国际机场并坐拥完善的海陆空运输网络，交通四通八达。同时，亚洲国际博览馆还毗邻众多世界级娱乐及休闲景点，如香港迪士尼乐园、香港国际机场翔天廊、天坛大佛、昂坪360缆车及航天城高尔夫球场等，在与博览馆30分钟车程范围内，共有30000间酒店客房。

二、城市展览产业发展的空间布局模式经验总结

（一）城市展览产业空间布局多呈现"多中心集聚布局"

从以上五个国际展览中心城市的展览产业空间布局模式来看，汉诺威展览业是单中心"展览城"布局模式，巴黎、拉斯维加斯、新加坡和香港展览业为多中心集聚布局模式。在展览产业空间布局上，各个城市往往表现出很大的差别，其主要原因有以下几方面：第一，各城市空间结构差异较大；第二，各城市展览业发展时间及阶段不同；第三，各城市的展览产业地位不同；第四，各城市的展览产业规划不同。不同城市展览产业空间布局模式各有优缺点，各城市要根据自己的城市特点来进行布局优化。

（二）新建现代会展中心多位于交通便利的城市边缘区

从国际展览中心城市新建现代展览场馆来看，基本形成了处于城市边缘、靠近主要交通干线的选址模式。如新加坡的新樟宜展览中心、香港的亚洲博览馆等场馆，都位于城市边缘区的机场附近。由于现代会展中心动辄拥有超过10万平方米的展览场馆，同时还需要大量的室外展场、停车场、货物堆场及发展预留用地和配套设施等，加之需要通畅的人流、物流流线，会展中心往往需要规模庞大的用地和便利的交通条件。通过多年来的发展，基本形成了位于交通便利的城市边缘区的选址模式。这种模式也基本适用于所有的城市会展中心，但由于建设年代及所处城市发展的不同，各会展中心的具体情况也有很大的差异。

(三)展览场馆布局多与其周边配套设施布局相融合

从国际展览中心城市的大型展览场馆布局来看,其多与周边相关配套设施布局相融合。拉斯维加斯会展中心距离市中心和拉斯维加斯大道仅3英里,可以提供9000多间客房供参加参展商和观众住宿;香港会议展览中心坐落于香港商厦林立、繁忙的商贸中心地带,毗邻两座五星级酒店,以及区内其他6000间酒店客房;香港亚洲博览馆30分钟车程范围内,共有30000间酒店客房。

第四节　本章小结

本章主要从空间布局角度对城市展览产业发展模式进行研究。首先,分析了城市展览产业空间布局模式的基本原理;然后,从三个不同角度分别对城市展览产业发展的空间布局进行分析,即宏观角度——不同城市之间的展览产业布局、中观角度——城市空间内的展览产业布局、微观角度——城市空间内不同展览场馆之间的空间布局;最后,探讨了国际展览中心城市的展览产业发展的空间布局模式经验。本章研究主要结论如下。

1. 城市展览业的宏观区位选择具有以下几个共同特点:区域经济基础好、城市等级高;腹地支撑、产业支持强大;集中设点、分散布局。城市展览产业宏观布局的特征:多层次、多节点的空间格局;各具特色、相互补充的功能布局。判断一个国家或区域的城市展览产业宏观布局是否合理,主要是看各展览城市的定位是否与其城市功能的"能性""能级""能位"相适配。

2. 城市展览产业布局在空间上主要由内部圈层和外部圈层组成。根据内部圈层(展览场馆群落)和外部圈层(相关配套设施)的空间分布特点,城市展览产业布局的具体表现形式有三种:集中式布局、散点式布局及混合式布局。

3. 城市展览产业布局圈层结构具有以下几个特点:第一,具有专业化的特色产业区特点;第二,具有产业集群特点;第三,具有现代服务产业新区的功能。

4. 大型展览场馆布局决定着城市展览业发展的区位导向和产业布局。城市大型展览场馆空间布局的制约因素主要包括规划因素、交通因素、经济因素、自然条件和基础设施因素等。大型展览场馆在城市空间中的布局模式有四种类型,即城市街区型、城市边缘型、城市郊区型和城市新区(城)型。

5. 展览场馆在城市空间中的布局与城市展览产业的发展阶段有密切的关系。随着城市展览业的发展,大型展览场馆逐渐由城市中心向边缘地区扩展。最终往往形成"大中小、远中近"的展览场馆布局。

6. 城市展览业的空间布局基本上是以大型展览场馆为中心的产业集聚,根据城市大型展览场馆的数量及区位,可以大致分为单中心产业集聚布局、双中心产业集聚布局、多中心产业集聚布局三种模式。

7. 国际展览中心城市的展览产业空间布局模式的经验借鉴:城市展览产业空间布局多呈现"多中心集聚布局";新建现代会展中心多位于交通便利的城市边缘区;展览场馆布局多与其周边配套设施布局相融合。

第六章
Chapter 6

城市展览产业发展的管理模式研究

本章从产业管理与调控的视角对城市展览产业发展模式进行了研究。首先，分析了城市展览产业管理模式的内涵；然后，对城市展览产业发展的管理模式类型及其适用条件进行了详细探讨；最后，探讨了国际展览中心城市的展览产业发展的管理模式经验。本章研究框架如图6.1所示。

图6.1 第六章研究框架

第一节 城市展览产业发展的管理模式内涵

城市展览产业的管理是为了促进展览业的健康发展，其前提是管理者和被管理者及展览业中各经济主体明确的定位。在城市展览产业发展中，不同主体的管理与调控作用的大小不同，由此形成了不同的城市展览产业管理模式。城市展览产业管理模式的内涵主要涉及政府、市场、行业协会三个调控主体在展览产业发展中所起的作用的问题。

一、政府与市场在城市展览业管理调控中的作用

城市展览产业不可能自动地或者完全靠市场机制作用自发地实现结构优化、比例协调、布局合理、组织完善、发展健康，政府必须进行适当的管理和调控。政府对展览产业适当管理和调控的关键，是处理好政府与市场的关系问题。

　　政府与市场的关系问题一直是经济学和政治学研究的核心命题。关于二者关系的认识大致经历了自由市场—市场失灵—政府干预—政府失灵—互补整合的演变过程。政府与市场之间应是一种协作关系,应该相互补充而不是相互替代。政府应支持而不是抵制市场的作用,应该在那些市场机制失灵或不能很好地起作用的领域做更多的工作,而在那些市场可以发挥作用的领域,就不应该进行过多的干预或介入。衡量政府干预是否有益,主要看这种干预能否与市场互补。

　　政府与市场作为两种制度安排在现实中都是不完善的。"选择越倾向于市场,其体制就会面临更多导致市场缺陷的危险;选择越倾向于非市场,其体制就会面临更多导致非市场缺陷的危险。"① 因此,在构建城市展览产业管理模式时,必须考察每一个阶段在不完善的政府和不完善的市场之间,怎样去构建一种有效的协调机制,去寻求政府与市场的结合。

二、行业协会在城市展览业管理调控中的作用

　　行业协会是依法建立的、自发的、自律的民间非营利组织,其突出特征是民间性、自律性、中介性、服务性,其存在的目的是为企业、政府和行业服务。从经济学的视角来看,行业协会存在的合理性主要体现在集体利益的维护与交易成本的节省。制度经济学认为,市场主体进行交易的成本降低也有赖于有组织的利益团体之活动。"市场上的交易行为并不一定依照外在规则的正式官方程序,有时是基于内在规则的民间行为。"② 但是"这种自发形成的双边或多边信誉约束机制还需要借助某种正式的组织,如独立的第三方(批发商或其他市场中介)以及企业自愿组成的工商协会"③。

　　展览业协会通过对展览业进行管理,既维护了展览业利益又协助政府实施了宏观管理,从而成为市场经济下的展览业管理主体之一。它通过自律机制做大量的基础性管理服务工作,在接受政府部门行业管理要求进行自律管理的同时,又把企业的要求反馈给政府,因而在政府和企业之间起到了桥梁和纽带的作用。

第二节　城市展览产业发展的管理模式分析

　　政府、行业协会在整个城市展览产业发展中扮演着功能不同但互补的重要角色。由于不同国家、不同城市展览产业起步时间不同、经济状况不同、国情市情不

---

①查尔斯·沃尔夫,1994.市场或政府:权衡两种不完善的选择[M].北京:中国发展出版社:149。
②(德)柯武刚,史漫飞,2000.制度经济学[M].北京:商务印书馆:125。
③余晖,2002.行业协会及其在中国的发展:理论与案例[M].北京:经济管理出版社:11。

同,其产业管理与调控方式也存在一些差别。

一、城市展览产业发展的管理模式类型分析

根据政府、行业协会等主体的管理与调控的力度大小,可以将展览产业的管理模式分为:政府主导型、市场主导型、协会主导型、政府市场结合型四种。

(一)政府主导型

所谓政府主导型展览业发展模式,即在展览产业发展过程中,政府扮演着重要角色,它以其特有的调节调控管理方式,推动展览业的发展。这种模式强调政府背景下的企业化运作以及对市场强有力的宏观调控能力,具有代表性的国家或城市有德国、新加坡和韩国等。

政府主导型展览产业发展模式,因不同国家或地区的产业调节调控方式不同,也可细分为以下几种类型:

第一,德国式的政府主导型展览业发展模式是一种桥梁式经营管理模式。在这种模式中,具有浓厚政府背景的行业协会被赋予极高的权力。协会统筹管理全国的展览资源和展览项目的审批,依托完整的数据库和决策信息系统,垂直管理德国展览企业(见图6.2)。

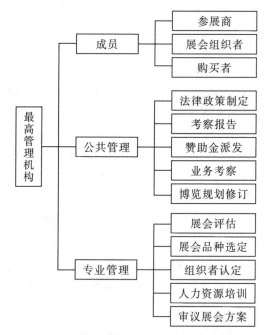

图6.2　德国展览协会组织及业务流程

第二,新加坡式政府主导型展览业发展模式是一种政府推动型模式,即国家以

极为优厚的政策和强大的政府营销行为,整合展览资源并优化,为企业寻求最大利益,从而间接提升国家的国际竞争力。

第三,韩国式政府主导型模式可以看作是政策倾斜型展览模式,具体表现为以经济落后地区的中心城市为龙头(非全国范围),以经济不发达地区的中心城市的优势产业为依托,政府投资、大力发展当地展览经济,提升不发达地区中心城市的经济地位,带动区域经济的全面发展,缩小地区之间的经济差距。

从这三个国家展览业发展过程看,实施政府主导型展览业发展模式有以下几个条件值得关注:①制度的完整性和可操作性是实施政府主导型展览产业发展模式的基础。制度的完整和合理与否,影响介入展览市场经营者的心态和市场行为。②政府介入市场的尺度是否合理清晰,决定着当地展览产业是否健康有序地发展。③政府的公共服务水平至关重要。

(二)市场主导型

所谓市场主导型展览业发展模式,即指展览业发展主要由市场调控,很少由政府或政府某个部门直接组展和办展,政府仅仅提供间接的支持和服务。这种模式主要依托竞争力强的城市与产业,以强大的品牌展会为展览吸引物,以产业规模和市场规模为基础,以非政府性的行业协会为纽带,用政府搭台、企业唱戏的形式,发展展览产业。属于此类模式的国家或地区有法国、英国、瑞士和我国香港地区。

法国展览业的协调机构主要是法国博览会、展览会和会议协会(FSCF),是由不同的会展协会不断合并形成的。协会有336个会员单位,分别包括177个展览公司,70个展览场馆,52个会议中心,以及一些展览服务公司。会员单位的营业总额约占行业市场份额的85%。另外,法国的工商会也介入展览业,巴黎工商总会直接拥有并参与管理展览中心。这是巴黎连续15年来保持世界大型会议和展览会中心的原因之一。巴黎工商总会下属展览中心的展览面积占整个巴黎大区展览面积的1/3。法国展览企业不拥有场馆,而场馆企业不组办展会,也不参与其经营。法国的业界人士认为这种模式能够促进展览公司之间的公平竞争,也有利于场馆企业专心做好场馆服务工作。法国展览组织公共服务及业务流程如图6.3所示。

市场主导型展览业发展模式中,政府参与程度低,市场竞争相对完全。政府的职能主要由非政府背景下的行业协会取代并统筹管理全国展览业,政府只是在基础设施建设、法律制定、促销基金的派发上有着无与伦比的重要地位,在其他环节方面则全面退出。总之,在市场型展览业发展模式中,政府的服务功能凸显。

(三)协会主导型

协会主导型展览业发展模式,是一种"第三部门"管理模式,即以会员制的形式,组建由展台搭建商、展览设计者、展品运输商、展览会餐饮者、展览配套旅游服

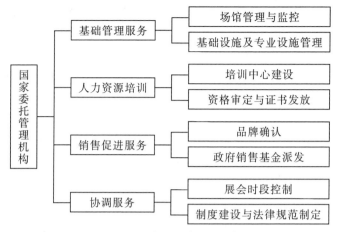

图 6.3　法国展览组织管理及业务流程

务商等领域的展览从业者组成的非营利性组织,通过协会所属的专业委员会,指导全国的展览业。加拿大和澳大利亚就是通过这种模式推动本国展览业的全面发展。

　　澳大利亚展览和活动协会(The Exhibition and Event Association of Australasia, EEAA)是代表澳大利亚展览和活动领域的唯一的行业组织。该协会是以服务为宗旨、由企业自愿设立、活动自主、经费自筹的民间非营利性商会组织,代表行业或地区整体利益向政府提出建议,以促进贸易发展和会员企业利益的实现。政府一般不干涉商会的活动,并在制订有关工商业政策时征求商会组织的意见。该协会采用会员制,经营范围还覆盖新西兰,会员来自澳大利亚和新西兰的展览和活动行业,包括展览会主办者、展览场馆经营者以及会议展览服务行业相关企业。澳大利亚展览和活动协会的管理流程如图 6.4 所示。

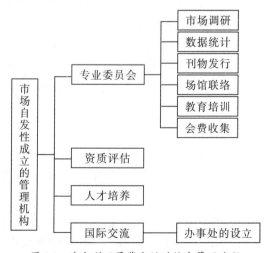

图 6.4　澳大利亚展览和活动协会管理流程

协会主导型展览业发展模式中,工作职能专业化程度非常突出,即协会作为非营利的社团组织,按照市场经济的要求,制定服务机制和行业规范机制,进行行业服务,通过会员的自律行为和行业的制裁措施,实现行业自身的自我约束与自我协调,建立起展览业的正常秩序,使之走上健康的发展道路。这种模式的管理,十分重视展览中的资质评估、专业人才培养和国际交流。

(四)政府市场结合型

所谓政府市场结合型展览业发展模式,是一种国家控制资源,企业市场化运作的展览业发展模式。这种模式是一种双轨制的发展模式,展览业发展过程中,政府参与和市场运作同时进行。其优点是在保障市场规范、有序的前提下,企业自由度获得了空前的提高,是一种典型的管理盈利模式。代表国家是美国。

在美国,大部分展览中心是公有的。在全美面积超过2500平方米的展览中心中,大约64%(约243个)属于地方政府所有。在长期的产业发展过程中,政府职能部门通过服务外包或托管的形式与私营公司共同管理和运作展览市场。政府所扮演的角色是调控者和服务者,政府以场馆出租、收取酬金的方式,获得补偿;企业扮演的角色是市场经营者和市场开拓者,通过服务承包的方式,获取场馆的经营权和一定的管理权。

另外,美国展览行业非官方的协会力量非常强大。国际展览管理协会(IAEM)与美国独立组展商协会(SISO)的主要会员分别是举办展览会的各类协会和独立办展的展览公司,同时还有代表所有参展商利益的贸易参展商协会(TSEA)。美国展览组织业务流程如图6.5所示。

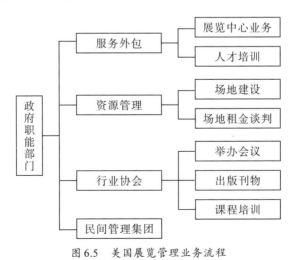

图6.5 美国展览管理业务流程

二、城市展览产业发展的管理模式比较分析

（一）政府、协会及企业作用的比较

以任何一种管理和调控主体为主导的展览产业发展模式，并不排斥其他力量的调控，如以"政府主导型"发展模式为代表的德国和新加坡，也非常重视协会的力量；而在以市场推动为主的法国、瑞士和中国香港地区，尽管政府干预较少，但政府也在展览产业发展过程中给予必要的支持。不同类型的产业管理模式中，政府、行业协会与企业所发挥的作用是有差异的（见表6.1）。

表6.1　政府、协会和企业在不同管理模式中的作用比较

比较项目	模式						
	政府主导型		市场主导型			协会主导型	政府市场结合型
	德国	新加坡	法国	瑞士	中国香港	澳大利亚	美国
政府作用	投资建设规模宏大的展馆以及对整个行业进行宏观控制	促进经济和加强基础设施建设，协调配合各个方面	组办场地公司，只负责场地，不办展也不经营	扶持和配合行业协会	政府出地，扶持协会	授权于协会，一般不干涉协会活动，只起调节作用	拥有场馆，通过服务外包或托管形式给私营公司
行业协会作用	审定年度展览计划，监督展会服务，统计展后效果，支持中小企业海外参展	协调配合展览企业开展工作，宣传形象促销展览	促进专业参观人士国际化，推进法国展览业，增强海外交流	促销、宣传、协调	招商引资，给企业创造平台	民间的商务组织，以服务为宗旨	由展览企业组成，规范展览市场秩序
企业作用	集展馆管理者和展览经营者于一身，并组织展会项目	调研市场，决定展会项目，承办高质量的展会	不拥有展馆，只负责经营及组织办展	大部分企业拥有自己的展馆，企业按照市场规律办展	投标建馆，自行经营	一般不拥有展馆，通过租用展馆来组织展会	起主导作用，从建馆、办展、经营到服务由企业承担

（二）适用条件的比较

不同类型的展览产业管理模式，有不同的适合条件，城市应该根据自身的展览市场经济程度、展览市场准入条件、产业国际竞争力、产业网络等条件，选择合适的

管理和调控方式(见表6.2)。这四种类型的管理模式之间的差异体现在以下五个方面:第一是在市场经济程度和市场准入条件方面。采用市场主导型、协会主导型的国家和地区,其市场经济都非常成熟,城市和企业国际化程度非常高,专业背景下的行业协会作用突出;市场准入条件非常宽松,强调服务的规范性和标准化,产业内部竞争规则严格。采用政府主导型和政府市场结合型的国家或地区,它们之间的区别在于前者市场化程度低,对政府的依赖较强,不但需要政府的政策支撑,还需要政府的资金投入;后者市场化程度高,对政府的依赖度不强,仅仅寻求政府的政策支撑。

表6.2　城市展览产业管理模式的适用条件比较

比较项目	政府主导型	市场主导型	协会主导型	政府市场结合型
市场经济程度	市场比较发达,国内外贸易比较活跃	市场经济成熟,国内外贸易交流空间广泛	市场经济成熟,行业协会机制成熟	市场成熟,但行业协会驾驭市场的能力较弱
市场准入条件	行业服务规范尚没有形成,市场约束机制不健全,政府审批行为突出	市场准入政策宽松,行业服务规范标准化	企业联盟地位突出,产业内部竞争规则严格	强调政策的引导和推动作用,政企关系相对紧密
国际化程度	公司招商能力弱,展会规模小,国际参展商比重低于30%	展会规模化,展览国际化程度高,国际参展商比重超过30%	企业规模较小,但行业协会国际化程度高	城市国际知名度高,行业协会国际会议和展览资源丰富
产业网络	尚没有形成完整的产业链和产业集群,产业网络成水平状态	产业链形成,产业内部垂直网络体系健全	产业纽带关系较好,协会整合产业内部资源能力强,行业协会信息数据库共享平台开放透明	政府与协会、企业之间的垂直管理网络体系健全
促销能力	企业市场营销与政府营销计划并举,但在国际促销上需要政府资金	企业集团化,国际化,单体营销网络渠道畅通	企业单体销售能力弱,联合营销功能突出	销售分工明细,政府承担的销售资金比重大
服务系统	基础设施(含专业基础设施)不完善,公共服务体系不健全,专业化服务系统不够科学	基础设施(含专业基础设施)完善,公共服务体系健全,专业化服务系统科学	沟通服务平台体系优异,服务专业化程度高	政府公共信息服务和专业服务系统通畅

　　第二是在城市与产业的国际化程度方面。一般来说,当展览产业普遍表现出招商能力弱、展会规模小、展会中国际参展商比重低于30%的产业状态的时候,就说明该产业比较虚弱,需要国家强有力的支持,此时就适宜采取政府主导型展览产业发展模式;当展会实现规模化、国际参展商比重大于30%,同时行业协会国际化

程度也非常高的时候,市场主导的产业特征就会展示出来;如果产业所在城市的国际化程度高,而且行业协会的国际会议和展览资源丰富,就应当选择政府市场相结合的展览产业发展模式。

第三是在展览产业管理模式的选择上,还取决于产业链和产业集群形成的产业网络状态、产业纽带关系和产业管理体系状态三个因素。如果产业网络状态为水平状态,产业纽带关系不清,产业管理体系处于非垂直管理状态,就应实施政府主导型会展模式。

第四是在营销渠道与销售实力上,企业是否集团化是衡量产业依赖政府强弱的一个晴雨表。当营销资金完全依赖企业本身,企业拥有畅通的国内外营销渠道时,就说明企业拥有非常好的资源分销体系,政府营销、联合营销的手段则不应作为企业考虑的主要营销模式。

第五是城市基础设施、产业专业设施及公共服务体系也是评价展览产业发展模式的重要因素,当这三个因素表现比较差的时候,政府的功能就会放大,反之,市场的功能则会放大。

从以上分析来看,政府主导型对于起步阶段的展览产业而言,在其规模化的形成方面具有强有力的推动作用,而在其进入市场化阶段之后,随着企业集团化的形成,政府的公共服务角色凸显,企业成为市场的主宰。一般来说,判断政府主导型向市场主导型转换的信号有以下三个指标:第一,产业规模形成,出现具有国际竞争力的大型企业集团;第二,城市公共服务体系健全且比较发达;第三,城市展览产业形象地位获得广泛认可,有城市自身的展会品牌,区域竞争力强大。

第三节 城市展览产业发展的管理模式经验研究

一、城市展览产业发展的管理模式经验分析

下面通过对国际展览中心城市汉诺威、巴黎、拉斯维加斯、新加坡和香港展览产业管理模式的分析,对城市展览产业管理模式理论进行验证分析。

(一)汉诺威展览产业发展的管理模式——政府主导型

在汉诺威展览业的发展过程中,政府扮演着重要的角色,它以其特有的调节控制管理方式,推动汉诺威展览业蓬勃发展。汉诺威展览产业的政府主导主要体现在以下两个方面:

1. 政府直接投资

下萨克森州政府和汉诺威市政府将展览业作为一项重要的产业给予高度重

视,对展馆及其配套设施和交通建设均予以大力支持。汉诺威展览公司由下萨克森州政府和汉诺威市政府分别控股50%和49.9%(见表6.3)。

表6.3　汉诺威展览公司的股东一览

公司名义资本的注册股东	份额/%
下萨克森州政府(State of Lower Saxony)	50.000
汉诺威市政府(City of Hannover)	49.871
大汉诺威(Greater Hannover)	0.129
合计	100.000

资料来源:德国汉诺威展览公司官方网站(www.messe.de)。

　　虽然汉诺威展览公司所有权掌握在政府手中,但具体运作受德国私法管辖,这确保了企业能够以"市场主体"的地位参与竞争。在汉诺威国际展会中,约有75%的展会主办方是公立机构,其余的展会主办权由行业协会和私营展览公司掌控。在汉诺威,国家意志对展览业的影响微乎其微,主办方是各类贸易展和消费展的主导力量。政府的职责主要体现在对展览业的宏观调控方面,政府只是展览业的管理者和协作者,并不直接参与展览举办。

2. 政府授权,行业协会管理

　　德国政府授权德国展览业协会(AUMA)对德国展览业进行管理。汉诺威展览公司也是AUMA的成员之一。AUMA成立于1907年,是德国最重要的展览组织和展览业服务、协调的权威机构,在世界展览业界也有很强的影响力。AUMA紧密联系德国展览场地拥有者、展览会举办者、参展商、参观者、展览服务企业等各相关组成部分,是代表德国私营领域的行业协会。

　　AUMA的主要职能是:代表德国展览业利益,游说州和联邦政府的立法和行政机构;协调德国官方出国办展活动;牵头制定德国每年的官方出国办展计划;协调所有在德国举办的展览及德国在国外组织的展览活动;吸引外国企业来德参展或办展;发布德国及世界各地展览信息;主导德国展览会统计自愿审核协会(FKM)的展览会数据审计工作;提供展览相关咨询服务、展览专业培训等。汉诺威市政府管理展览业的职能和AUMA的职能紧密结合在一起,相互合作,相辅相成,使展览业得到了有效的管理。

(二)巴黎展览产业发展的管理模式——市场主导型

　　巴黎展览业发展的调控方式主要以展览企业组成的各种协会组织与协调为主,是典型的市场主导型管理模式。政府的主要职能是制定展览行业标准和相关管理法律法规。法国工业部在制定和修改法律法规之前,会与国民议会和参议院等立法机构以及国内展览业的主要协会、展览会和博览会主办企业、展览服务公司和展览场馆等行业的参与者进行协商和讨论。最近几年,法国政府对展览组织者资质评定体系、展会评估体系、展览服务标准体系以及展览立项、投融资、招展、组织实施、人员培训等方面原有的相关标准和法律规定展开了一系列大规模的改革和修订,具体表现为先后发布了下列三个法规和法令(见表6.4)。

表6.4　法国有关展览业的法规法令

颁布时间	编号	主要内容
2004-03-25	2004-274	主要涉及放松和简化企业在参展方面的法律规定和手续
2006-01-27	2006-85	主要涉及举办展览活动前必须履行的事先申报手续相关规定
2006-06-12	2006	与2004年3月25日法令相关的具体执行条例

资料来源:根据中国贸促网(www.ccpit.org)相关资料整理。

巴黎展览业的协调机构主要有:法国博览会、展览会和会议协会(FSCF)、巴黎工商会(CCIP)、巴黎大区经济发展局(ARD)、法国国际专业展促进会(Promosalons)等。

FSCF是法国展览业中最重要的行业机构。FSCF成立于1925年,属于私人非营利性组织,拥有高度的自主权并有效率地提供会议与展览组织所需服务,目前法国有近90%的展览(Salon)都由FSCF提供服务。其目标是组合企业发展所需要的展览并提供适当的服务(见图6.6)。另外FSCF也有研究组织,提供针对媒体沟通、参展机构、商业促进、意见交流以及更多的创新和商业知识发展,对会员提供服务,提升会员竞争力。1967年,FSCF设置OJS(展览统计检查核对部门)并入研究组织,主要任务是控制及监督有关展会的各项数字及其质量,并适当衡量其所获致的效益。参加的厂商都是自愿性的,并由协会提供透明化的服务。目前协会正在从

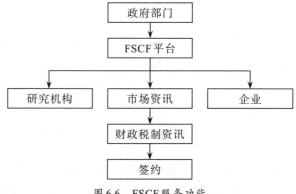

图6.6　FSCF服务功能

事组织再造,通过规则及规章的修订,成为更具柔性化与吸引力的组织,以打造成为专业化的服务平台。其目标在加强内部的资源整合,以提供会员长期及持续发展的专业性服务,并强化会员间彼此的互动。

自2013年1月1日起,由拿破仑于1803年创立的巴黎工商会与本地区另外四家工商会合并,组成了巴黎大区工商会(CCIP)。巴黎大区工商会是法国乃至欧洲最大的工商会组织,下辖六个省级工商会(巴黎省、凡尔赛-伊夫林省、上塞纳省、塞纳-圣-德尼省、瓦尔德马恩省、瓦尔德瓦兹省),以及两个地方自治工商会(埃松省和塞纳-马恩省)。工商会的会员企业达85万家,其产值占法国国民生产总值的30%。其扮演着政府与企业间沟通桥梁的角色,协调政府与企业间的政策争议,甚至包括劳工的需求。其主要职能有:①掌管会员的工商企业注册登记(故可接受政府补助)。②为会员提供各项服务,包括争取税收补贴、专案融资贷款、信息传导与咨询。③提供统计咨询与教育培训服务。④提高大巴黎地区的城市魅力。CCIP为扩张会议展览空间,在巴黎市区建造拥有4500个展示摊位及4000个座位的大型现代会展场(PCP)。不过尽管CCIP积极提供会员服务及教育培训机会,但由于会展产业带动相关产业的发展(包括旅游、铁路、餐饮、观光、娱乐、游憩及文化等),甚至包含新生企业的培育,却无从获得市级政府与区级政府之相对挹注,CCIP所经营的PCP展馆只是一个独立运营的平台性组织,提供租赁及设备的展览空间设计等服务,其目的在于整合巴黎的观光资源与专业性质的会议与展览服务,以进一步创造综合效益。

法国国际专业展促进会是由巴黎工商会、法国外贸中心、法国展览协会等机构发起并于1967年组建成立的,是一个非营利性的协会团体,其宗旨是:对在法国本土以及国外举办的国际性专业展和国际博览会开展各种促进活动,以提高和改善展览会的国际化程度。理事会由来自不同展览公司和来自政府、协会和机构的各13人共26名代表组成,展览公司代表13人(暂缺2人):高美爱博展览集团(3人)、波尔多会展公司(1人)、世界汽车展(1人)、SAFI巴黎MO家居展(1人)、公共交通经济集团(1人)、法国励展公司(2人)、VINEXPO酒展公司(1人)、巴黎航空航天展(1人)。政府、协会和机构代表13人:巴黎大区及巴黎市工商会(3人),为发起单位、赞助方、地方性工商会;法国商务投资署(1人),为发起单位、国家贸促机构;法国展览会议活动业联盟(UNIMEV)(2人),为发起单位、全国性行业协会;巴黎市政府(1人),地方政府;巴黎大区议会(1人),地方政府;巴黎展览馆管理公司(1人),展馆管理方、赞助方;巴黎展览委员会(1人),地方展览活动管理机构、赞助方;法国企业行动联盟(1人),法国企业主联合会;法国旅游与外交部(1人),中央政府;法国经济与工业部(1人),中央政府。理事由理事大会选举产生,理事会的成员来自下属单位:巴黎航空航天展、爱博展览集团、法国励展公司、COMEXPO展览集团、世界面点技术展等。此外理事会还有14名合作机构的代表参加,他们主要来自巴黎工商会（CCIP）、法国展览协会（FSCF）、巴黎市政府、法国对外经济关系局（DREE）、UBIFRANCE、法国内贸局、法国外贸中心（CFCE）、巴黎凡尔赛门展览中心和巴黎北郊维勒班展览中心等。法国国际专业展促进会总部设在巴黎，在63个国家和地区设有自己的办公机构（或称为海外代表团），覆盖123个国家和地区，以分公司或合作伙伴的形式存在。

巴黎大区发展局（ARD）成立于2001年，是一个致力于提高法国大区在外国企业家、投资者中的吸引力，为外资提供检验和建议，为其提供如竞争力、地区手续、参加会展等信息，以帮助外国企业在巴黎以及巴黎大区发展投资的机构。ARD与地区议会签署协议，承诺完成五项任务并实现三大目标。三大目标为：为巴黎大区创造和维持就业；提高巴黎大区的经济吸引力；支持地区经济转型。五项任务为：在全世界宣传巴黎大区的经济吸引力；为巴黎大区吸引外国投资者；协调确定地区供给的营销政策；支持投资者在巴黎大区开设机构，包括前期及创建过程的服务；参与支持经济转型地区。对巴黎大区商贸展会的促销是从ARD核心工作中产生的任务。ARD参与主持巴黎大区"商务会议与活动"，参加宣传促销具有国际可见度的巴黎大区商贸展会，帮助组织其他新的大型商务活动。

（三）拉斯维加斯展览产业发展的管理模式——政府市场结合型

拉斯维加斯展览业发展调控方式是政府市场结合型，政府与市场各司其职，促进展览产业的健康发展。拉斯维加斯于1955年设立的拉斯维加斯会展和旅游局（LVCVA）是会展业得以发展的有力组织保障。LVCVA不像是一个典型的会议及旅游局，也不是一个会员制组织，它是一个半官方机构。它是依照内华达州的法律，郡财政投资，由一个独立的董事会管理运作。内华达州政府依法确定LVCVA董事会的人数并任命董事会成员。LVCVA董事会由14名成员组成，其中6名来自私营企业，拉斯维加斯市有2名代表，其余6个席位分别为克拉克郡、博尔德市、北拉斯维加斯等6个地区各1名代表。14名董事会成员提供指导和制定政策，私营部门成员由拉斯维加斯商会和内华达度假协会产生，代表酒店业和一般商业利益。董事们共同商讨，以完成提升拉斯维加斯城市召集力的使命。除了董事会以外，负责LVCVA日常工作的有法律顾问、行政部、市场部、业务部和基金会。行政部里，内部审计人员，人力资源处和公共关系处，负责处理董事会的一些日常事务。市场部下设促销广告处和销售与服务处。业务部包括项目处、财务处、设备处、客户信息处、工程处、信息技术处、物质管理处和保安处。基金会则负责年度财务报告与预算。经过50多年的不断调整，完善及专业的组织机构及运作机制使LVCVA有效完成了它的既定使命。

拉斯维加斯展览业的发展主要靠市场化运作，依靠民间协会和企业办好展会。

拉斯维加斯每年多场展会的成功举办,完全靠市场化运作,政府没有参与主办,既没有投入财力给予经费补贴,也不加以行政干预或是动员企业参加或指定分配展位。比如,拉斯维加斯冬季国际消费类电子产品展览会(CES)由美国电子消费品协会主办;美国拉斯维加斯国际鞋业订货会由美国世界鞋业协会(WSA)主办;美国拉斯维加斯国际美容美发展由美国美容美发协会和意大利美容展主办方合作主办;拉斯维加斯国际消费品及礼品博览会(ASD Las Vegas)由尼尔森商业传媒公司主办。总之,拉斯维加斯的展会没有一场是由政府部门举办的,完全靠市场化运作。因此,任何企业想要参展,只要按手续预定,缴纳费用,就可以得到展位,用不着向政府部门申请。各国的大小企业都是平等竞争,订得早,出的钱多,得到的展位就多,位置也相对好些。美国企业参加任何会展,都不会由政府指定企业一定要参加什么会展,也就是说,参加会展完全是企业行为,政府不加任何干预,这样就保证了某些发展迅速的成长性小企业也有机会参加各种会展。得到大订单的同时,展览公司也可以自由竞争,依靠自身实力做大做强。

(四)新加坡展览产业发展的管理模式——政府主导型、政府市场结合型

新加坡展览业发展初期,展览业的管理模式是政府主导型。展览产业发展成熟后,展览业管理模式转变为政府市场结合型。在新加坡展览业发展中,政府、协会、企业各司其职,保障展览业的健康发展。

1. 政府的职责与作用

新加坡贸易与工业部所属旅游局专门设立商务会展奖励旅游司统筹会展各项发展事务。新加坡旅游局商务会展奖励旅游司成立于1974年,下设有策略发展与通讯署、策略业务群一署、策略业务群二署、展览与会议署等若干个工作部门。其中展览与会议署主要是为会展活动的主办者提供多项类型的服务,通过行销、产品开发、渠道拓展等方式协助活动的策划、宣传、组织、协调。该署集行业发展、商务开拓和市场推广功能于一体,目标是维持并加强新加坡作为具有亚洲领先地位和世界水准的会展中心的地位。其具体服务项目包括:协助策划、组织和协调会展活动;为会议、旅游和展览活动提供有关新加坡设施和服务方面的信息;为主办者安排现场观摩;推广宣传活动和相关广告以吸引更多的来宾;为技术访问或配偶参观活动提供特别安排;为活动提供相关资料和信息。政府具体实施的展览业政策或措施有以下方面:

(1)支持性政策或措施。新加坡政府一直致力于推动本地会展业的发展。对会展业提供一定的财力支持。如对出外参展办展的由新加坡贸易发展局给予支持;对外来办展的由新加坡旅游局有条件地给予赞助,一般是按一个展览会所需的海外宣传费用的30%给予赞助。现行主要支持性政策或措施如表6.5所示。

表6.5　新加坡会展业现行主要支持性政策或措施一览

政策措施名称	实施时间	支持对象	支持形式	实施目的	颁布方
参加本地贸易展双倍减税方案	2007年11月至今	在新加坡注册的所有企业	减税	鼓励企业参加在新加坡当地举行的以贸易为导向的国际性展览	新加坡旅游局
"来新加坡"奖励方案	2006年至2010年	全球任何一家在新加坡举办会议、展览、奖励旅游及节事活动的企业或组织	物质奖励	促进新加坡本土不断有规模大、档次高、影响力广的会议、展览、奖励旅游及节事活动出现	新加坡旅游局
雇主补助方案	2009全年	在新加坡注册的,除新加坡和外国驻新政府组织外所有雇主	财政补贴	帮助企业(包括会展企业)度过经济危机时期	新加坡共和国政府
旅游发展协助计划	2009年至今	8000万新元的所有旅游企业鼓励基金	财政补贴	鼓励旅游企业实现产品和财政的升级	新加坡共和国政府、行业协会
旅游业抓紧机遇加强发展计划	2009年至今	9000万新元的所有旅游企业鼓励基金	财政补贴	支持开发新景点,改善旅游基础设施,提升旅游业综合能力	新加坡共和国政府、行业协会
新旅游业专才培训计划	2009年至今	有意提升技能进而满足新市场需求的从业者	90%的国外财政补贴	鼓励业内人士赴国外进行业务培训,提升业务素质,为经济复苏后的发展做准备	新加坡旅游局

资料来源:BOOST——Measures for Tourism Businesses, Singapore Tourism Board; Opportunities in Singapore Tourism Industry（2007—2009）。

(2)会展项目的认证制度。新加坡对举办展览会不实行申报审批制度,但对会展项目实行认证制度。无论本地的或国外的展览公司在新加坡举办展览会都不需要向政府部门登记,如果展览公司需要政府提供认证或帮助,则必须要向政府提出申请和提交举办展览会的详细资料,包括统计报表等。由新加坡旅游局发出两项认证:一是特准国际贸易展览会资格计划(标志为AIF),受到AIF认证的展览除达到国际标准外,还要求有大量的海外参展商、买家、会议代表以及促成可观的贸易成交量。二是获新加坡旅游局支持的活动。即除AIF认证外,旅游局对其他有发展成为国际级活动潜能的较新的或有独特市场的贸易展,可鉴定为"获得新加坡旅游局支持的活动"。在新加坡,大多数会展业企业十分重视政府的认证,以此作为商业信誉、品质以及取得市场份额的保证。

（3）会展业的统计与审计职能。新加坡政府对会展业的统计主要通过两个途径进行。一是有偿发包给中介公司取得总体统计数据及部分分项统计资料。具体由政府招标，与中标公司签订协议，一定三年并付费。中标中介公司根据协议在会展公司、会展场所、酒店等地进行有关的抽样调查和问卷调查，根据调查所得资料结合政府提供的出入境行政记录，测算出总体统计资料及分项统计资料，再委托另一家中介公司进行第三方审计后，按月向新加坡旅游局提供报告。二是取得认证的企业向政府有关部门报送报表。展览业企业在向政府申请认证前必须上报企业有关资料，包括历史资料。认证后每期会展均要向政府上报报表；宾馆酒店向政府申请旅游区宾馆酒店认可，也必须向政府上报报表。如果不报报表或中断报表，政府将不予认可（认证）或取消认可（认证）。据介绍，新加坡企业普遍重视政府的认证，绝大多数会展公司、宾馆酒店都自觉向政府上报报表。新加坡展览情况也是按项目统计，绝大多数展览项目均纳入了政府统计。

新加坡会展业企业统计实行审计制度，即由政府部门认可的中介公司，对企业上报的报表进行审计。企业数据汇总后，要连同原始资料送至政府认可的中介公司。经中介公司审核认可后，企业才能将报表报送新加坡旅游局。有时中介公司会对原始资料进行抽查，认为部分观展人员资料显示其不具备业内人士条件，就会提出数据调减的审计意见。

（4）会展业的促销与宣传。新加坡旅游局展览会议署每年有计划地在国际上介绍新加坡会展业状况，并在世界各地举办形形色色的研讨会，为具体会展促销。

2. 协会的职责和作用

新加坡会议及展览行业协会成立于1980年，截至2010年3月，会员有152家，包括专业展览公司、专业会议公司、场馆设施及其他展览服务机构。协会是不拿津贴的民间机构，是业内民意推荐。协会会长及其他领导大都是展览行业内知名展览公司的总裁。协会下设机构有教育培训部、项目部、国际事务部、公共事务部、媒体关系部、信息与研究部、会议与奖励旅游部、战略规划部。其主要职能是进行行业管理和协调，一方面，与政府密切配合，共同制定一套行业道德与行为规范，一旦有会员违反有关规定，就召开会议讨论解决，甚至提出制裁措施，以维持公平竞争的秩序；另一方面，在展览会主题、展出时间安排、摊位价格、展览会质量水准等方面，在会员单位之间进行协调，以更好地维护会员的正当权益。

3. 企业的职责和作用

新加坡共有40多家专业会展公司。其中，最大的一家为新加坡展览有限公司（SES），是亚洲顶尖的贸易活动主办机构之一，也是这个迅速发展且充满活力的展会行业的先驱，拥有丰富经验。该公司所主办的每次盛会，外国的参展商几乎占了整个展会场地的80%，因此一直以来都吸引了大量高水平的海外观展商出席。SES是奥伟展览联盟的成员。该联盟在世界各地设有超过50所办事处。SES所筹办的各项展览及专业研讨会涉及范围广泛,包括以下各个行业:通信、资讯科技及电子媒体;饮食与膳宿;环境与水质管理、化学工程、仪器与实验室解析科技;机械工具及精密工程、制造业以及油气与石油化工。新加坡展览有限公司举办的展览不单纯追求观展人员数量,不搞大卖场式的展销会。该公司所办的展览会均力求参展商见到真正的买家,买家见到高品质的品牌供应商,无关人员则谢绝参展。有的展览向观众售票,也是为了限制一般观众,使其所办的展览真正为买卖双方提供高效接洽的商机,力求树立和维护其信誉和品牌效应。参展商有时也会对办展方允许无关人员进场参观提出意见。

(五)香港展览产业发展的管理模式——政府市场结合型

香港展览业发展的调控方式是政府市场结合型,政府对展览产业发展实施"积极但不干预"的政策,作为民间组织的行业协会在展览产业发展调控中具有权威性,发挥着市场自律和促进产业发展的重要作用。

1. 政府的作用

香港特区政府没有专门的部门管理展览业,也没有特殊的限制条文,办展无须审批,办展企业在市场竞争中自主经营。但香港有两个半官方公营机构,即香港贸易发展局、香港旅游发展局,在展览业调控中起到一定的作用。香港贸易发展局在展览业中的职责主要体现在办展和促销网络方面,香港旅游发展局在展览业中的职责主要体现在营销宣传方面。

香港贸易发展局在香港展览业发展中发挥了主导作用。办展机构是展会的组织和管理者,办展机构组织能力的高低、服务水平的好坏决定了展会的质量和影响力。作为主要办展机构的香港贸发局对促进香港展览业的发展功不可没。在香港,于1966年成立的半官方公营机构——香港贸易发展局的法定职能是"为香港公司,特别是中小企业,在全球缔造新的市场机会,协助他们把握商机,并推广香港具备优良商贸环境的国际形象"。展览会是最有效的推广工具,而贸易发展局展览事务部则是香港许多大型国际性展览的官方主办单位。香港通过UFI认证的25个大型展会中有16个是由香港贸发局主办的。

香港贸发局不但每年主办许多大型国际性会展活动,贸发局本身还是一个全球性商务信息和商贸网络中心。贸发局建有一个记录全球60万家商贸企业资料的庞大资料库,依托该数据的庞大信息,贸发局在举办展览时便能有针对性地发出邀请和促销,并提供良好的商贸咨询服务。贸发局还在全球没有包括内地13个办事处在内的50个办事处,这些办事处通过跟海外商会联系,致力推广本港作为双向环球投资及商业枢纽,并组织大批买家团来参加香港的展览会。

2008年11月,香港旅游发展局成立了"香港会议及展览拓展部",其主要的职责是:为展览主办单位提供一站式综合协助,包括场地选择、旅客宣传、强化体验及其他宣传推广；为主要决策人协调场地考察安排；协助邀请主礼嘉宾及与政府部门协商；批准使用香港旅游发展局的标志等。

2. 行业协会的作用

香港展览会议业协会前身为香港展览业协会，于1990年5月由当时10家主要展览会主办机构创立。其主要作用是与政府及法定机构协商，促进会员的商业利益。从1990年5月开始，每隔两年，一个由15人组成的新执委会便由普通会员于周年大会中选出。从2008年起，执委会增至19席。协会主席、副主席、协会秘书及协会司库均从由普通会员于周年大会中即时选出的19名新执委会中再推选出来。执委会每两个月举行一次例会，以处理会内一切重要事项。此外协会还成立了数个事务委员会，专门负责一些特别专案及活动，如展览营运事务、教育及培训、会员事务，以及组织海外访问团和周年晚会等。

香港展览会议业协会的宗旨是：①以统一的声音，代表同业向政府部门、立法及法定机关、传媒及公共机构争取应有的权益及保障。②通过精心策划的培训及教育课程，提升从业人员的专业知识及操作水平。③作为展览会议行业的咨询机构，与其他有关团体或组织紧密合作，从而提高本行业的声誉和地位，并推动香港成为东亚区乃至全球的主要国际展览及会议之都。④加强会员间之沟通，协助收集和发放行内资讯和数据，以增加会员的商业利益。

截至2019年9月，香港展览会议业协会已有115名会员，会员业务对象包括展览会主办者、承建商、货运、场馆、贸发局、旅游协会、生产力促进局、酒店及旅行社等。香港展览会议业协会既是展览企业的代言人，也是贯彻政府意图，执行政府政策的可靠助手，其职能一是对展览主办者、参展商、观众等进行明确定义，提出国际展和本港展的标准和条件，规定展会组织过程中必备的一些基本要素。二是与政府和有关展会核心企业密切配合，制定一套协会会员必须严格遵从的道德与行为规范，一旦有会员违反有关规定，就召集会议讨论解决，并提出制裁措施，以维持展览会议业的公平竞争秩序。三是对展会题目、展出时间安排、摊位价格、展览会质量水准等方面，在会员之间进行协调，以更好地维护会员的正当权益。

二、城市展览产业发展的管理模式经验总结

（一）政府在城市展览产业调控中角色清晰、职能明确

国际展览中心城市的展览产业发展，无论是哪一种产业调控方式，都是主要依靠市场机制来调节的。政府主导型的汉诺威展览业，其展览场馆虽然由政府投资兴建，但其展馆运营管理、展会项目运作等政府都不参与；新加坡展览业也逐步由"政府主导型"向"政府市场结合型"转型，新建造的展览场馆，政府已不再投资；香港政府对展览业发展的原则是"积极不干预"，除了在展览场馆投资方面给予扶持

外,不再干预和参与展览经营运作,展馆委托私营机构完全按照商业化操作经营。纵观国际展览中心城市,无一个城市政府直接参与展会的组织和管理,直接经营管理展览场馆,以及进行展览项目审批的。

国际展览中心城市的展览产业调控中,政府角色是一位服务者,而不是作为直接的管理者。政府在城市展览业调控中的服务者角色是管制人、调控人、公益人和守夜人。管制人角色的职责就是防止垄断、防止过度竞争、保护展览业中各展览企业的利益;调控人角色的职责就是对展览业进行宏观调节和控制,保证宏观总量的平衡和展览产业结构的优化;公益人角色的职责就是实现并维护一定的公共目标;守夜人角色的职责就是维护展览业秩序,抑制不法行为的产生。

国际展览中心城市的展览产业调控中,政府职能明确,不干涉展览行业内部事务。政府的职能主要体现在经济调节、市场监督、宏观管理、公共服务上。根据政府的四大职能,政府在城市展览业发展中具体的调控手段主要是:制定展览业发展规划;制定展览业法律法规;制定引导和扶持展览业健康发展的优惠政策;建立和完善展览统计制度;代表城市进行目的地营销与宣传等等。

(二)行业协会在城市展览产业调控中力量强大

国际展览中心城市在展览业调控中有一个共同特点:行业协会在展览行业内具有绝对权威,行业协会通过建立行业规章制度和自律机制来完成行业内的管理和协调职能。另外,大多数城市的展览行业协会是由企业或民间组织发起设立的,在职能、机构、工作人员、财务等方面与政府部门完全分开,协会领导往往是从展览企业中直接选举产生的。这些协会为企业服务意识强,具有很强的独立性。

国际展览中心城市的展览行业协会职责比较明确,其共有的职责主要包括:①制定行业公约,维护展览秩序。②负责对展会资格的评估和认证。③对展会进行评估和统计。④提供展览信息和咨询服务。⑤代表展览企业进行营销与宣传。⑥充当着展览企业与政府的桥梁。

(三)企业是城市展览产业发展的市场主体

国际展览中心城市在展览业发展过程中,积极培育和壮大市场主体——展览企业。国际展览中心城市的展会由展览公司进行市场化运作,城市展览业已走向产业化、专业化、品牌化、集团化、国际化。

展览企业的集团化是城市展览产业发展的趋势之一。一个城市展览产业的发展程度,与城市的展览企业数量多少关系不大,而与展览企业的规模大小密切相关。这也是由展览产业的特性决定的。汉诺威只有一个大型的展览场馆企业——汉诺威展览集团公司,但其2018年营业额为3.10亿欧元,排在世界第13位;巴黎的展览企业也通过一系列合并与兼并,组建了高美爱博展览集团和巴黎展馆集团,它们的年营业额分别为3.66亿欧元和1.67亿欧元,排在世界第8位和第24位。

展览企业的专业化也是城市展览产业发展的趋势之一。由政府和行业协会主办的展会逐步交给专业的展览平台企业来主办。展览场馆经营企业与展览平台企业也有分离的趋势。展览场馆企业不主办展会,主办展会的公司不经营场馆企业。

(四)政府、协会和企业联合对城市展览业进行整体促销

国际展览中心城市十分注重整体促销,即把城市展览业发展的各种有利因素组合成一种综合优势向外界宣传,以充分发挥有限资金和人力的效用。这些城市的展览业整合促销的共同点有以下四点。

第一,政府与协会支持。国际展览中心城市政府一般不直接干涉展览事务(即使投资建造场馆,也委托专门的公司经营和管理),而将重点放在产业宏观调控、制定行业规范和支持行业发展上,其中一项重要工作就是组织城市展览业的整体促销。在进行整体促销时,政府往往将本城市的各种展览要素组合成一种综合优势来宣传和推广。如香港贸易发展局、香港旅游发展局等在展览业整体促销方面就取得了良好效果。

第二,成立专业组织。国际展览中心城市,往往有政府主管部门或行业协会担负一部分展会的促销工作,或成立专门机构来负责展览会的推广工作,如巴黎大区发展局(ARD),法国的国际专业展促进会,新加坡旅游局的展览会议署,香港旅游发展局的会议、展览拓展部等。由巴黎工商会等组成的法国国际专业展促进会的运作模式堪称整体促销的典范。

第三,展览公司与展览会联合。建立在公平竞争和法律合同基础之上的公司合作被证明是十分有效的。在展览业发达的国家或城市,有实力的展览公司之间尽管存在激烈的竞争,但也非常注重合作,如汉诺威、杜塞尔多夫、慕尼黑3家展览公司合资参与兴建上海新国际博览中心就是一个例子。

第四,全球推广战略。随着全球经济的深度一体化和展览功能的进一步体现,全球战略已经成为国际展览营销的一个基本原则。国际展览中心城市的展览业整体宣传不仅仅是为了招展,更重要的是试图扩大品牌的影响范围,因而即使有些展览会展位供不应求,它们也继续投入力量做宣传,以不断强化展览城市或展会品牌。全球推广战略的实施主要是通过建立全球营销网络和充分利用国际互联网。

第四节 本章小结

本章从产业管理与调控的视角对城市展览产业发展模式进行了研究。首先,分析了城市展览产业管理模式的内涵。然后,对城市展览产业管理模式的类型及

其适用条件进行了详细探讨。最后,探讨了国际展览中心城市展览产业发展的管理模式经验。本章的主要研究结论有:

1. 根据管理与调控主体政府、行业协会调节力度大小,可以将城市展览产业的管理模式分为:政府主导型、市场主导型、协会主导型、政府市场结合型四种。

2. 实施政府主导型展览业发展模式有以下几个条件值得关注:①制度的完整性和可操作性是实施政府主导型展览产业发展模式的基础。②政府介入市场的尺度是否合理清晰,决定着当地展览产业能否健康有序地发展。③政府的公共服务水平至关重要。

3. 以任何一种管理和调控主体为主导的展览产业发展模式,并不排斥其他力量的管理与调控。不同类型的展览产业管理模式,有不同的适合条件,城市应该根据自身的展览市场经济程度、展览市场准入条件、产业国际竞争力、产业网络等条件,选择合适的管理和调控方式。

4. 城市展览产业发展的管理模式并不是一成不变的,往往会随着展览产业发展的逐步成熟,由政府主导型转为政府市场结合型,然后转为市场主导型或协会主导型。

5. 判断政府主导型向政府市场结合型转换的标志有以下三个:①产业规模形成,出现具有国际竞争力的大型企业集团。②城市公共服务体系健全且比较发达。③城市展览产业形象地位获得广泛认可,有城市自身的展会品牌,区域竞争力强大。

6. 国际展览中心城市的展览产业管理模式的经验有:①政府职能明确,不干涉展览行业内部事务。政府的职能主要体现在经济调节职能、市场监督职能、宏观管理职能、公共服务职能上。②行业协会在展览行业内具有绝对权威,行业协会通过建立行业规章制度和自律机制来完成行业内的管理和协调职能。③展览企业是市场的主体,展会由展览公司进行市场化运作,城市展览业已走向产业化、专业化、品牌化、集团化、国际化。④十分注重城市展览业整体促销。其展览业整体促销的共同特点是:政府与协会支持;成立专业组织;展览公司与展览会联合;全球推广战略。

第七章
Chapter 7

中国城市展览产业发展模式现状、问题及优化对策

本章是对中国城市展览产业发展模式现状、问题及优化对策研究。首先,从中国展览城市的分布、大型展览场馆的分布、UFI认证展会的分布以及规模以上展会的城市分布四个方面,对中国城市展览业发展现状进行全面了解;其次,对中国城市展览产业发展的"四维"模式的现状及存在问题分别进行了深入探讨;最后,提出中国城市展览产业发展模式优化的内涵与动力、目标与路径、对策与建议。本章的主要研究框架如图7.1所示。

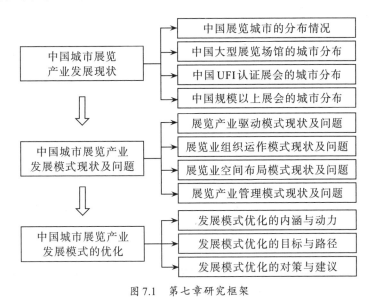

图 7.1　第七章研究框架

◀ 第一节　中国城市展览产业发展的现状分析 ▶

为了对我国城市展览业发展模式进行比较与优化,有必要对我国展览城市的展览业发展现状进行全面了解。下面主要介绍一下我国展览城市的分布情况,以及大型展览场馆、UFI认证展会、规模以上展会在我国的城市分布情况。

一、中国展览城市的分布情况

自改革开放以来,我国城市展览业大致经历了四个阶段:起步阶段(1978—1989年);积累阶段(1990—1999年);快速发展阶段(2000—2010年);高质量提升阶段(2011年至今)。目前已经形成了上海、北京、广州三大全国展览中心城市,深圳、成都、大连、厦门、长春等区域性展览中心城市。在这些城市的示范和带动下,一些中小城市也纷纷致力于发展展览业。为了全面了解我国城市展览产业的发展现状,有必要对我国展览城市进行分类。

目前我国城市展览业发展相关统计数据还没有纳入国家统计体系中,个别城市或研究机构的统计资料又缺乏统一性和完整性。鉴于此,本书尝试从近20年我国展览会的城市分布情况,来判断我国城市展览业发展的格局。由于2010年前,展览会统计资料不健全,笔者搜集整理了我国2001—2010年的展览会数据,合计共20178个;同时,根据《中国展览经济发展报告》(2012—2018)搜集整理了我国近7年间的经贸类展览会数据,合计共19634个,此数据不包括会议、节庆活动。这近4万个展览会的城市分布,大致反映了我国展览城市的布局以及城市展览业发展的基本情况。

从举办展会城市分布范围上看,我国举办展会的城市数量众多。根据数据整理,2001—2010年的20178个展览会分布在我国201个城市(见附录A),包括香港、澳门和台湾的台北市、高雄市、台中市5个城市;4个直辖市;15个副省级城市;125个地级市;52个县级市或县城。2012—2018年这7年间的19634个经贸类展览会分布在我国30个省及直辖市。考虑到港澳台城市展览业发展背景的特殊性,不能仅仅靠展会数量进行比较,因此,下面的分析暂不考虑这5个城市。

从2001—2010年展览会的集中程度上看,展会高度集中于展览中心城市,且分层现象明显。根据样本统计结果(如图7.2所示),展会举办城市大致分为四个层次:第一层次,上海、北京和广州3个城市。这3个城市举办展览会数量占样本总量的45%,且单个城市举办展会数量远远高于其他城市;第二层次,深圳、青岛、成都、大连、沈阳、重庆、东莞、济南、天津、西安、武汉、南京、郑州、杭州、宁波、长沙、义乌、长春、哈尔滨、苏州、昆明、厦门、温州和合肥等24个城市;第三层次,南宁、石家庄、乌鲁木齐、呼和浩特、无锡、南昌、太原、福州、烟台、中山、常州、海口、临沂、佛山、兰州、唐山、贵阳、廊坊、台州、汕头、潍坊、嘉兴、银川和昆山等24个城市;第四层次,威海、连云港、徐州、南通、珠海、绍兴、三亚、扬州、大庆、芜湖、包头、惠州、泉州、保定、赤峰、桂林、晋江、西宁和邯郸等19个城市。根据2012—2018年各省市的展览会样本统计结果(如图7.3所示),展会仍高度集中于展览中心城市所在省/直辖市,即主要集中于北京、上海和广东。这三个省/直辖市近7年来经贸类展览会的数量占样本总量的46.2%,但北京与上海和广东的差距开始拉大。近年来山东、浙江、江苏经贸类展览会各突破1000大关,三省近7年经贸类展览会的数量占总样本的17.1%,数量虽大幅上升但总体实力仍然较低。其余24个省/直辖市近7年合计办展数量约占全部样本的36.7%,总体而言,展览城市发展趋势向好,不仅办展数量规模增加,质量也不断提升。

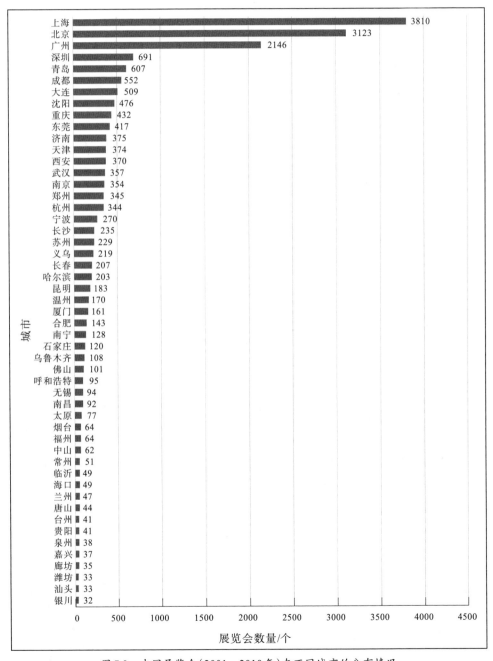

图7.2　中国展览会(2001—2010年)在不同城市的分布情况

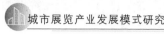

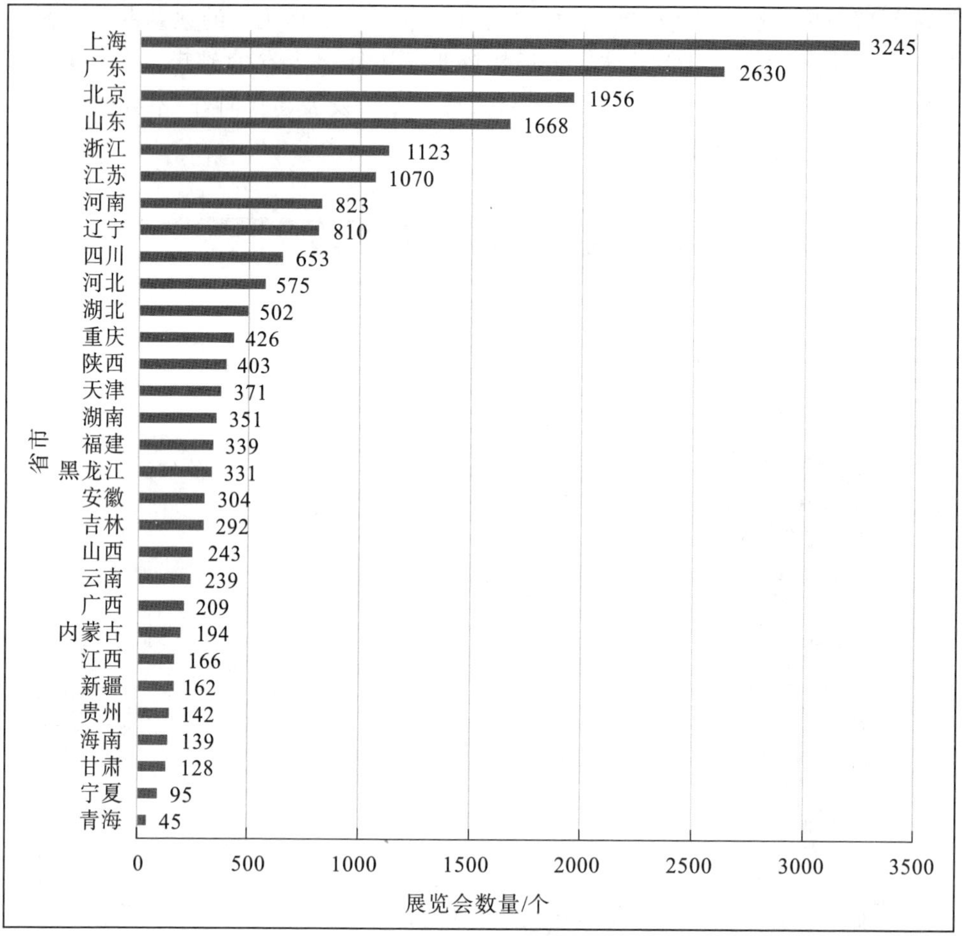

图 7.3 中国经贸类展览会(2012—2018年)在不同省市的分布情况

以上展会在城市分布的四种不同层次,实际上代表了城市展览业五种不同的发展程度。第一层次的城市属于展览业发达城市,已经成为全国的展览中心城市,有机会冲击国际展览中心城市;第二层次的城市属于展览业较发达城市,多数为区域性展览中心城市,有机会冲击全国展览中心城市;第三层次的城市展览业发展程度一般,多属于功能性展览城市,部分城市可冲击区域性展览中心城市;第四层次的城市展览业发展刚起步,无论硬件还是软件,与展览中心城市还有很大的差距(见表7.1)。

表 7.1 中国城市展览业发展程度一览

层次	城市	特征
第一层次 (3个)	上海、北京、广州	全国展览中心城市

层次	城市	特征
第二层次 (24个)	深圳、青岛、成都、大连、沈阳、重庆、东莞、济南、天津、西安、武汉、南京、郑州、杭州、宁波、长沙、义乌、长春、哈尔滨、苏州、昆明、厦门、温州、合肥	区域性展览中心城市
第三层次 (24个)	南宁、石家庄、乌鲁木齐、呼和浩特、无锡、南昌、太原、福州、烟台、中山、常州、海口、临沂、佛山、兰州、唐山、贵阳、廊坊、台州、汕头、潍坊、嘉兴、银川、昆山	功能性展览城市或区域性展览城市
第四层次 (19个)	威海、连云港、徐州、南通、珠海、绍兴、三亚、扬州、大庆、芜湖、包头、惠州、泉州、保定、赤峰、桂林、晋江、西宁、邯郸	城市展览业刚起步

本书第二章中按照城市行政层次与城市 GDP 大小相结合的标准,将我国城市划分几个层次,通过对比发现,其与表 7.1 我国城市展览业发展程度的层次高度吻合。这也从一个侧面证实了城市展览产业发展与城市综合竞争力、城市功能和城市产业集群高度相关。

二、中国大型展览场馆的城市分布情况

我国城市展览场馆的建设主要分为三个阶段:一是中华人民共和国成立后为展示社会主义经济建设成就,在各省会城市建设的省级展览馆,包括工业展览馆、农业展览馆。这部分展馆展览设施比较落后,但经过改扩建,许多城市的展览馆还在使用;二是改革开放后在经济发达地区为促进经济交流建设的各种国际展览、贸易中心;三是近二十多年来许多大中型城市纷纷建造的国际会展中心。很多城市把会展中心建造成城市标志性建筑以及对外展示形象的窗口,其展馆规模和投资金额巨大。

2001 年至 2005 年期间,受我国会展业急剧升温的需求拉动影响,各城市会展场馆建设曾掀起一轮热潮,2006 年至 2007 年,因宏观调控政策影响,场馆建设有所放缓,2008 年又重拾升势。2009 年因国际金融危机影响,各级政府加大基础设施建设,会展中心建设急剧升温,掀起了第二轮场馆建设热潮,许多城市新建展馆项目在投资金额和建设规模等方面已经远远超过现有场馆。2010 年至今,我国展览业快速发展,已经成为构建现代市场体系和开放型经济体系的重要平台,在我国经济社会发展中的作用日益凸显,在促进贸易往来、技术交流、信息沟通、经济合作及增加就业等方面发挥着日益重要的作用。

截至 2018 年 12 月,据不完全统计,我国 154 个城市共有展览场馆 292 家,场馆室内展览总面积已超过 12949 万平方米(见附录 C)。室内展览面积超过 20 万平方

米的城市有19个,分别为广州、北京、上海、深圳、东莞、青岛、苏州、杭州、昆明、长沙、贵阳、厦门、沈阳、重庆、武汉、天津、滨州、成都和济南,其中广州以室内展览面积122万平方米高居首位。室内展览面积在10万至20万平方米之间的城市有17个;室内展览面积在5万至10万平方米之间的城市有18个;室内展览面积在3万至5万平方米之间的城市有12个;室内展览面积在1万至3万平方米之间的城市有34个(见表7.2,数据为不完全统计)。

表7.2　中国城市展览场馆的室内展览总面积一览

展览面积/平方米	城市
>200000	广州、北京、上海、深圳、东莞、青岛、苏州、杭州、昆明、长沙、厦门、沈阳、重庆、武汉、成都、济南、天津、贵阳、滨州
100000~200000	西安、南京、宁波、义乌、长春、合肥、南宁、无锡、太原、福州、烟台、佛山、海口、潍坊、寿光、永康、南昌
50000~100000	广汉、大连、咸阳、泰州、郑州、郴州、哈尔滨、温州、中山、临沂、银川、珠海、包头、桂林、淄博、东营、德州、镇江
30000~50000	乌鲁木齐、呼和浩特、兰州、廊坊、台州、嘉兴、芜湖、西宁、菏泽、玉林、三明、江阴
10000~30000	石家庄、常州、唐山、威海、连云港、徐州、绍兴、扬州、惠州、泉州、保定、赤峰、晋江、邯郸、江门、舟山、宁德、满洲里、洛阳、蚌埠、吉林、济宁、遵义、延边、通辽、齐齐哈尔、满洲里、绵阳、莱芜、三亚、宝鸡、鄂尔多斯、鞍山、迁安

资料来源:根据附录C及相关网站整理,展览面积统计截至2018年12月。

三、中国UFI认证展会的城市分布情况

衡量一个城市展览业发展程度的一个重要标准是品牌展会拥有的数量。由于我国还没有全国统一的品牌展会认证机构或组织,现借鉴全球展览协会在我国的UFI认证展会来分析品牌展会在我国的分布情况。截至2019年9月,我国港澳台地区有48个UFI认证展会,其中包括香港30个、台北11个、澳门7个(见附录D)。我国共有110个UFI认证展会(不包含港澳台地区),分布在上海、北京、广州、成都、济南、长沙、深圳、宁波、青岛、义乌、杭州等20多个城市(如图7.4)。

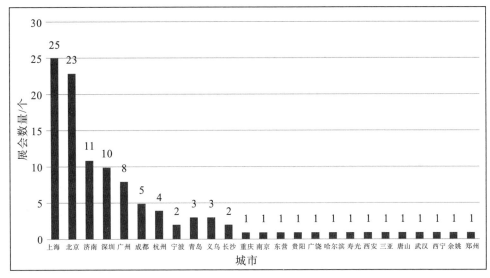

图 7.4　中国城市 UFI 认证展会一览(不包含港澳台地区)

数据来源:根据全球展览业协会官方网站(www.ufi.org)资料整理(截至 2019 年 9 月)。

四、中国规模以上展会的城市分布情况

规模大小是评判展览价值与地位的重要标准之一,具体评价指标主要有展览面积、展览数量、观众数量等,将展览面积划分为 1 万平方米以下、1 万至 3 万平方米、3 万至 5 万平方米、5 万至 10 万平方米、10 万平方米以上五大类。根据《中国展览经济发展报告(2018)》,2018 年,在中国境内举办的所有规模展览中,1 万平方米以下规模展览共举办 1026 个,占全部规模展览数量的 27.0%;1 万~3 万平方米规模展览共举办 1736 个,占全部规模展览数量的 45.8%;3 万~5 万平方米规模展览共举办 522 个,占全部规模展览数量的 13.8%;5 万~10 万平方米规模展览共举办 319 个,占全部规模展览数量的 8.4%;10 万平方米以上规模展览共举办 190 个,占全部规模展览数量的 5.0%。

根据《中国展览经济发展报告(2018)》,2018 年全国共有 21 城市举办展览数量在 50 个以上(见图 7.5),具体城市为上海、北京、广州、郑州、青岛、深圳、南京、成都、大连、长春、武汉、西安、济南、重庆、沈阳、临沂、长沙、无锡、杭州、厦门和宁波。上述城市合计办展 2904 个,约占全国展览总数的 76.6%。其中,上海、北京和广州办展数量位居前三,上海优势尤为明显。与 2017 年相比,展览城市发展趋势向好,不仅办展数量增加,质量也不断提升。

2018 年,中国各城市举办展览面积总体排名情况与办展数量基本一致,办展数量多的城市办展总面积也大。2018 年全国共有 18 个城市办展总面积超过 200 万平方米(见图 7.6),分别为上海、广州、北京、深圳、成都、廊坊、青岛、郑州、中山、

南京、东莞、武汉、西安、长春、沈阳、重庆、济南和临沂。200万平方米以上城市合计办展总面积为9616万平方米,占全国办展总面积的65.7%。

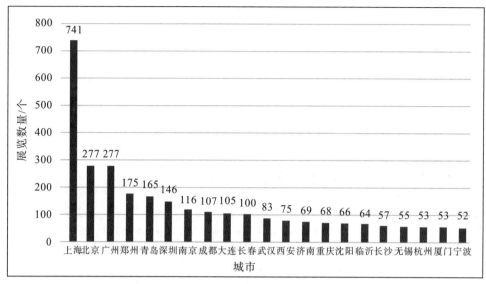

图7.5　2018年举办50个以上展览的城市一览

数据来源:中国国际贸易促进委员会《中国展览经济发展报告(2018)》。

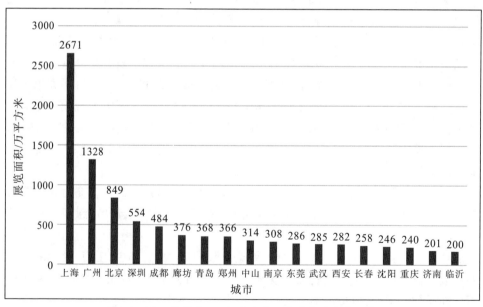

图7.6　2018年举办200万平方米以上展览的城市一览

数据来源:中国国际贸易促进委员会《中国展览经济发展报告(2018)》。

综上所述,按照城市举办展览会数量、城市展馆室内展览总面积、城市UFI认证展会数量、城市规模以上展会数量与面积等指标,我国的展览城市大致可分为三个级别,即一线、二线、三线展览城市。上海、广州、北京三个展览业增长极,构成了我国展览业一线城市。二线展览城市有深圳、成都、青岛、郑州、南京、武汉、西安、长春、沈阳、重庆、济南、大连、临沂、长沙、杭州、厦门、宁波、廊坊、中山、东莞、佛山、哈尔滨、天津、昆明、义乌、石家庄、合肥、苏州等28个城市。三线展览城市有南宁、无锡、温州、贵阳、南昌、福州、兰州、潍坊、乌鲁木齐、海口、三亚、绵阳、徐州、桂林、芜湖、唐山、西宁、台州、烟台、太原、威海、包头、南通、珠海、邯郸、金华、淄博、呼和浩特、银川、绍兴等30个城市。

以上展览城市按照城市群(带)归类,我国目前已经形成三个展览城市群:以上海为核心,以杭州、南京、宁波、苏州、义乌、合肥、无锡等城市为代表的长三角展览城市群;以广州为核心,以深圳、东莞、中山、佛山等城市为代表的珠三角展览城市群;以北京为核心,以天津、青岛、石家庄、廊坊、唐山、烟台、威海等城市为代表的环渤海展览城市群。三条展览城市带:以重庆、成都、昆明等城市为代表的西部展览城市带;以沈阳、大连、长春等城市为代表的东北展览城市带;以长沙、郑州、武汉为代表的中部展览城市带。两个展览城市特区:以福州、厦门为代表的海西展览城市特区;以海口、三亚为代表的海南国际旅游会展城市特区。

第二节　中国城市展览产业发展模式的现状及问题

以上对中国展览城市进行了大致分类,下面根据城市展览产业发展的"四维"模式对我国61个展览城市的展览产业发展现状及问题进行分析。

一、中国城市展览产业发展的驱动模式现状及问题

(一)中国城市展览产业发展的驱动模式现状

展览产业发展的驱动模式主要有四种典型形式,即产业驱动型、市场需求驱动型、城市魅力驱动型以及城市综合实力驱动型。从目前我国61个展览城市的展览产业发展现状来看,大多数城市的展览产业发展主体驱动力不强,典型城市不是太多。初步判断可知,义乌、东莞、中山等城市的展览产业发展属于典型的产业驱动型;长春、西安、郑州等省会城市属于市场需求驱动型;北京、上海、广州等发达城市属于城市综合实力驱动型;大连、昆明、杭州等属于城市魅力驱动型。

(二)中国城市展览产业发展的驱动模式问题

目前,我国城市展览产业发展驱动模式存在以下几方面问题:政府强力推动展

览产业发展、城市展览产业定位不够合理、城市展览产业驱动模式特征不突出等。

1. 政府强力推动展览产业发展

如前所述,城市展览产业发展需要一定基础和条件,这些基础和条件是城市发展展览业的前提。目前,我国许多城市客观上并不具备发展展览业的基础和条件,但政府还是通过行政手段强力推动发展展览业。其结果是造成我国展览业发展的一系列问题:展馆建设过热,资源浪费严重;展览项目数量多、水平低,增长粗放;市场竞争无序,行业规范缺失;"面子展"过多,品牌企业负担重等。

2. 城市展览产业定位不够合理

我国有30多个省市竞相把展览业确定为当地重点发展的行业甚至"支柱产业",有20多个城市打造不同的"会展之都"或"会展名城",甚至有的中小城市还提出"以展兴市"的口号。但是,从目前的实际情况来看,并不是每一个城市都具备成为"展览中心城市"的条件,也不是每一个城市都能够依靠展览取得巨大的经济效益和社会效益。展览经济必须与城市的发展水平、城市的社会地位、社会的发展要求、城市的产业特点等紧密结合起来。所以,不同的城市,必须从本城市的实际出发,认真研究和分析发展展览产业的可行性和可操作性,认真制定发展展览产业的规划和目标。如果脱离城市实际,盲目发展展览产业,不仅达不到创造经济效益、产生社会效益、提高城市知名度和美誉度的目的,反而会阻碍城市的发展。

3. 城市展览产业驱动模式特征不突出

在产业驱动模式方面,一线展览城市上海、北京和广州是典型的城市综合实力驱动发展模式,二线展览城市东莞、义乌、佛山、中山是典型的产业驱动发展模式,而其他展览城市的驱动模式特征并不是太明显,并且这些城市展览产业驱动力差别不是太大。

(三)中国城市展览产业发展的驱动模式问题的原因分析

以上我国城市展览产业驱动模式存在的问题是由以下几方面造成的。

1. 对展览业的认识误区

(1)对展览业带动效应的认识误区

许多城市政府之所以大力推动展览业发展,其原因就在于展览业对城市经济的巨大带动效应。理论界和媒体对展览业的产业带动系数1:9(或1:10)的过度渲染,使相当多的城市相关部门决策者在思想认识上产生偏差。于是,这个缺乏科学依据的"数字"变成了各城市盲目举办展览活动的依据。实际上,展览活动的高关联性是有前提的,那就是只有成功的展览活动才能既带来丰厚的经济效益又有可观的产业带动效益。

(2)对展览场馆创造市场的认识误区

许多城市政府的决策者认为,只要兴建高规格、大规模的展览场馆,就能兴办高质量的展览会,就能发展城市展览产业,从而带动城市经济发展。其实,展览场馆本身只是发展展览业的一种条件,并不能自动创造市场。实践表明,展馆建设布局不合理,建设过多、过快,必然会造成场馆闲置和社会资源的浪费。

（3）对会展业的认识误区

尽管目前我国普遍采用"会展业"的提法,但展览会与会议、节庆活动等在主体内容和运作方式上存在本质的区别。虽然国际上对"会展业"的内涵也没有统一认识,但无论从哪个角度,展览、会议、节庆等都可以成为单独的产业。从活动目的和具体运作方式来看,三者有很大的不同。我国学术界和业界对"会展业"的泛化,导致展览产业、会议产业、节庆产业等界限的模糊化,对这些产业的健康发展带来了很大的阻碍。比如,有些中小城市虽然不具备发展展览业的基础与条件,但有可能具备发展会议产业、节庆产业的条件。如果一个城市单纯发展会议产业或节庆产业,就没有必要建造大规模的展览场馆。

2. 城市政府的政绩意识驱使

城市政府积极推动建造展览场馆、发展展览业,还有一个深层次的原因,就是城市政府政绩意识作怪。目前,考评城市官员政绩的指标基本上还是以GDP为主。2008年下半年全球金融危机爆发后,有些城市政府想利用国家投资政策放宽的机会,建设一批政绩工程、形象工程,也创造一些GDP,这导致了2008—2009年我国展览场馆建设的新一轮热潮。

3. 城市功能同化现象严重

我国城市展览产业发展驱动模式单一,与我国城市功能同化现象有很大的关系。我国大多数城市还没有正确认识城市与区域的关系,缺乏对自身发展的科学定位,各个城市政府在制定和实施社会经济发展战略时,往往各自为政,盲目追求高附加值而忽视了自身优势与基础条件,由此导致的区域城市产业结构严重趋同,造成了重复建设、产业规模不经济、内耗性竞争等不经济恶果,使区域经济增长呈现高投入、低产出、低效率的粗放特征。反映在城市功能上,则表现出明显的功能同化、专业化协作水平低等现象。这一现象也在我国展览城市布局中体现出来,珠三角、长三角的展览城市高度密集,不利于展业的健康有序发展。

三、中国城市展览产业发展的组织运作模式现状及问题

（一）中国城市展览产业发展的组织运作模式现状

1. 我国城市展览场馆经营管理模式

近年来,随着各个城市大型展览场馆的增多,展览场馆经营管理模式呈现出多样化趋势,大体上有国建国营、国建民营、国建合营、合建外营和民建民营五种模式。

（1）国建国营。即由地方政府投资建设的展览场馆,建成后交由政府部门所属的事业单位或全资的国有企业来经营管理。如:长春国际会展中心,由省、市和开发区共同投资兴建,一、二期投资共15亿元,建成后由开发区经开股份集团(上市公司)经营。

（2）国建民营。即由地方政府投资建设展览场馆,场地和产权归属政府所有,而场馆的经营管理则由民营的展馆管理公司或会展公司负责,完全用市场化的方式经营。如:宁波国际会展中心等。

（3）国建合营。即展览场馆由政府投资兴建,建成后委托本地上市公司与境外展览集团合资组建的展览公司来共同经营管理。如:天津滨海国际会展中心,由天津开发区投资建设,建成后委托天津泰达集团与新加坡展览集团合资组建的展览公司来营运。又如:郑州国际会展中心,由政府投资22亿元建成,建成后交由郑州香港会展管理有限公司负责管理及营运。该公司为香港展览会议场地管理有限公司与上海国际展览中心有限公司合资组建。

（4）合建外营。即以优惠政策和相对低的土地价格吸引外资新建展览场馆,并完全按照市场化、商业化的模式由外方经营管理。如:上海新国际博览中心,由德国汉诺威、杜塞尔多夫、慕尼黑三家展览公司与上海浦东开发区合资建成,德方获得50年的经营管理权。

（5）民建民营。即吸收国内企业或民间资本参与场馆建设,由投资主体选择专业化的展馆管理公司,或由参与投资的民营企业按商业化模式进行经营。如:杭州和平国际会展中心、沈阳国际会展中心等。

2. 各城市政府对展览场馆的扶持政策

目前,我国各城市的展览场馆,除一线展览城市上海、北京、广州外,其他二线城市的展览场馆大多处于亏损状态,其主要原因是场馆的出租率低,平均年出租率仅为25.9%。这也是造成外资和民资均不愿投资建设展览场馆的重要原因,也是民建民营展览场馆欲转向经营其他业务的原因。

为使展览场馆能够维持生存,各城市政府采取了相应的对策,制定了一系列扶持政策。主要是:

（1）把政府投资作为"沉淀资本",不计提折旧,营业收入持平即可,或允许几年内减亏。如:长春国际会展中心、苏州国际博览中心。

长春市政府为使会展中心能健康运营,不断发展,市政府同意开发区经开股份有限公司每年为会展中心负担场馆建设贷款利息和折旧费用。

（2）政府投资建馆后,转归国有企事业单位或合资企业经营管理,政府每年给予补贴并减免税收。

郑州市政府承诺:从2006年起连续5年,每年由政府向郑州国际会展中心的经营管理公司提供500万元管理费,同时政府减免会展中心的房产税、土地税,并同意不计提固定资产折旧费用等。

宁波市政府为促进国展中心及配套项目的建设,对国投公司展览场馆建设按实际投入资金的贷款利息,由市财政每年承担三分之一予以补贴。对项目建设过程中的各类收费,给予减、免、退的优惠政策;对国投公司应缴纳的水利建设基金、印花税等,按照地税部门审批程序,经批准后在三年内予以减免。

(3)在划地建馆的同时,政府另行批租其他可供开发的商业性用地,由此综合获益。如:成都世纪城国际会展中心。

(二)中国城市展览产业发展的组织运作模式问题

我国城市展览业发展过程中,城市展览场馆投资经营管理模式存在以下主要问题:

1. 展馆建造与展馆运营之间的矛盾越来越凸显

近几年,我国大型会展中心建设如火如荼,不但一线、二线城市在建造,甚至三线、四线城市也在建造。大量的展馆建造,不仅造成大量的资源浪费,随之而来的是展馆运营出现难题,今后,展馆建造与展馆运营之间的矛盾会越来越凸显。展览业的特征决定了一个城市展览会的数量是有限的,其主要是靠市场来调节,并不是说建造好场馆后,就有展览会市场了。

从短期、中期、长期来看,场馆大量建设可能会带来的结果如下:短期来看,结合展览场馆的利用,各城市政府争办、创办大型活动的行为将会增加,在国内主要展览城市举办的大型活动会大量增加,场馆租金将会进一步下降,参展商在面临着更多的参展地点和展会的选择的同时,还会出现难以决策的情形;中期来看,由于展会利润的进一步被摊薄,如果没有外来扶持(如来自政府的补贴等),一些经营难以维持的场馆可能面临破产,甚至会出现绝大多数展馆难以盈利的局面;长期来看,政府可能不得不采取措施强制合并或停办一些大型活动,大型场馆将主要依靠定期举办的一两次大型活动以及一些小型展会得以生存。

2. 国有展馆与其经营机构的产权关系不清晰

目前我国多数国有展馆与其经营机构的产权关系是不清晰的,展馆的所有者和经营者之间的责权利关系也不甚明确。事实上,国家投资建设的展馆的所有权应归政府所有,这应是无疑义的。这部分资产具体应由政府部门指定的资产管理机构管理(今后一般归城市的国资委管理)。而展馆的经营应是由资产管理部门委托或授权展馆经营公司经营,展馆经营公司与展馆的所有者之间是通过委托经营或授权经营方式建立起关系。在委托或授权期间,应根据双方在委托或授权书中的具体约定,由展馆经营公司负责经营展馆,吸引办展资源,使展馆经营效益最大化。作为展馆的所有者,则是通过对展馆的委托经营得到更多的资产回报,使这部分国有资产能够在收回投资的基础上不断保值和增值。

明确展馆经营机构与展馆所有者之间关系的意义在于促使展馆经营机构的市场定位更为明确。该机构的主营业务就是经营展览场馆,不断积累其经营管理和市场拓展的经验,使展馆经营效益最大化。因此,在未来的展会市场竞争中,就要考虑自身的核心竞争能力。

3. 展览场馆经营管理的专业化程度不高

会展场馆的经营管理要将科学化、专业化作为首要标准,要有专业化的指标来衡量经营管理的成功与否,包括场馆的使用率、场馆单位面积的租金、客户回头率以及客户和观众的满意度等。

4. 展览场馆经营管理的专业人才严重缺乏

专业经营管理人才严重缺乏,是导致目前我国展览场馆经营管理不善的重要原因。国外众多企业包括展览场馆在人才的利用上,主要是靠企业自身的培训,让员工不断掌握技能,以适应工作的需求。

(三)中国城市展览产业发展的组织运作模式问题的原因分析

我国展览场馆投资经营管理方面存在问题,其主要原因有以下几个方面:第一,忽视展览市场本身特点,缺乏科学的规划和真实有效的论证;第二,展业的市场化、专业化、产业化不足,政府直接介入展馆经营和展会主办;第三,展馆市场缺乏进入和退出机制;第四,展览场馆投资主体单一;第五,展馆场馆经营缺乏创新;第六,城市展览业缺乏整体促销。

三、中国城市展览产业发展的空间布局模式现状及问题

(一)中国城市展览产业发展的空间布局模式现状

我国城市展览产业布局模式往往与城市产业空间布局密切相关。纵观我国主要展览城市会展产业发展规划的空间布局(见附录G),北京是"四核八板块"布局、上海是"2+X"布局、杭州是"一核+五心+多板块"布局、南京是"一核三区"布局、广州是"两大会展中心为重要基地"布局、深圳是"五大会展中心"布局、东莞是"三大展览中心"布局、长沙是"1+3"会展场馆布局、郑州是"一圈多点"布局。综上可知,我国的一线、二线展览城市的展览产业空间布局模式大多为"多中心布局模式"。

(二)中国城市展览产业发展的空间布局模式问题

我国大多数城市展览产业布局模式没有能够带来集聚效应。从理论上分析,最佳展览产业布局就是单中心产业集聚布局模式——"展览城",这种模式既能节约资源、减少浪费,又能产生集聚效应。如果展览场馆采用多点分散布局,不利于产生规模效应和集聚效应。

(三)中国城市展览产业发展的空间布局模式问题的原因分析

我国城市展览产业布局模式"多中心分散布局"问题的原因有以下几个方面：第一，缺乏城市展览产业长期的发展规划，或者展览业长期发展规划制定太迟；第二，展览场馆的规划布局缺乏深入详细的论证；第三，在展览场馆的微观选址方面，受到地方政府利益的牵制太多；第四，展览场馆建造时没有预留发展空间。

四、中国城市展览产业发展的管理模式现状及问题

(一)中国城市展览产业发展的管理模式现状

从产业调控方式上看，我国各个城市展览产业发展模式基本上都属于政府主导型。下面分别分析政府、行业协会在展览产业发展中的作用。

1. 政府在中国城市展览产业发展中的作用

我国政府在展览产业发展中的主导作用，主要体现在制定展览产业发展扶持政策、直接投资场馆建设、直接主办展会、直接参与展览业管理等方面。

(1)城市政府出台扶持展览产业发展政策

城市政府出台扶持展览产业发展政策的内容，包括政府确立展览产业地位与发展方向、政府制定展览产业的资金扶持政策等。

1)展览产业地位与发展方向

各个城市主要是通过制定城市展览产业发展规划以及出台法规、意见来确定展览产业地位与发展方向的。早在"十一五"时期，全国31个省(区、市)中，有29个都在本地区的"十一五"规划中规划了会展经济的发展目标，如上海、北京、广州、深圳都定位于亚洲(亚太地区)的主要(重要)会展城市，杭州、南京、大连等城市的发展目标也相当明确，在于依托中心会展城市，成为国内所处区域的中心会展城市(见附录G)。

截至2019年6月，我国有60余个城市颁布了《会展业管理办法》《会展业专项资金管理办法》《会展业发展实施意见》等各项会展产业的法律、法令。其中宁波、西安、郑州、北京、青岛等十余个城市又颁布了进一步加快会展业发展的若干意见(见附录E)。这一现象大致说明了三个问题：第一，我国一线展览城市上海、北京、广州的展览业发达程度远远高于其他城市，且三城市分别是长三角、环渤海、珠三角的展览中心城市，由于区位差异，三城市展览业之间竞争不是那么激烈；第二，我国二线展览城市众多，其展览业发展程度相似，因此它们之间竞争也最为激烈，大多城市都想争夺我国展览业"第四城"的位置；第三，我国一些中小城市，由于发展展览业的基础和条件不具备，想通过政府政策来创造展览业发展的条件。

各个城市出台的加快会展业发展的若干意见的主要内容包括：明确会展业发

展的指导思想、发展目标和工作思路;明确会展业发展原则;明确会展业发展的重要意义;加强会展业发展的规划协调;加快市场主体培育;提高会展业管理服务水平;强化会展专业队伍建设;推进会展设施建设;健全会展业领导体制和运行机制;加大对会展业发展的政策扶持力度;加强会展业的宣传推介等。

2)展览产业的资金扶持政策

城市对展览产业的资金扶持政策主要是财政支持与直接的资金资助或奖励。在财政支持、奖励的内容与方式方面各个城市差别较大。经济实力较强或重点发展展览业的城市将这种支持与奖励列入财政补贴中,或设立专项基金,如北京、上海、西安、宁波、杭州等城市(见附录E);而一般地级城市只是对具体的展会进行个别的、一次性的补贴或奖励。会展专项资金主要用于展会招徕奖励展会补助、会展宣传以及基础性工作经费。

有些城市通过税收手段对展览业进行扶持,如上海市、广州市、宁波市。广州市地税局出台《关于广州市会展业营业税征收管理的通知》,明确规定,从2008年4月1日(税款所属期)起,将会展业营业税适用税目从"服务业-租赁业"全额征税调整为按"服务业-代理业"差额征收营业税。上海市地方税务局发布《关于本市会展业营业税征收问题的通知》,也明确和规范上海市举办或组织会议业和展览业的营业税征收问题。宁波市政府为促进宁波国际贸易展览中心及配套项目建设,对宁波国际贸易投资发展有限公司展览场馆建设按实际投入资金的贷款利息,由市财政每年承担1/3,此外还有其他一系列的税收优惠措施。

(2)城市政府直接参与展览业的运作与管理

城市政府直接参与展览业的运作与管理具体表现在四个方面:对展会进行审批、成立展览业管理机构、直接投资展览场馆、直接主办展会。

1)展览会审批管理

我国对展览会的审批管理分为境内、进境和出境展览会审批管理。根据国务院2003年的有关规定,在我国境内举办对外经济技术展览会的主办和承办单位的资格审批均已取消。外国来华经济贸易展览会(进境)审批管理包括:来华1000平方米以上经济技术展,实行分级审批;来华1000平方米以下经济技术展,需向有关主管单位备案;文化艺术展览会由文化主管部门审批。出国举办经济展览会(出境)由相关部门进行审批(见附录F)。

2)展览业的管理协调机构

截至2018年,我国已有大部分城市成立了城市会展业管理协调机构,称之为"会展办"(会展业管理办公室、会展业发展办公室、会展业协调办公室、会展业促进办公室、会展业领导小组办公室等的简称)。一线展览城市中广州成立了广州市会展业管理领导小组,上海成立世博会事务协调局,浦东新区成立了浦东新区会展发展办公室。二线展览城市大部分都成立了类似"会展办"的会展业管理机构,例如苏州市成立会展业发展工作领导小组,天津市成立人民政府大型会展论坛活动办公室,温州市建立会展领导小组办公室和市大型活动办公室等。三线展览城市中也有部分城市成立了会展业管理机构。

我国城市"会展办"的主要职责有以下几项:负责拟订城市会展业发展中长期规划和年度计划,研究拟订相关政策、法规和规章制度;负责城市会展业市场运行情况的综合及统计分析、市场预测,组织信息发布,监控市场运行;负责培育会展市场,协调国家、省及外地在本城市举办的各类大中型会展活动;负责国家有关部门及省、市政府下达的城市外埠商品展洽活动的组织工作;综合汇总分析会展、广告、中介等商务服务业发展趋势和动态情况,提出对策建议;负责城市行业管理等。

3)政府主导型展会

在我国政府主导型展会占有一定的比例。根据2003年商务部组织的《2001—2003年全国性展览行业调查》数据,2003年政府主导型展会数量占当年举办数量的25%,并初步形成国家级、省市级、区县级分级主办的局面。据《中国政府主导型展会研究报告》数据,2006—2008年我国政府主导型展会占全国展会数量的比例大约是21%[1]。2018年政府主导型展会——首届中国国际进口博览会在上海国家会展中心举行,创造了多项国际博览会纪录,吸引力、感召力强,参展国别范围、展位面积、企业数量、企业质量、采购商规模、嘉宾人数都超出预期。首届进博会包括展会和论坛,展会由国家贸易投资综合展和企业商业展组成;国家展主要展示各国形象和发展成就,只展示不成交;企业展分为七大展区,既有货物贸易,也有服务贸易。来自五大洲的172个国家、地区和国际组织参会,3617家境外企业参展,汇聚了世界220家世界500强和行业龙头企业参展,展览面积达30万平方米,130多个参展国家实现成交,成交总额超过 578 亿美元,成为国际博览业史的一大创举。目前,我国政府主导型展会呈现出三个特点:展会数量比例有所下降但单体规模呈现增大趋势;展会总体表现为主办级别越高其规模和声势越大;不同区域展会的质量与区域经济发达程度相一致。

4)直接投资场馆建设

无论从展馆投资模式考察,还是从展馆经营方式看,我国各地政府介入城市会展业的特征明显。从场馆投资方式看,目前我国的展览会场馆主要是当地政府投资,政府在这方面的干预性比较强。根据统计,截至1999年,全国展览场馆147个,由政府投资兴建的占99%[2]。到2004年4月,我国75%的展馆为国有,9%为三资

①数据来源:2009年第二届中国城市会展高峰论坛暨政府主导展会创新发展论坛发布的《中国政府主导型展会研究报告》。

②周素芬,2003.会展企业核心能力与多元化发展研究——以中国对外贸易中心(集团)为主案例分析[C].暨南大学硕士学位论文。

企业,9%为私营企业,7%为股份制和其他类型企业①。目前,我国展览场馆的投资呈现出多元化趋势,但政府直接投资还是占很大的比重。

2. 行业协会在中国城市展览产业发展中的作用

我国的展览业经过几十年的培育和发展后,进入了一个高速发展的时期,存在的问题也越来越明显。为了应对无序竞争的现状和优化展览环境的要求,我国一些城市已率先成立了会展业行业协会(见表7.3)。从表7.3中可以看出,我国一线、二线展览城市基本都已经成立了会展业行业协会,会展业发展越早的城市,成立协会的时间也较早。

表7.3 中国部分城市会展行业协会及成立年份

协会名称	成立年份	协会名称	成立年份
上海市会展行业协会	2002年	北京国际会议展览业协会	2001年
广州市会议展览业协会	2005年	南宁市会展行业协会	1996年
深圳市会议展览业协会	1989年	长春市会展行业协会	2000年
芜湖市会展行业协会	2009年	宁波市会展行业协会	2003年
佛山市会展行业协会	2004年	武汉市会展行业协会	2009年
合肥市会展行业协会	2004年	杭州市会展行业协会	2003年
银川市会展行业协会	2009年	临沂市会展行业协会	2008年
温州市会展行业协会	2001年	重庆市会展行业协会	2003年
昆明市会展行业协会	2004年	长沙市会展行业协会	2005年
西安市会展行业协会	2002年	福州市会展行业协会	2002年
天津市会展行业协会	2004年	日照市会展业协会	2005年
太原市会展行业协会	2008年	南京市会展业协会	2010年
乌鲁木齐市会展行业协会	2010年	西宁市会展业协会	2010年
苏州市会展行业协会	2011年	三亚市会展行业协会	2011年
阳江市会展行业协会	2012年	大连市会议展览行业协会	2013年
张家界市会展行业协会	2013年	贵阳市会展行业协会	2013年
贵阳市会展行业协会	2013年	惠州市会展行业协会	2014年
青岛市会展行业协会	2015年	廊坊市会展行业协会	2015年
兰州市会展行业协会	2015年	运城市会展行业协会	2018年

资料来源:根据相关资料整理。

我国城市会展行业协会有以下共同特点:第一,在协会性质上,都是从事会议、

---

① 王起静,2004.会展中心的市场化道路(上).中国会展(8):44-45。

展览业及相关的企事业单位自愿组成具有法人资格的行业性、非营利性社会团体；第二，在协会宗旨上，基本都是"遵守中华人民共和国法律、法规，在政府有关部门的指导下，协助政府从事行业管理，为会员提供服务，维护会员合法权益，提高行业整体素质，形成行业自律机制，组织行业国际交流与合作，保障行业公平竞争，加强会员与政府、社会的联系，促进本城市会展行业的健康发展"；第三，在协会的领导单位上，都接受业务主管部门和社团登记机构的双重领导，如上海市会展行业协会同时受上海市商务委员会业务指导及上海市社会团体管理局的监督管理，广州市会展行业协会接受业务主管单位广州市协作办公室的业务指导和登记管理机关广州市民间组织管理局的监督管理；第四，在协会业务范围上，主要是会展行业协调、项目申报代理、提供信息、咨询、培训、认证、评估、招商、统计、年审服务等。

(二)中国城市展览产业发展的管理模式问题

中国城市展览产业管理模式存在的主要问题是政府职能错位、管理体制不顺、行业协会职能发挥尚不明显、展览产业政策及法律规范缺乏等。

1. 政府职能错位

在展览业调控方面上，我们明显存在着政府职能错位的现象，其主要表现在两个方面：第一，政府直接办展过多。我国各级政府机构主办、承办的各种展览会占总展览会数量的20%左右。传统的政府主导型展会一般属经贸洽谈会、博览会等综合性展会，现在一些汽车展、电子展、礼品展等专业展览会，政府也大量介入；第二，管理与服务缺位。这表现在各城市普遍对展览业缺乏统筹规划和政策引导、法律规范，缺乏统一的政策支持体系、统计和信息发布体系、展览评估体系，未能推动建立展览行业自律机制等。政府职能的错位直接或间接造成以下三个后果：第一，不利于展览企业的成长和展览市场的培育；第二，直接导致展览场馆建设的过热与攀比；第三，造成不同政府间的不良竞争与资源的浪费。

2. 行业协会职能发挥尚不明显

目前我国许多城市都成立了会展行业协会，也都有职能定位，但在实践中其发挥的作用并不明显。有部分城市会展行业协会所起的作用尚可，如上海、温州等。但有些城市的会展行业协会，其协调、组织、教育等一系列该开展的工作都没有展开，几乎形同虚设。各城市的会展行业协会直属的政府相关部门，大多扮演着"二政府"的角色，对行业的代表力十分有限。就目前实际情况来看，行业协会的成立没有完全达到规范行业发展的要求，没有能够完全遏止重复办展，帮助展览企业解决一些实际问题和市场调控能力有限，提供行业信息和服务有待于进一步完善。

3. 展览行业管理体制不顺

我国展览行业管理体制不顺主要表现在以下三个方面。

（1）国家至今对展览产业没有一个明确的行业主管部门

多年来我国一直未明确展览业的行业主管部门，目前对展览业实行的仍是延续多年"条块分割，内外分离"的"多头"审批管理体制。在没有全国统一的宏观指导政策、行业发展规划的情况下，各个城市政府往往不能跳出地区局限，准确定位本城市展览业发展程度，直接导致展馆建设过热。

（2）管理手段主要依靠审批

目前我国的展会审批制度还没完全取消。多渠道、多层次地对展览举办活动进行审批，审批机关间缺乏必要的信息沟通和协调机制，导致信息不透明，使展览业与有关行业间信息严重不对称，且广泛存在"批而不管、以批代管"的现象，这是造成我国展览业多头办展、重复办展、恶性竞争的重要原因。

（3）全国性展览行业协会缺位

展览业发达国家的实践经验表明，成立全国统一的、权威性的展览行业协会必不可少。成立全国性的展览行业协会，对我国展览业进行行业间的协调和管理，是解决我国展览业存在的各种问题的有效途径，也是目前展览业管理中最紧迫的任务。根据现行规定，我国行业协会成立的首要条件是确立主管单位，而目前展览业的主管单位主要是商务部和中国贸易促进会，哪个主管部门都不会轻易放弃对展览行业协会的主管权，其实质还是一种利益的博弈。为了避免给我国的展览业的发展带来不利的影响，最好的解决途径是政府高层的强力制衡。

4. 展览产业政策及法律规范缺乏

在展览业发达国家，展览产业政策已经相当成熟，有关指导展览业发展的法律规范也比较完备。我国展览业经过几十年的发展，已经形成一定规模，但产业政策和法律规范缺乏。尽管有些城市制定了展览产业发展规划，对城市展览产业发展给予产业政策指导，但对全国展览城市、展览区域功能以及对外合作尚没有一个统一的战略布局，这需要制定全国总体发展规划的产业政策加以解决。

在展览业法律规范方面，上海、长春、南京、宁波等城市通过制定展览业管理办法等地方性法律规范来指导本城市展览业发展。2005年3月，上海市人民政府颁布了《上海市展览管理办法》，这是我国第一部关于展览业的地方法规。关于展览业发展的国家性法律规范至今还是空白，无法可依是我国展览业无序竞争严重的主要原因之一。展览会的举办是涉及展览馆经营商、组展商、配套服务供应商、参展商、观众等利益关系的经济活动，由于展览会的集群效应，展览会的举办又是一项关涉政治、社会、文化的综合活动，在以法治国、依法行政的大背景下，展览会举办有关各方的权利义务、组展商的市场进入和退出机制、政府部门的监管职责、中介组织的协调服务功能、知识产权保护，都需要法律规范。

（三）中国城市展览产业发展的管理模式问题的原因分析

以上我国展览产业管理模式存在的几方面问题,主要是由政府、行业协会、企业三大主体在产业调控中,职能错位、管理与运作体系混乱造成的。这与我国展览业水平分工体系下的管理结构有很大的关系。

展览业水平分工体系下的管理结构,是一种忽视行业协会,政出多门,政府管理部门水平分工的管理体系,企业的对应部门管理关系复杂。我国城市展览产业的管理体系基本属于这种类型(见图7.7)。从图7.7中可以看出,水平管理体系表现为管理机构复杂,受到多个部门的管制。这种政出多门的管理体系会导致展览行业管理体制不顺。

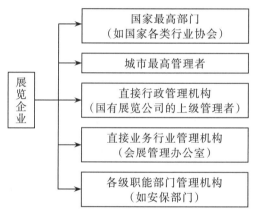

图 7.7　水平分工体系下的展览企业对应关系

水平管理体系下的产业运作体系的表达是一种市场推动多元化的运作方式,市场核心源难以界定,比较容易造成经济壁垒和价格竞争(见图7.8)。

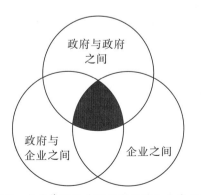

图 7.8　水平管理体系下的市场核心元素重叠

从图7.8来看,水平管理体系下的运作,受到核心元素的不确定影响,市场重叠现象十分严重。这样会导致政府各个部门之间、企业与企业之间、企业与政府之间的相互交叉比较突出,形成一种无序的竞争态势。

第三节 中国城市展览产业发展模式的优化

对某一具体城市而言,城市展览产业发展模式并不是一成不变的,会随着城市产业发展状况及国内外经济环境的变化而不断调整与优化。下面对我国城市展览产业发展模式优化的内涵与动力、目标与路径、对策与建议进行深入的探讨。

一、中国城市展览产业发展模式优化的内涵与动力

(一)城市展览产业发展模式优化的内涵

城市展览产业发展模式优化是在既定目标下,在一定约束条件下寻找一种最佳的城市展览产业发展模式的过程。其具体内涵包括以下几个方面:

1. 城市展览产业发展模式本身没有优劣之分

判断一种城市展览产业发展模式的优劣与否不是取决于模式本身,而是取决于该模式是否适合一个城市的发展。城市展览产业发展模式的优化,是指用一种新的模式来取代旧的模式,即在展览产业发展目标和发展的外部环境变化后,新的发展模式比旧的发展模式更有利于展览产业的发展。

2. 城市展览产业发展模式的优化是在既定的产业发展目标下的优化

在没有目标的情况下探讨城市展览产业发展模式的优化没有任何意义。而在城市展览产业发展的不同阶段,产业发展的目标定位也是不同的。比如,在城市展览产业发展初期,往往是将充分利用城市资源,提升城市服务功能作为目标;随着展览业的成熟与壮大,优化产业结构、提升城市形象、发展成为城市现代服务业的先导产业则成为产业发展的主要目标;再进一步发展,展览产业发展目标往往是成为现代服务业的支柱产业。

3. 城市展览产业发展模式的优化是在一定条件下的优化

不考虑约束条件的优化没有任何意义。不同的城市发展展览产业的基础与条件有很大的差异;政府、行业协会、企业在城市展览产业发展中扮演的角色也有区别;各个城市的城市功能、城市产业集群、城市竞争力也是不同的。城市展览产业发展模式优化是在上述条件下的优化。

4. 城市展览产业发展模式是一个动态演进的过程

城市展览产业发展模式不是一成不变的,要根据内外部环境及时加以调整,实现城市展览业的可持续发展。比如,城市展览产业发展初期,需要政府的大力推动

与支持,可采取政府主导型发展模式;随着城市展览产业的壮大以及行业协会的成熟,可采取政府市场结合型发展模式。由此可知,城市展览产业发展模式的优化虽然有其内在的客观规律,但也不是完全不可控的。各个城市可根据城市展览产业发展的情况,及时进行发展模式调整和优化。

(二)城市展览产业发展模式优化的动力

我国城市展览产业发展模式优化的动力主要有全球城市展览产业分工格局的演变、城市展览产业比较优势的消长、城市展览产业相关利益者的驱动等。

1. 全球城市展览产业分工格局的演变

随着全球经济一体化以及新兴国家经济的崛起,全球展览城市分布格局呈现出多元化趋势。除了传统的欧美展览城市外,俄罗斯、印度等国的城市展览业也迅速崛起,在全球展览业中的地位得到显著提高。展览业作为当今经济全球化的重要的国际贸易交流平台,抢占国际展览市场的份额对于一国的经济发展起着至关重要的作用,引起了世界各国的高度重视。展览新兴大国借助跨国展览巨头品牌移植,大力发展本国的展览业,并力争在国际展览市场这块大蛋糕中能够分享利益,从而打破传统欧美展览强国的垄断局面。

欧美展览业发展较早,市场已接近饱和。一方面,为了寻求更大的发展空间,国际展览巨头纷纷把目光瞄向了海外市场,通过资本运作进行低成本扩张,进入展览业相对落后的发展中国家市场。如励展集团在亚洲进行了多次收购,寻求扩张亚洲市场。另一方面,展览巨头也充分利用他们的全球网络将其已经建立起来的品牌展会移植到其他国家举办。如德国的汉诺威展览公司将其品牌CeBIT移植到了亚洲,举办了CeBIT Asia,还在伊斯坦布尔、澳大利亚等地区举办了CeBIT展会。著名展会如德国法兰克福的国际消费品展览会Ambient、美国的消费电子展CES等都纷纷被移植到亚洲等地区。

国际展览巨头的全球市场抢占和新兴国家展览业的崛起,对我国展览产业的发展是很大的挑战。优化展览产业发展模式,促进展览产业健康发展,是在全球展览业发展中不被淘汰的路径之一。

2. 城市展览产业比较优势的消长

一个城市的展览产业发展模式的形成和发展与其展览产业的比较优势密切相关,而一个城市比较优势是一个在纵向和横向上都不断变化的动态过程。由于经济发展的不同步,不同城市产业发展水平和速度也不同。与此同时,随着新展览场馆不断建造及新展览项目的不断培育,各个城市展览业的规模和质量也都不断发生变化,这些因素都会强化或弱化一个城市的展览业比较优势。一个城市展览产业比较优势的变化,决定一个城市必须选择一种新的发展模式。由于比较优势的消长是一个永恒的过程,因而产业发展模式也是一个不断优化的过程。

3. 城市展览产业相关利益者推动

城市展览产业的相关利益者包括展览企业、参展商、专业观众、地方商家、城市政府、行业协会等。城市展览产业发展程度与利益相关者有密切的利害关系,其会推进改善城市展览业发展的外部环境、完善展览业的运行体制与机制,为城市展览业发展创造更好的条件。因此,城市展览产业发展模式的优化和产业的升级有一种天然的内生性。

二、中国城市展览产业发展模式优化的目标与路径

(一)中国城市展览产业驱动模式优化的目标与路径

1. 中国城市展览产业驱动模式优化的目标

中国城市展览产业驱动模式优化的目标是:在城市已经具备展览产业发展的基础和条件的前提下,根据自身的城市功能、城市产业集群、城市竞争力选择合适的展览产业驱动模式,并形成风格迥异的"展览城市"。

在具体城市展览产业发展的驱动模式优化方面,根据城市展览产业的主要驱动力,可以大致把我国61个展览城市的展览产业驱动类型归到这四种典型类型中(见表7.4)。

表7.4　中国61个展览城市的展览产业驱动类型一览

驱动类型	市(区)
产业驱动型(16个)	临沂、中山、东莞、佛山、义乌、温州、潍坊、绵阳、芜湖、唐山、台州、南通、邯郸、金华、淄博、绍兴
市场需求驱动型(19个)	郑州、长沙、廊坊、石家庄、合肥、南宁、无锡、贵阳、南昌、福州、兰州、乌鲁木齐、海口、徐州、西宁、太原、包头、呼和浩特、银川
城市魅力驱动型(7个)	昆明、苏州、三亚、桂林、烟台、威海、珠海
城市综合实力驱动型(19个)	上海、广州、北京、深圳、成都、青岛、南京、武汉、西安、长春、沈阳、重庆、济南、大连、杭州、厦门、宁波、哈尔滨、天津

城市综合实力驱动型展览城市主要由4个中央直辖市和15个副省级城市组成,这些城市除上海、北京、广州属于一线展览城市外,其他城市全部属于二线展览城市。由此也印证了"展览业首先在城市综合实力强的城市产生"的理论。二线展览城市中的东莞、义乌、中山、佛山展览业属于典型的产业驱动型,这些城市举办的展会,大都与其产业集群密切相关;二线展览城市中的郑州、长沙、合肥都是省会城市,是区域的中心城市,有一定的市场腹地,其展览业属于市场需求驱动型;二线展览城市中的昆明、苏州都是我国著名的旅游城市,其展览业与旅游业联动发展,属于城市魅力驱动型。

2. 中国城市展览产业驱动模式优化的路径

（1）根据城市功能进行驱动模式优化

首先，从城市的"能性"对展览业驱动模式进行优化。如果城市的政治、经济、文化性质都相当突出，适合城市综合实力驱动型发展模式；如果城市的旅游休闲文化性质相当突出，适合城市魅力驱动型发展模式；如果城市的特色产业经济性质相当突出，适合产业驱动型发展模式；如果城市的经济贸易性质相当突出，适合市场需求型发展模式。

其次，从城市的"能级"对展览业驱动模式进行优化。如果城市的"能级"很高，具有全球或洲际影响力，可以发展成为全球或洲际展览城市；如果城市的"能级"高，具有全国影响力，可以发展成为国家级展览城市；如果城市的"能级"一般，具有区域影响力，可以发展成为区域展览城市。

最后，从城市的"能位"对展览业驱动模式进行优化。在区域城市体系内，各个展览城市的定位要具有差异化，形成一个既具有专门化分工协作，又具有综合性功能的展览城市群（带）。

（2）根据城市产业集群进行驱动模式优化

城市产业集群对城市展览产业发展模式的优化，主要体现在两个方面：对特色产业发达的中小城市来说，产业集群圈是城市展览产业发展的主要驱动力，这些专能性城市要充分利用其优势发展展览业；对综合实力较强的城市来说，城市产业集群是打造城市品牌展会的重要优势。

（3）根据城市竞争力进行驱动模式优化

城市竞争力对城市展览产业发展模式的优化，主要体现在：城市综合竞争力不仅决定城市展览产业是否生成，而且是其发展的重要驱动因素。在我国294个地级市中，城市综合竞争力排名在100名以后的城市都不太适合发展展览业，因为，这些城市不一定具备城市展览产业发展的基础。即使是城市综合竞争力排名在100名以前的城市，具备展览业发展的基础，展览业是否发展起来，也要看其发展条件。

（二）中国城市展览产业组织运作模式优化的目标与路径

中国城市展览产业组织运作模式优化的目标是：展览场馆建设投资市场化、展览场馆经营管理市场化和专业化、政府调控宏观化。

1. 展览场馆建设投资市场化

场馆建设投资市场化，打破了展览场馆只能由政府全额投资的做法，这种模式广泛被各国接受，纷纷以各种形式引进外资或者民间资本建设场馆。我国可以在场馆建设方面引进公开招标的做法，采取 BOT（Build-Operate-Transfer）模式即建设—经营—移交模式，基本思路是：由政府或所属机构对项目的建设和经营提供一种特许权协议(concession agreement)作为项目融资的基础。由本国公司或者外国公司作为项目的投资者和经营者安排融资,承担风险,开发建设项目,并在有限的时间内经营项目获取商业利润,最后,根据协议将该项目转让给相应的政府机构。有时,BOT模式被称为"暂时私有化"过程(temporary privatization)。采取这种模式的一个前提是,后续的经营能够有可预期的、稳定的现金流,以收回建设方的投资;也可以采取"PPP"(Public-Private Partnerships)模式,即政府首先对投资项目进行公开招标,然后与中标企业共同投资建设,并且交由企业方经营,最后双方依照协议分配项目收益。一定年限之后,项目产权移交给政府。

2. 场馆经营管理市场化和专业化

展览场馆在完全的政府投资和政府经营管理之下,往往会出现管理效率低下、管理人员不专业、服务水平低下、官僚主义盛行等现象。所以无论在政府的完全投资还是采用"PPP"模式之下,场馆的经营管理都迫切地要求市场化。而且随着展览场馆的建设投资市场化,这部分资金所有者必然要求在场馆的经营管理方面有一定的发言权,这是任何一种资本在投资回报方面的正常要求。

政府完全投资情况下,可以采取"公有托管"和"公有民营"相结合的方式。前者在经营的过程中,政府并不直接经营和管理,而是委托一个专业委员会来从事管理和监督,这也被称为"委员会管理模式"。后者政府以公开招投的方式选择民营企业对展览场馆进行经营,管理企业必须对政府做出一定的经营目标的承诺,这种经营管理模式目前应用得比较广泛,其好处是政府可以缩减大量隐性和不可预知的成本开支。这两种情况下,受委托的"委员会"或者管理企业可以适当地开发自办展来保证自己的经营目标和提高场馆的利用率。针对我国现在大多数场馆的经营现状,这种方式似乎更加适合我国的国情。

3. 政府管理宏观化

我国展览场馆结构严重不合理,由于各地政府急功近利,中小型展馆居多,大规模的展馆很少,形成"只见森林,不见树木"的局面;另外由于展览经济地区之间的发展不平衡,各地区之间的展览场馆建设也不平衡,这种不平衡本是一个很正常的现象,但是如果没有政府进行宏观调控,那么中国的场馆建设会在各地低水平的重复建设道路上越走越远。

在市场化的过程中,政府的角色和行为决定着场馆的市场化是否彻底。政府应该退出展览场馆的直接经营管理,但是可以作为股东,更多扮演政策制定者和地区协调者的角色,为本地区的展览业的发展提供更加健康的经济环境。

总之,随着我国市场经济的不断深入,展览场馆建设和经营的市场化是一个大的趋势。政府如何转变自身角色,出台关于展览产业的一些政策法规,保证我国展览业正常有序地进行,是展览场馆经营管理在市场化进程中的一个关键因素。

（三）中国城市展览产业布局模式优化的目标与路径

中国城市展览产业空间布局模式优化的目标：各个城市展览场馆规模要与城市展览市场需求基本平衡，展览场馆出租率应该保持在50%以上；城市展览场馆及相关配套设施布局合理。

1. 制定展览产业发展规划，优化产业空间布局

城市展览产业发展规划，对城市展览业发展的目标、原则、定位、空间布局、发展任务、保障措施及政策等进行了全面的分析与梳理，是城市展览产业发展的纲要。科学规范并具有前瞻性的发展规划，有利于城市展览产业布局的优化。如果一个城市有多个展览场馆，城市展览产业空间布局要"主次分明、错位经营、适度竞争"。一般来说，城市都是以一个大型的现代会展中心为核心的"一核多辅"布局。这种布局模式能积极引导展览企业经营、产业集聚和空间布局的规模化。

2. 科学论证展览中心选址，优化产业空间布局

展览产业最大的公共产品是展览中心，展览空间布局和场馆建设要具有前瞻性。大型展览中心一般是作为城市基础设施，由政府负责建设，委托专业公司管理。建设大型会展中心，是政府发展城市展览业最大的投入，展览中心的布局与规模，基本上决定了城市展览业在一定时期内的产业规模，在规划立项时一定要考虑到满足将来的需求。

（四）中国城市展览产业管理模式优化的目标与路径

1. 中国城市展览产业管理模式优化的目标

中国城市展览产业管理模式优化的目标是：建立政府协调与服务、行业协会统筹与监管、企业自主经营与规范的"三位一体"展览产业调控体制与机制。城市展览产业各调控主体职责明确、特征明显（见表7.5）。

表7.5　城市展览产业调控主体的特征与职能

调控主体	主要特征	主要职能
企业	自主性、营利性、竞争性	创建品牌、举办专业化、高质量展会
行业协会	民间性、代表性、服务性、非营利性	制定行规、协调管理、提供基础数据、人才培训、资质评定、展会统计
政府	唯一性、全国性、权威性、服务性	完善宏观环境、制定展览业法律法规、协调基础设施建设、提供公共服务、进行展览业整合促销

各个城市在具体展览产业管理模式的选择上，应结合城市市场经济的发展现状和城市经济特征来选择。一线展览城市和部分二线展览城市可选择政府市场结合型调控方式；三线展览城市和部分二线展览城市还应以政府主导型展览产业管

理模式为宜。由于我国展览产业总体成熟度较低,贸然采取纯粹的协会型或市场型管理模式,会加大展览产业的风险。

2. 中国城市展览产业管理模式优化的路径

鉴于目前我国展览产业的水平管理体系带来的一系列问题,建立展览产业垂直管理与运作体系是优化展览产业管理模式的重要途径。

展览产业的垂直管理与运作体系,是一种自上而下的产业管理与运作体系,政府与企业属于服务与被服务的关系。国外采用政府主导型展览产业管理模式的国家,基本上都是垂直管理与运作体系。在这种管理体系下,政府是宏观经济调控和公共服务供给的主体,其在展览产业中所起的作用为协调和服务;行业协会介于政府与企业之间,是一个代表会员利益的行业自律组织,是行业的信息中心、教育培训中心和资质认证中心,其主要作用是统筹与监管;企业是展览业的微观主体,是自负盈亏、自主经营的经济实体,是推动展览业发展的主导力量,其在展览业调控中的主要作用是自主经营与规范发展(见图7.9)。

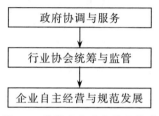

图 7.9　展览产业垂直管理体系

垂直体系下的展览产业运作体系是一种政府、行业协会、企业各司其职、相互促进的运作关系,这其中,作为真正的企业代言人,而不是政府代言人的行业协会是市场推动的核心力量(见图7.10)。

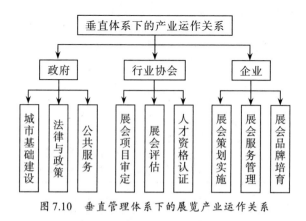

图 7.10　垂直管理体系下的展览产业运作关系

从图7.10中可以看出,在展览产业运作过程中,政府属于保驾护航的角色,特别在基础设施建设、法律法规制定和公共服务提供方面有着至关重要的作用;展览行业协会是市场强有力的监控者,是维护市场秩序的核心力量,协会通过审定和评估手段,推动展会品牌化进程;企业是展会市场规模化的具体实践者,它的市场促销水平和服务提供能力决定着展会的水平与相关影响。

三、中国城市展览产业发展模式优化的对策与建议

(一)中国城市展览产业驱动模式优化的对策建议

1. 尽早编制全国性展览产业发展规划

从宏观角度看,应该尽早编制全国性的城市展览产业发展规划。在规划中,不同"能性"的城市,展览产业发展要优势互补;不同"能级"的城市,展览产业发展要层次有序;不同"能位"的城市,展览产业发展要合理布局。

2. 各城市理性制定城市展览产业发展战略

从中观角度看,各个城市应理性制定展览产业发展战略。城市展览产业发展战略要充分考虑自身展览产业发展阶段以及城市功能所处的历史演变阶段,并针对自身城市功能的"能性""能级""能位"特征,进行合理的定位。

3. 展览企业根据城市特色创建品牌展会

从微观角度看,展览企业要从实际出发,依照该城市功能及其产业集群的特点,恰如其分地组织一些具有本城市特色的展会活动,打造特色展览会品牌。只有这样,我国城市展览产业才能健康有序发展。

(二)中国城市展览产业组织运作模式优化的对策建议

1. 加强对展览场馆建设的宏观调控

加强对会展场馆建设的宏观调控,对不具备条件的已立项场馆全面清理,对很多不具备发展展览业的城市中的展览场馆建设要严格控制,在用地审批,政府资金投入、政府或国有企业担保的银行贷款等方面都要全面清理。在当前我国展览场馆建设以国有资产投资为主体的前提下,展览场馆建设的一哄而上,必然造成大量的国有资产沉淀,而国家或国有企业担保向银行贷款,在展览业收益不佳的前提下,必然造成银行的坏账,最终必然造成国有资产的流失。对不具备展览发展条件的城市的已经立项的项目要尽快重新研究,对已经上马的展览场馆建设,要尽快研究如何转型,以免造成更大的浪费。

2. 组建大型专业展览企业,发挥"龙头"带动作用

目前,我国各城市展览企业不是数量太少,而是数量太多、实力太弱,没有大型专业展览集团与国外展览巨头抗衡。各城市要采取政府主导、联合各方投资的方式,整合政府现有办展力量,组建大型专业展览企业。将目前政府主办的重点展会

转交大型专业展览企业承办,并使其承担起展会运作职能。政府可在资金、运作、人才等方面给予适当优惠,鼓励其以资本为纽带,通过联合、合作、参股等方式,壮大企业规模,引入品牌会展,发挥对展览产业发展的"龙头"带动作用。

(三)中国城市展览产业布局模式优化的对策建议

1. 建立展览场馆的进入和退出机制

有的城市展览场馆很多,但有些展览场馆或硬件设施老化或位居闹市,交通条件不好,已不适合办展。对这些存量展馆应该进行调整,根据市场情况转为证券营业厅或商场等,有的也可以继续保留,举办一些小型的消费品展览会。在展馆的调整和转行中,城市政府部门应该要尊重市场规律,建立起展馆的进入和退出机制,同时场馆经营者不能不顾市场需求,在展馆的经营上一厢情愿。城市对于展馆的合理控制,一方面就是表现为对增量的控制,而另一方面则表现为对存量的调整。

2. 积极推进城市展览产业集群发展

城市政府要积极制定产业政策,推动展览产业集群发展。展览产业集群发展有一个渐进的过程。一般来讲,一个完整的展览产业渐进过程包括展览企业集聚—展览企业集群—展览产业集聚—展览产业集群。展览产业集群是在展览产业集聚的基础上进一步发展的高级阶段,展览产业积聚到展览产业集群的演变很关键,除了产业自身固有的集聚和扩散机制之外,外力的推动作用也非常重要,特别是城市政府的产业政策和产业规划的导向作用。

(四)中国城市展览产业管理模式优化的对策建议

1. 明确主管部门,理顺管理体制

目前我国展览业行业主管部门一直没有统一,这是造成我国展览业发展混乱的主要原因。理顺管理体制是促进我国展览业健康发展的重要前提和关键。建立合理、有序、高效的展览业宏观管理体制已成为当务之急。在这一管理体制中,重要的是要明确统一的行业归口管理部门。

明确统一的行业主管部门后,国家主要运用法律的、经济的和规范的行政管理手段对展览业进行管理,实施检查监督,实现宏观调控目的,保障行业发展。明确主管部门,并不意味着由某一部门包打天下,而是在明确各部门分工和责任的基础上,统筹规划与协调展览业的发展。例如,展览活动作为大型社会经济活动,还涉及工商、公安、消防、海关、商检、外汇等管理部门,主管部门就应牵头进行综合协调。

2. 尽早成立全国性展览行业协会

行业协会是市场经济体系中的重要组成部分,在一个行业的规范发展中起着十分重要的作用,也是发达国家发展展览业的成功经验。目前在我国展览业较为

发达的各大城市,普遍已经成立了地方性会展行业协会,但迄今尚未成立全国性的会展行业组织。中国展览业协会组建成立后,在政府部门的指导下,可以牵头制定展览业行业规范和服务标准体系、展会评估体系、展览组织者资质评定体系,组织实施数据统计、信息发布与交流以及人才培训,成为我国展览行业管理和公共服务的良好补充。

3. 尽早出台全国统一的展览产业法律法规

国家应尽快出台展览行业法律法规,明确展览业的管理部门、市场主体资格,依法限定展览会的冠名,明确展会评估、品牌认证机制以及各方面的权利义务,加强对展览活动的市场监管,建立违规处罚机制,引导行业组织、展览主办单位和场馆等发挥自律作用,为经营者创造一个法治的、可预见的市场环境。

第四节　本章小结

本章是对中国城市展览产业发展模式现状、问题及优化对策研究。首先,从中国展览城市的分布、大型展览场馆的分布、UFI认证展会的分布以及规模以上展会的城市分布四个方面,对中国城市展览业发展现状进行全面了解;其次,对中国城市展览产业发展的"四维"模式的现状、存在问题及其原因分别进行了深入探讨;最后,提出中国城市展览产业发展模式优化的内涵与动力、目标与路径、对策与建议。本章的主要研究结论如下:

1. 按照城市举办展览会数量、城市展馆室内展览总面积、城市UFI认证展会数量、城市规模以上展会数量与面积等指标,我国的展览城市大致可分为三个级别,即一线、二线、三线展览城市。上海、广州、北京三个展览业增长极,构成了我国展览业一线城市。二线展览城市有深圳、成都、青岛、郑州、南京、武汉、西安、长春、沈阳、重庆、济南、大连、临沂、长沙、杭州、厦门、宁波、廊坊、中山、东莞、佛山、哈尔滨、天津、昆明、义乌、石家庄、合肥、苏州等28个城市。三线展览城市有南宁、无锡、温州、贵阳、南昌、福州、兰州、潍坊、乌鲁木齐、海口、三亚、绵阳、徐州、桂林、芜湖、唐山、西宁、台州、烟台、太原、威海、包头、南通、珠海、邯郸、金华、淄博、呼和浩特、银川、绍兴等30个城市。

2. 中国城市展览产业发展驱动模式存在以下几方面问题:政府强力推动展览产业发展、城市展览产业定位不够合理、城市展览产业驱动模式特征不突出等。存在这些问题的主要原因有:对展览业的认识误区(对展览业带动效应的认识误区、对展览场馆创造市场的认识误区、对会展业的认识误区);城市政府的政绩意识驱使;城市功能同化现象严重等。

3. 中国政府在展览产业发展中的主导作用,主要体现在制定展览产业发展扶持政策、直接投资场馆建设、直接主办展会、直接参与展览业管理等方面。中国城市展览产业管理模式存在的主要问题是政府职能错位、管理体制不顺、行业协会职能发挥尚不明显、展览产业政策及法律规范缺乏等。这些问题主要是由政府、行业协会、企业三大主体在产业调控中,职能错位、管理与运作体系混乱造成的,其很大程度上与中国展览业水平分工体系下的管理结构有关。

4. 中国城市展览产业发展的组织运作模式存在的主要问题是展馆建造与展馆运营之间的矛盾越来越凸显、国有展馆与其经营机构的产权关系不清晰、展览场馆经营管理的专业化程度不高、展览场馆经营管理的专业人才严重缺乏等。存在这些问题的主要原因有:忽视展览市场本身特点,缺乏科学的规划和真实有效的论证;展览业的市场化、专业化、产业化不足,政府直接介入展馆经营和展会主办;展览场馆投资主体单一;展馆场馆经营缺乏创新;城市展览业整体促销缺乏等。

5. 中国城市展览产业布局模式存在的主要问题是产业布局集聚程度不够,产生不了集聚效应。其主要原因是:缺乏城市展览产业长期的发展规划,或者展览业长期发展规划制定太迟;展览场馆的规划布局缺乏深入详细的论证;在展览场馆的微观选址方面,受到地方政府利益的牵制太多;展览场馆建造时没有预留发展空间。

6. 城市展览产业发展模式优化是在既定目标下,在一定约束条件下寻找一种最佳的城市展览产业发展模式的过程。其具体内涵包括以下几个方面:城市展览产业发展模式本身没有优劣之分;城市展览产业发展模式的优化是在既定的产业发展目标下的优化;城市展览产业发展模式的优化是在一定条件下的优化;城市展览产业发展模式是一个动态演进的过程。

7. 中国城市展览产业发展模式优化的动力主要有全球城市展览产业分工格局的演变、城市展览产业比较优势的消长、城市展览产业相关利益者驱动等。

8. 中国城市展览产业驱动模式优化的目标是:在城市已经具备展览产业发展的基础和条件的前提下,根据自身的城市功能、城市产业集群、城市竞争力选择合适的展览产业驱动模式,并形成风格迥异的"展览城市"。其主要分别从城市功能、城市产业集群和城市竞争力角度进行优化。

9. 中国城市展览产业管理模式优化的目标是:建立政府协调与服务、行业协会统筹与监管、企业自主经营与规范"三位一体"的展览产业调控体制与机制。其优化的路径是建立我国展览产业垂直管理与运作体系。

10. 中国城市展览产业发展的组织运作模式优化的目标与路径是:展览场馆建设投资市场化、展览场馆经营管理市场化和专业化、政府调控宏观化。

11. 中国城市展览产业空间布局模式优化的目标是:各个城市展览场馆规模要与城市展览市场需求基本平衡,展览场馆出租率应该保持在50%以上;城市展览场馆及相关配套设施布局合理。其优化的路径是:制定展览产业发展规划,科学论证展览中心选址。

12. 中国城市展览产业驱动模式优化的对策建议:尽早编制全国性展览产业发展规划;各城市理性制定城市展览产业发展战略;展览企业根据城市特色创建品牌展会。

13. 中国城市展览产业管理模式优化的对策建议:明确主管部门,理顺管理体制;尽早成立全国性展览行业协会;尽早出台全国统一的展览产业法律法规。

14. 中国城市展览产业发展的组织运作模式优化的对策建议:加强对展览场馆建设的宏观调控;组建大型专业展览企业,发挥"龙头"带动作用。

15. 中国城市展览产业布局模式优化的对策建议:建立展览场馆的进入和退出机制;积极推进城市展览产业集群发展。

C hapter 8
第八章

● ● ●

结论与展望

通过对前面七章内容的分析与阐述,本书已经对城市展览产业发展模式的理论、城市展览产业发展模式的经验以及我国城市展览产业发展模式的现状、问题及优化对策进行了系统的探索性与应用性研究。本部分将对前面章节的研究内容做一回顾和总结,对未来的研究方向进行展望。

一、主要结论

(一)城市展览产业发展模式的理论研究

1. 城市展览产业发展的基础与条件的理论

(1)城市展览产业发展的基础

城市展览产业发展的"基础",即城市展览产业发展的根本性因素,这些因素是在城市长期发展中累积形成的,难以在短时期内被创造出来。其大致呈现两个层面:原发性基础与依托性基础。原发性基础是指产生那些需要借助展览实现交易的原动力因素,这些因素是城市展览产业发展的终极原因;依托性基础是指一个展览平台必须具备的环境与条件。原发性基础包括供应型原发性基础(区域经济实力、国内外贸易依存度、产业基础)和需求型原发性基础(市场规模、市场的辐射力和影响力);依托性基础包括"硬实力"因素(城市区位条件、城市基础设施、城市服务设施)和"软实力"因素(城市政治经济地位、城市社会文化氛围、城市的管理制度、法律法规等)。

(2)城市展览产业发展的条件

城市展览产业发展的"条件",是指能够激励或加速城市展览产业发展的因素,这些因素在短时期内可以被创造出来。其又可分为:直接约束条件和间接约束条件。直接约束条件主要指展览企业、场馆设施、配套设施和服务,间接约束条件则主要指政府和展览行业协会的支持作用。

（3）城市展览产业发展的"基础"与"条件"的关系

城市展览产业发展的基础与条件,在城市展览产业发展过程中存在根本的区别。"基础"是已经存在的事实,不论城市是否发展展览产业,其都已经存在;"条件"是原来可能不存在的,城市为了发展展览业而创造出来的。城市展览产业发展的基础,是城市展览产业发展的"保健因素",只有具备这些基础,该城市展览业才有可能发展,如果不具备这些基础,该城市展览业发展成功的可能性极小。城市展览产业发展的条件,是城市展览产业发展的"激励因素",这些因素有利于推动城市展览业加速发展或提升城市展览业的发展潜力。

2. 城市展览产业发展的"四维"模式概念模型

本书运用产业经济学及其他相关理论,对城市展览产业发展模式进行了系统的探索性研究,构建了城市展览产业发展的"四维"模式概念模型。该模型从产业发展的驱动力、产业发展的组织运作、产业发展的空间布局、产业发展的管理与调控等四个不同角度,全方位建构了城市展览产业发展模式体系,回答城市展览产业发展的四种主要问题:城市展览产业发展的驱动力选择问题、城市展览产业发展的组织运作问题、城市展览产业发展的空间布局问题、城市展览产业发展的管理调控问题。

（1）城市展览产业发展的驱动模式

城市展览产业发展的驱动模式可分为:产业驱动型、市场需求驱动型、城市魅力驱动型及城市综合实力驱动型。这些模式,特征各异,适用的城市也各不相同,各个城市要根据自己城市的特点来选择展览产业驱动模式。

（2）城市展览产业发展的组织运作模式

展览产业规模经济是引导城市展览产业进行规模扩张的内在动因。同时,展览产业规模扩张也是产业间竞争发展的必然产物。城市展览产业规模经济可以从展览会规模经济及展览企业规模经济两方面反映出来。

城市展览业的市场竞争自由程度必须控制在一定的范围之内。城市展览业的市场集中度应该以展会的规模大小来核算,而不是以展会的数量多寡来核算。

"寡头主导,大中小共生"是大多数城市展览产业组织结构的演进方向,因为其有助于实现规模经济、维持适当竞争、节约交易成本、兼顾市场各种需求、充分利用当前资源、维持产业发展的完整性。

展览企业有集团化发展的趋势,其经济动因有:规模经济性、范围经济性、速度经济性和网络经济性。展览企业集团化的模式分为资本模式和非资本模式。

展览场馆的投资模式可分为:政府投资模式和商业投资模式;展览场馆的运营模式可分为:纯场馆运营模式、场馆运营与自办展相结合模式;展览场馆的管理模式可分为:民有民营、民有公助、公有国营、公有托管和公有民营。

（3）城市展览产业发展的空间布局模式

城市展览产业布局在空间上主要由内部圈层和外部圈层组成。根据内部圈层（展览场馆群落）和外部圈层（相关配套设施）的空间分布特点,城市展览产业布局的具体表现形式有三种:集中式布局、散点式布局及混合式布局。

城市展览业的宏观区位选择具有以下几个共同特点:区域经济基础好、城市等级高;腹地支撑、产业支持强大;集中设点、分散布局。城市展览产业宏观布局的特征:多层次、多节点的空间格局;各具特色、相互补充的功能布局。判断一个国家或区域的城市展览产业宏观布局是否合理,主要是看各展览城市的定位是否与其城市功能的"能性""能级""能位"相适配。

大型展览场馆布局决定着城市展览业发展的区位导向和产业布局。城市大型展览场馆空间布局的制约因素主要包括规划因素、交通因素、经济因素、自然条件和基础设施因素等。大型展览场馆在城市空间中的布局模式有四种类型,即城市街区型、城市边缘型、城市郊区型和城市新区（城）型。

展览场馆在城市空间中的布局与城市展览产业的发展阶段有密切的关系。随着城市展览业的发展,大型展览场馆逐渐由城市中心向边缘地区扩展。最终往往形成"大中小、远中近"的展览场馆布局。

城市内部不同展览场馆之间的空间布局关系,根据城市大型展览场馆的数量及区位,可以大致分为:单中心产业集聚布局、双中心产业集聚布局、多中心产业集聚布局三种模式。

（4）城市展览产业发展的管理模式

根据调控主体政府、行业协会和企业调节力度大小,可以将展览产业的管理模式分为:政府主导型、市场主导型、协会主导型、政府市场结合型四种。以任何一种调控主体为主导的展览产业发展模式,并不排斥其他力量的调控。不同类型的展览产业管理模式,有不同的适合条件,城市应该根据自身的展览市场经济程度、展览市场准入条件、产业国际竞争力、产业网络等条件,选择合适的调控方式。

城市展览产业发展的管理模式并不是一成不变的,往往随着展览产业发展的逐步成熟,由政府主导型转为政府市场结合型,然后转为市场主导型或协会主导型。判断政府主导型向政府市场结合型转换的标志有以下三个指标:第一,产业规模形成,出现具有国际竞争力的大型展览企业集团;第二,城市公共服务体系健全且比较发达;第三,城市展览产业形象地位获得广泛认可,有城市自身的展会品牌,区域竞争力强大。

3. 城市展览产业驱动模式选择的理论

影响城市展览产业驱动模式选择的因素主要有:城市功能、城市产业集群和城市竞争力。城市从这三个因素着手对其城市展览产业发展驱动模式进行优化。

（1）城市功能

城市功能与城市展览业的关联机理从理念层面、发展层面和功能层面分别表现为适配关系、互动关系和耦合关系。城市展览业的形成、发展要与城市功能的"能性""能级""能位"相适配。

（2）城市产业集群

城市产业集群促进专业展览会的可持续发展；城市产业集群与专业展览会选题定位有密切关系；产业集群的影响力同与之对应的专业展会影响力正相关。同时，专业展会有助于促进城市产业集群的发展。

城市产业集群并不是城市发展展览业的充分必要条件；产业集群圈是专能性城市发展展览业的原动力；产业集群与城市品牌专业展会高度相关。

（3）城市竞争力

城市展览业通过增强城市的经济实力、城市的信息交流和科技水平、城市影响力以及提升城市生活质量，促进城市竞争力的提升。

城市综合竞争力越强，其城市展览产业发展的驱动力越强，产业驱动模式越趋向于城市综合实力驱动型。城市的综合区位竞争力对市场需求驱动型展览产业发展模式有较大影响；城市的环境竞争力对城市魅力驱动型展览产业发展模式有较大影响；城市的制度竞争力和企业管理竞争力对产业驱动型展览产业发展模式有较大影响。

4. 城市展览产业发展模式优化的理论

城市展览产业发展模式优化是在既定目标下，在一定约束条件下寻找一种最佳的城市展览产业发展模式的过程。其具体内涵包括以下几个方面：（1）城市展览产业发展模式本身没有优劣之分；（2）城市展览产业发展模式的优化是在既定的产业发展目标下的优化；（3）城市展览产业发展模式的优化是在一定条件下的优化；（4）城市展览产业发展模式是一个动态演进的过程。

城市展览产业发展模式优化的动力主要有全球城市展览产业分工格局的演变、城市展览产业比较优势的消长、城市展览产业相关利益者驱动等。

（二）城市展览产业发展模式的经验研究

1. 城市展览产业发展的驱动模式经验

根据城市优势选择合适的展览产业发展模式；产业、市场需求驱动模式有弱化的趋势；城市展览业的竞争最终是城市品牌和综合配套的竞争。

2. 城市展览产业发展的组织运作模式经验

展览场馆投资呈现出多元化特点；展览场馆经营模式呈现多样化特点；展览场馆的扩改建是一个长期的过程；展览场馆的经营管理的创新模式增多。

3. 城市展览产业发展的空间布局模式经验

城市展览产业空间布局多呈现"多中心集聚布局";新建现代会展中心多位于交通便利的城市边缘区;展览场馆布局多与其周边配套设施布局相融合。

4. 城市展览业发展的管理模式经验

政府在城市展览产业调控中角色清晰、职能明确;行业协会在城市展览产业调控中力量强大;企业是城市展览产业发展的市场主体;政府、协会和企业联合对城市展览业进行整体促销。

(三)中国城市展览产业发展模式的现状、问题及优化对策研究

1. 中国城市展览产业发展模式存在的问题及原因

中国城市展览产业发展的驱动模式存在以下几方面问题:政府强力推动展览产业发展、城市展览产业定位不够合理、城市展览产业驱动模式特征不突出等。存在这些问题的主要原因有:对展览业的认识误区(对展览业带动效应的认识误区、对展览场馆创造市场的认识误区、对会展业的认识误区);城市政府的政绩意识驱使;城市功能同化现象严重等。

中国城市展览产业发展的组织运作模式存在的主要问题是:展馆建造与展馆运营之间的矛盾越来越凸显、国有展馆与其经营机构的产权关系不清晰、展览场馆经营管理的专业化程度不高、展览场馆经营管理的专业人才严重缺乏等。存在这些问题的主要原因有:忽视展览市场本身特点,缺乏科学的规划和真实有效的论证;展览业的市场化、专业化、产业化不足,政府直接介入展馆经营和展会主办;展览场馆投资主体单一;展览场馆经营缺乏创新;城市展览业缺乏整体促销等。

中国城市展览产业发展的空间布局模式存在的主要问题是:产业布局集聚程度不够,产生不了集聚效应。其主要原因是:缺乏城市展览产业长期的发展规划,或者展览业长期发展规划制定得太迟;展览场馆的规划布局缺乏深入详细的论证;在展览场馆的微观选址方面,受到地方政府利益的牵制太多;展览场馆建造时没有预留发展空间。

中国城市展览产业发展的管理模式存在的主要问题是政府职能错位、管理体制不顺、行业协会职能发挥尚不明显、展览产业政策及法律规范缺乏等。这些问题主要是由政府、行业协会、企业三大主体在产业调控中职能错位、管理与运作体系混乱造成的,其很大程度上与中国展览业水平分工体系下的管理结构有关。

2. 中国城市展览产业发展模式优化的目标与路径

中国城市展览产业发展的驱动模式优化的目标是:在城市已经具备展览产业发展的基础和条件的前提下,根据自身的城市功能、城市产业集群、城市竞争力选择合适的展览产业驱动模式,并形成风格迥异的"展览城市"。其主要分别从城市功能、城市产业集群和城市竞争力角度进行优化。

中国城市展览产业发展的组织运作模式优化的目标与路径是:展览企业集团化、展览场馆建设投资市场化、展览场馆经营管理市场化和专业化。

中国城市展览产业发展的空间布局模式优化的目标是:各个城市展览场馆规模要与城市展览市场需求基本平衡,展览场馆出租率应该保持在合理水平;城市展览场馆及相关配套设施布局合理。其优化的路径是:制定展览产业发展规划,优化产业空间布局;科学论证展览中心选址,优化产业空间布局。

中国城市展览产业发展的管理模式优化的目标是:建立政府协调与服务、行业协会统筹与监管、企业自主经营与规范"三位一体"的展览产业调控体制与机制。其优化的路径是建立我国展览产业垂直管理与运作体系。

3. 中国城市展览产业发展模式优化的对策与建议

中国城市展览产业发展的驱动模式优化的对策建议:尽早编制全国性展览产业发展规划;各城市理性制定城市展览产业发展战略;展览企业根据城市特色创建品牌展会。

中国城市展览产业发展的组织运作模式优化的对策建议:加强对展览场馆建设的宏观调控;组建大型专业展览企业,发挥"龙头"带动作用。

中国城市展览产业发展的空间布局模式优化的对策建议:制定城市展览业发展规划;建立展览场馆的进入和退出机制;积极推进城市展览产业集群发展。

中国城市展览产业发展的管理模式优化的对策建议:明确主管部门,理顺管理体制;尽早成立全国性展览行业协会;尽早出台全国统一的展览产业法律法规。

二、研究展望

(一)从时间维度上研究城市展览产业发展模式

本书对城市展览产业发展模式的研究,主要是从产业驱动、产业组织、产业布局及产业管理与调控四个角度来研究的,这几个角度并没有把产业发展的时间维度考虑进去。城市展览产业发展模式也是一个动态的演进过程,在不同的展览产业生命周期阶段,其发展模式也不一样。因此,有必要对这个问题做进一步研究。

(二)在研究范围上扩展城市展览产业发展模式研究

本书主要是对城市展览产业发展模式进行了研究,并没有涉及会议业、节庆业、奖励旅游等内容。在我国不论是学界还是业界对"会展"一词使用很频繁,有时其指"展览"、有时指"会议",还有"MICE"等。对"展览业""会议业""节庆业"等之间的关系本书没有具体研究,城市会议业发展模式和城市节庆业发展模式同城市展览业发展模式有无联系,其关系又是如何? 这也是产业发展模式研究的一个方向。

(三)在研究内容上深化城市展览产业发展模式研究

本书对城市展览产业发展模式的研究,主要体现在对城市展览产业发展模式的一般规律的总结上,而对具体某个区域或某个城市的展览产业发展模式没有深入研究,下一步将针对我国展览业发展的重点区域,比如长三角、珠三角区域,进行专题研究。另外,对不同的展览城市的展览产业发展模式进行分类研究。

总之,本书主要是基于"城市"和"产业"中观视角对城市展览产业发展模式进行规范性研究,在计量统计分析及微观实证研究方面略显不足,其主要原因在于,一方面是我国城市展览产业统计体系还不健全,缺乏权威部门发布的展览产业统计数据;另一方面,在我国,无论业界还是学界,把"展览业"与"会展业"混为一谈,降低了数据的可信度。本书期望我国展览产业统计体系能够规范和统一,为专业研究者提供更多有价值的数据。

参考文献 REFERENCE

丘奇,韦尔,2000.产业组织:战略方法[M].英文版.北京:清华大学出版社.

卡林·韦伯,天桂成,2005.会展旅游管理与案例分析[M].沈阳:辽宁科学技术出版社.

阿斯托夫,2002.会展管理与服务[M].5版.北京:中国旅游出版社.

安虎森,2005.空间经济学原理[M].北京:经济科学出版社.

安虎森,2004.区域经济学通论[M].北京:经济科学出版社.

保健云,徐梅,2000.会展经济[M].成都:西南财经大学出版社.

曹晓红,2012.我国政府主导型会展发展问题研究[D].上海:华东政法大学.

曹征,2005.中德展览业的市场结构、行为、绩效比较研究[D].上海:上海师范大学.

蔡礼彬,王琼,2013.国外会展问题研究综述[J].科学决策(08):61-78.

陈爱宣,林蔓,李植斌,2007.浙江省城市会展业发展能力评价与提升[J].江苏商论(10).

陈宏民,胥莉,2007.双边市场:企业竞争环境的新视角[M].上海:上海人民出版社,3.

陈建斌,2003.会展中心的区位选择与发展对策[J].重庆工商大学学报(3).

陈来生,2005.会展经济[M].上海:上海复旦大学出版社.

陈启杰,倪娜,2007.政府在展览业产业组织结构优化中的定位[J].当代经济研究(1).

陈向军,田志龙,2001.我国会展经济发展的问题与对策研究[J].北京工商大学学报(5).

陈信康,2006.上海世博经济研究专论[M].上海:上海财经大学出版社,12.

陈志平,刘松萍,余国扬,2005.会展经济学[M].北京:经济科学出版社.

陈仲球,2008.关于会展业与城市产业发展的互动效应分析[J].经济与社会发展(6).

程红,2003.现代城市"新的经济增长点"——会展经济的国际对比和策略研究[M].北京:经济日报出版社.

程红,2003.会展经济:现代城市"新的经济增长点"[M].北京:经济日报出版社.

仇其能,2006.中国会展产业链及运作模式研究[D].上海:上海社科院,5.

丁振西,2007.我国会展产业链整合研究——兼论昆明市会展产业发展[D].昆明:云南大学,10.

傅婕芳,2007.大型会展场馆及其周边配套设施空间关系研究[D].上海:上海师范大学,4.

高静,朱海森,2003.关于会展业的发展条件及其动力体系的初步探讨[J].旅游科学(1).

高汝熹,陈枫,罗守贵,2002.上海展览业发展的优势与劣势分析[J].上海综合经济(11).

龚荷英,2007.城市会展定位研究[J].商场现代化(3).

龚维刚,杨顺勇,2008.上海会展业发展报告2008[M].上海:上海人民出版社.

龚维刚,曾亚强,2007.上海会展业发展报告2007[M].上海:上海人民出版社.

辜仕勇,2004.上海市展览业SCP框架分析[D].上海:同济大学,12.

顾强,2008.中国产业集群[M].北京:机械工业出版社,3.

郭利平,2006.产业群落的空间演化模式研究[M].北京:经济管理出版社.

郭牧,2008.会展与区域经济的发展——以中国义乌国际小商品博览会为例[M].北京:中央编译出版社,1-3.

郭先登,2005.关于城市发展现代会展产业研究[J].理论学刊(9).

郭英之,2009.旅游会展市场前沿理论与实证[M].上海:复旦大学出版社,10.

过聚荣,2008.中国会展经济发展报告(2008)[M].北京:社会科学文献出版社.

过聚荣,2007.中国会展经济发展报告(2006—2007)[M].北京:社会科学文献出版社,4.

过聚荣,2006.会展导论[M].上海:上海交通大学出版社.

过聚荣,2007.中国会展经济发展报告(2006—2007)[M].北京:社会科学文献出版社.

何建民,2003.会展经济发展潜力、问题与方向[J].上海商业(7).

胡斌,2004.我国城市会展业发展动力系统研究[D].上海:上海师范大学,5.

胡建绩,2008.产业发展学[M].上海:上海财经大学出版社.

胡平,2005.会展营销[M].上海:复旦大学出版社.

胡宇辰,2005.产业集群支持体系[M].北京:经济管理出版社.

华谦生,2004.会展策划与营销[M].广州:广东经济出版社,11.

黄向,李正欢,2009.会展管理——原理、案例[M].广州:暨南大学出版社,3,37.

贾洁,2004.上海会展场馆的空间布局优化[J].城市管理(4).

蒋三庚,2008.中央商务区与现代服务业研究[M].北京:首都经济贸易大学出版社.

金定海,刁晓瀛,2008.博览管理[M].上海:上海财经大学出版社,3.

金辉,2004.会展概论[M].上海:上海人民出版社.

鞠航,田金信,万立君,等,2006.城市会展产业的发展布局与创新模式研究[J].中国软科学(11).

卡林·韦伯,田桂成,2005.会展旅游管理与案例分析[M].沈阳:辽宁科学技术出版社.

李倩倩,2005.汉诺威办展的成功之道[J].中国贸易报(4).

李新玉,2006.北京市会展产业组织理论分析[D].北京:首都经济贸易大学,3.

李旭,马耀峰,2008.国外会展旅游研究综述[J].旅游学刊(3).

梁琦,2004.产业集聚论[M].北京:商务印书馆.

林蔓,2006.城市会展发展能力研究[D].杭州:浙江理工大学,12.

林宁,1999.展览知识与实务[M].北京:经济科学出版社.

刘大可,2004.中国会展业:理论现状与政策[M].北京:中国商务出版社.

刘大可,陈刚,王起静,2004.会展经济理论与实务[M].北京:首都经济贸易大学出版社.

刘大可,王起静,2004.会展活动概论[M].北京:清华大学出版社.

刘大可,文静,朱新知,2008.上海展览业市场特征实证分析[J].旅游科学,4(2).

刘大可,王起静,2004.会展经济学[M].北京:中国商务出版社.

刘耿大,2007.当代中国旅游业发展研究——集团·会展·区域[M].安徽:黄山书社,11.

刘青,2003.中国会展场馆经营管理模式初探[J].特区理论与实践,10:46-57.

刘睿,2006.世界会展之都——汉诺威[J].中国会展,6.

刘世锦,2003.产业集聚及其对经济发展的意义[J].改革,3:64.

刘松萍,2008.会展、经济与城市发展——关于中国"广交会"的综合研究[M].北京:中央编译出版社,33-15.

刘延,刘聪,2004.德国会展产业之我鉴[J].发展月刊(2).

柳静,2005.会展业对城市及行业经济发展的推动效应分析[J].管理纵横(6).

罗秋菊,2006.东莞厚街镇会展业影响的社区感知研究[J].旅游学刊,21(3):77-82.

罗秋菊,2008.展览会:选题定位及运作模式定位[M].天津:南开大学出版社,11:97.

罗秋菊,陶伟,2004.会展与城市经济社会发展关系研究[J].北京第二外国语学院学报,3:30-37.

罗燕,胡平,2008.会展业与产业集群发展耦合分析——以上海市为例[J].华东经济管理(8).

马勇,2001.中国会展业发展的八大趋势、四大焦点、六大对策[J].中国贸易报,12.

马勇,王春雷,2003.会展管理的理论、方法与案例[M].北京:高等教育出版社.

马勇,肖轶楠,2004.会展概论[M].北京:中国商务出版社.

迈克尔·波特,2003.竞争论[M].北京:中信出版社.

迈克尔·波特,1997.竞争优势[M].北京:华夏出版社.

迈克尔·波特,2002.国家竞争优势[M].李明轩,邱如美,译.北京:华夏出版社,2.

毛润泽,2010.会展业的发展与城市的能性、能级及能位[J].城市问题(4):7-10.

毛润泽,2010.城市展览产业发展驱动模式[J].商业研究(10):154-156.

曼弗雷德·基希盖奥格,等,2008.博览管理:博览、会议和活动的策划、执行与控制[M].刁晓瀛,等,译.上海:上海财经大学出版社.

Milton T. Astroff, Consult M, 2002.会展管理与服务[M].宿荣江,译.北京:中国旅游出版社.

车群月,2006.城市会展业区位能力评价研究[D].杭州:浙江大学,6.

倪鹏飞,2009.中国城市竞争力报告[M].北京:社会科学文献出版社.

倪鹏飞,姜雪梅,2009.澳门城市国际竞争力报告[M].北京:社会科学文献出版社,12.

潘文波,2008.会展业国际合作的综合效应——关于外资进入中国会展业的综合研究[M].北京:中央编译出版社,9-11:27.

裴向军,肖玲凤,2006.世界展览巨头给我们的启示——德国展览业发展分析[J].中国会展,11.

乔兆红,2008."一切始于世博会"——博览效应与社会发展[M].上海:上海三联书店.

任国岩,骆小欢,2004.会展组织与管理[M].北京:高等教育出版社.

任丽君,2008.会展理论研究综述与前沿问题探讨[J].商业研究(1).

桑德拉·L.莫罗,2005.会展艺术[M].武邦涛,译.上海:上海远东出版社,12.

沈丹阳,2008.城市·政府与中国会展经济[M].北京:中国商业出版社.

沈丹阳,2007.“十五”期间中国展览业发展报告[M].北京:经济日报出版社.

沈丹阳,2003.论城市会展业的定位、规划与促进[J].中国会展(16).

沈丹阳,2006.从“十五”期间中国展览业的基本数据看中国展览业的主要特点[D].2006年首届中国会展经济研究会学术年会论文集,2.

盛蕾,2008.我国会展城市发展模式分析[J].商场现代化(1).

施昌奎,2008.会展经济运营管理模式研究——以“新国展”为例[M].北京:中国社会科学出版社.

施昌奎,2006.会展经济:运营·管理·模式[M].北京:中国经济出版社.

史国祥,2009.会展导论[M].天津:南开大学出版社.

史国祥,贺学良,2008.会展经济[M].天津:南开大学出版社.

苏东水,2000.产业经济学[M].北京:高等教育出版社.

苏汝佳,2006.我国会展产业经济研究[J].改革与战略(6).

隋广军,2007.产业演进及其微观基础研究[M].北京:经济科学出版社.

孙明贵,2007.会展经济学[M].北京:机械工业出版社,9:123.

孙天琦,2001.产业组织结构研究——寡头主导大中小共生[M].北京:经济科学出版社,12.

陶婷芳,2003.会展经济:上海新一轮发展的助推器[J],财经研究(6).

田飞,2007.会展承办组织服务过程能力研究[D].北京:北京机械工业学院,10.

田甜,2006.现代会展业空间布局分析[D].成都:四川大学.4.

涂成林,陈仲球,易卫华,2008.会展:现代城市发展的杠杆——会展业与城市发展的互动效应研究[M].北京:中央编译出版社,11-13.

万季飞,2004.论中国展览业发展[J].人民日报,10.

万季飞,2005.展览业要更好地发挥“行业发展风向标”的作用[N].人民日报(理论版),9.

王春雷,张灏,2008.第四次浪潮——中国会展业的选择与明天[M].北京:中国旅游出版社,1-3.

王春雷,诸大建,2006.中美会展产业发展系统比较研究[J].世界地理研究(2).

王春雷,陈震,2006.展览会策划与管理[M].北京:中国旅游出版社.

王方华,过聚荣,2009.中国会展经济发展报告(2009)[M].北京:社会科学文献出版社,4:177.

王缉慈,2001.创新的空间:企业集群与区域发展[M].北京:北京大学出版社.

王永刚,2007.会展业资源整合研究——基于生产性服务业集群的视角[D].上海:上海财经大学.12.

王永刚,2007.会展不动产开发模式实例分析[J].商业时代(13).

王云龙,2005.关于会展经济空间运动形式的分析——以北京、上海与广州三地为例[J].人文地理,20(4):26-30.

魏江,顾强,2009.中国产业集群发展报告[M].北京:机械工业出版社,3.

魏守华,石碧华,2002.论企业集群的竞争优势[J].中国工业经济,1.

文魁,储祥银,2006.北京会展业发展研究[M].北京:首都经济贸易大学出版社.

吴强军,2004.浙江省中小企业集群化成长影响因素实证研究[D].浙江大学博士论文:16.

肖毅强,许吉航,2001.德国展贸业发展及会展中心规划[J].规划师,17(50):46-50.

徐佳,2005.基于世博会的上海会展产业链整合模式研究[D].上海:上海交通大学.

徐瑛,杨开忠,2007.会展业发展中的政府职能[J].城市问题,1.

许吉航,2000.会展中心规划的研究[D].广州:华南理工大学,6.

许懋彦,张音玄,王晓欧,2003.德国大型会展中心选址模式及场馆规划[J].国外规划研究,27(9):32-48.

杨公朴,2005.产业经济学[M].上海:复旦大学出版社.

杨红,2006.基于市场结构—行为—绩效范式的中国会展产业研究[D].哈尔滨:哈尔滨工业大学,7.

杨顺勇,2008.中国会展:创新与发展[M].北京:化学工业出版社.

叶洪涛,2008.我国会展产业布局分析[J].当代经济(8).

依绍华,2006.解析城市会展业发展基石[J].时代经贸(4).

应彩虹,2006.中国会展产业组织研究——基于SCP分析框架[D].杭州:浙江大学.

于世宏,刘洋,2006.会展业与产业集群的互动效应[J].中国会展(17).

余兰,2007.展览业生成机理与发展模式研究[D].广州:华南农业大学,7.

余明阳,姜炜,2005.博览学[M].上海:复旦大学出版社,248:328.

余向平,2008.会展产业链的结构及其产业延展效应[J].商业研究(8).

俞华,朱立文,2005.会展学原理[M].北京:机械工业出版社(21).

曾武佳,2008.现代会展与区域经济发展[M].成都:四川大学出版社.

曾亚强,张义,2007.会展概论[M].北京:化学工业出版社.

张吉政,2006.新加坡——亚洲会展之都[J].中国会展(22).

张健康,任国岩,2006.服务外包(BPO)的兴起及其在中国的发展[J].世界经济研究(5).

张婧,2006.香港会展业的成功之道及借鉴思路[J].价值工程,9.

张娟,2004.香港会展经济发展及对内地的启示[J].商业研究(16).

张敏,2009.中国会展研究30年文选[M].上海:上海交通大学出版社,12.

张敏,聂鑫炎,任中峰,等,2018.中外会展业动态评估研究报告(2017)[M].北京:社会科学文献出版社.

张若阳,2008.会展场馆的区位分析[J].商场现代化(4).

张文建,金辉,2006.中外会展述论[M].上海:上海人民出版社,5.

张小月,2007.浦东会展产业集群发展研究[D].上海:华东师范大学,5.

张义,杨顺勇,2009.会展导论[M].上海:复旦大学出版社,2.

赵春荣,2006.关于会展业与城市发展的认识[J].高教研究(2).

赵黎明,王曼,2006.从梯度推移理论看中国会展产业[J].中国会展(21).

赵丽,2006.城市会展业竞争力评价指标体系研究[D].华东师范大学硕士论文.

赵晓雷,2008.2008上海城市经济与管理发展报告——世博会与上海城市经济可持续发展[M].上海:上海财经大学出版社,9.

赵秀芳,2007.城市会展业竞争力模糊综合评价研究[J].商场现代化(7).

郑吉昌,2009.会展基础理论[M].北京:中国商务出版社,7.

周常春,2004.城市会展业直接经济影响的对比研究[J].思想战线,30(5):89-93.

周常春,2005.政府介入城市会展业的过程与特征研究[D].中山大学博士论文.

周勇,2004.依托行业协会实现行业有效治理的研究[D].中南大学.5.

朱坚鹏,2008.基于层次分析法的会展中心选址评价体系[J].福建建筑(7).

朱立文,2003.政府支持,市场运作——大连创造国际会展城市新财富[J].中国市场:会展财富(10).

朱立文,2003.中国会展城市备忘录[M].北京:中国海关出版社.

朱英明,2003.产业集聚论[M].北京:经济科学出版社.

邹树梁,2008.会展经济与发展[M].北京:中国经济出版社,117.

黄珍珍,2015.国内外会展经济研究综述[J].河北企业(12):77-78.

钱雅琦,2019.京津冀地区展览业空间布局演变特征及优化对策研究[D].天津:天津商业大学.

贾晓艺,2019.北京市展览业竞争力评价研究[D].天津:天津商业大学.

顾海英,2019.互联网时代中国会展业转型升级研究[D].上海:上海师范大学.

宋颖超,2019.基于参展商感知的会展场馆服务质量管理研究[D].上海:上海师范大学.

衣莉芹,2018.农业会展对举办地经济发展的影响研究[D].泰安:山东农业大学.

王永兵,2018.会展业发展水平对地区服务业经济增长的影响[D].杭州:浙江财经大学.

孟奕爽,喻佩,蔡卫民,2017.我国会展研究进展与趋势研究——基于与国外会展研究对比视角[J].当代经济(15):9-13.

彭鹏,2017.上海会展产业集群与影响因素研究[D].上海:上海师范大学.

王芳,2017.民营会展企业融资能力提升研究[D].哈尔滨:哈尔滨商业大学.

许忠伟,严泽美,2016.会展业对地区经济影响的研究述评[J].旅游论坛,9(06):1-9.

焦萍,2015.中国展览产业空间集聚及影响因素研究[D].北京:北京第二外国语学院.

刘东慧,2014.中国展览行业现状及管理运行机制研究[D].北京:北京交通大学.

张海燕,2012.依托行业展览的网络会展研究[D].广州:广州大学.

黄芝英,2010.民营展览企业市场竞争利基战略应用研究[D]:上海:上海师范大学.

陈丹,2019.会展业发展现状及对策思考[J].科技创业月刊,32(05):117-121.

王丛琳,2017.天津市政府主导型会展市场化研究[D].天津:天津商业大学.

Scott A J, 1988. New Industrial Spaces[M]. London: Pion.

Amott A A R, September K, 1998. A. Smal, Urban Spatial Sturcture[J]. Journal of Economic Literature.

Ahmad J, Daud N, 2016. Determining Innovative Tourism Event Professional Competency for Conventions and Exhibitions Industry: A Preliminary Study[J]. Procedia - Social and Behavioral Sciences, 219:69-75.

Banting P M, Blenkhorn DL, 1974. The Role of Industrial Trade Shows[J]// Kerin R A, Cron W L. Assessing Trade Show Functions and Performance: An Exploratory Study[J]. Journal of Marketing, 51(3): 87-94.

Barczak G J, Bello D C, Wallace E S, 1992. The Role of Consumer Shows in New Product Adoption[J]. The Journal of Consumer Marketing, 9(2): 55-67ren.

Bello D C, Barczak G J, 1990. Using Industrial Trade Shows to Improve New Product Development[J]. The Journal of Business & Industrial Marketing, 5(2): 43-56

Blythe J, 1999. Visitor and Exhibitor Expectations and Outcomes at Trade Exhibitions[J]. Marketing Intelligence & Planning, 17(2): 100-111.

Burns J P A, Hatch J, Mules T J, 1986. The Adelaide Grand Prix: the Impact of A Special Event[J]. Adelaide Grand Prix the Impact of A Special Event.

Braun B M, 1992. The Economic Contribution of Conventions: The Case of Orlando, Florida[J]. Journal of Travel Research, 30(3):32-37.

CarolC M P, Krugman C M M, Rudy R, et al, 2006. Global Meetings and Exhibitions[J]. (The Wiley Event Management Series).

Carlsen J, 1999. A Review of MICE Industry Evaluation and Research in Asia and Australia 1988-1998[J]. Journal of Convention and Exhibition Management, 1(4): 51-66.

Christine C, 1991. The Complete Handbook of Trae Show Exhibition[M]. New Jersey: Prentice Hall Inc.

Cooper M, 1999. Prediction and Reality: The Development of The Australian Convention Industry 1976-1993, and Beyond[J]. Journal of Convention & Exhibition Management, 3-15.

Crompton J L, 1999. Potential Negative Outcomes from Sports Sponsorship[J]. International Journal of Sports Marketing and Sponsorship.

Crompton J L, Lee S, Shuster T J, 2001. A Guide for Undertaking Economic Impact Studies: The Springfest Example[J]. Journal of Travel Research,40(1):79-87.

Cao Y, Michael L Z F,2014. Economic Impact of Trade Exhibitions on The City-state Singapore Economy[J] EcoMod.Regional and Urban Modeling,14(4):1-43.

Dawson B K, Young L, Tu C, et al, 2014. Co-innovation in Networks of Resources—A Case Study in The Chinese Exhibition Industry[J]. Industrial Marketing Management, 43(3):496-503.

Ducate D L, 2003. The Exhibition Industry Situation Analysis. Center for Exhibition Research (2).

Dwyer L, Forsyth P, 1997. Impacts and Benefits of MICE Tourism: A Framework for Analysis[J]. Tourism Economics, 3(1): 21-28.

Dwyer L,Forsyth P, Spurr R, 2005. Estimating the Impacts of Special Events on an Economy[J]. Journal of Travel Research, 43(4): 351-359.

Dwyer L, Mellor R, Mistilis N, et al, 2000. A Framework for Assessing "Tangible" and "Intangible" Impacts of Events and Conventions[J]. Event Management, 6(3): 175-189.

Dwyer L, Mellor R, Mistilis N, Mules T. A .Framework for Evaluation and Forecasting: The Impacts of Special Events[C] / /Harris R, Huyskens M, 2000. Events Beyond 2000: Setting the Agenda,.New York: Cognizant Communication Corporation: 271-272.

Economic Impact of Hong Kong's Exhibition Industry: Economic Impact

Assessment for 2002 and Prospects Future Growth, Business Strategies Group Ltd, 2003.

Elmar Z, Roman K, 1991. Exhibition Marketing—The Relationship Between Industry and the Museums[J]. Museum Management and Curatorship, 10(2): 153-160.

Esteban D R. All of us Americanos: Cultural Exhibition and the Rise of Latina/os within a National Imaginary[J]. Dissertation Abstracts International, 67(1): 17.

Fenich George G, 2011. Meetings, Expositions, Events & Conventions: An Introduction to the Industry[J]. Pearson/prentice Hall: 211-233.

Fred L, 2000. Congress, Convention and Exhibition Facilities. Planning, Design and Management[M]. Oxford, UK: Butterworth-Heinemann.

Getz D, 2007. Event Studies: Theory, Research and Policy for Planned Events [M]. Oxford, UK: Butterworth-Heinemann.

Getz D, Wicks B, 1994. Professionalism and Certification for Festival and Event Practitioners: Trends and Issues[J]. Festival Management & Event Tourism, 2(2): 103-109.

Girish P, Sameer H, Robin N, et al, 2012. London Residents' Support for the 2012 Olympic Games: The Mediating Effect of Overall Attitude[J]. Tourism Management, 33: 1-12.

Hanlon A, 1982. Trade Shows in the Marketing Mix[M]. New York: Hawthron Books.

Hansen, K, 2004. Measuring Performance at Trade Shows Scale Development and Validation[J]. Journal of Business Reseach, 57: 1-13.

Herbig P, O'Hara B, Palumbo F, 1998. Trade Show: Who, What, Why[J]. Marketing Intelligence & Planning, 16(7): 32-56.

Joppe M, Choi H S C, Yun D, 2006. Economic Impact of Consumer and Trade Shows in Toronto [R/OL]. Tourism Toronto in Partnership with International Centre. http://www.seetorontonow.com/web. cms/pdf/Economic Impact.pdf

Jin X, Weber K, Bauer T, 2012. Impact of Clusters on Exhibition Destination Attractiveness: Evidence from Mainland China[J]. Tourism Management, 33(6):1429-1439.

Kay A L K, Luk S T K. China Exhibition Marketing Strategy——A Case Study of Beijing[J]. Aviation EXPO Las Vegas International Hospitality and Convention .

Kim S S, Chon K, Chung K Y, 2003. Convention industry in South Korea: an economic impact analysis[J]. Tourism Management, 24(5): 533-541.

Kim S S, Park J Y, Lee J, 2010. Predicted Economic Impact Analysis of A Megaconvention Using Multiplier Effects[J]. Journal of Convention and Event Tourism, 11 (1):42-61.

Kim S S, Chon K, 2009. An Economic Impact Analysis of the Korean Exhibition Industry[J]. International Journal of Tourism Research, 11(3):311-318.

Kima W, Walker M, 2012. Measuring the Social Impacts Associated with Super Bowl XLIII: Preliminary Development of a Psychic Income Scale[J]. Sport Management Review, 15: 91-108.

Krugman P, 1991. Geography and trade[M]. Cambridge, MA: MIT Press.

Lee M J, Back K, 2005. A review of Economic Value Drivers in Convention and Meeting Management Research[J]. International Journal of Contemporary Hospitality Management, 17(5): 409-420.

Leo J, 2006. The Research of Issues and Countermeasures on the MICE Industry Development in the Asia-Pacific Area. Paper Presentation of the Seminar on Tourism and MICE Education and Training in Asia and the Pacific, ShanghaiL: 11-19.

Litvin S, Pan B, Smith W, 2013. Festivals, Special Events, and The "Rising Tide" [J]. International Journal of Culture, Tourism and Hospitality Research, 7(2) :163-168.

Michael E P, Klaus S, 2009. The Global Competitiveness Report 2008-2009[J]. World Economic Forum.

Ty N M, 2006. MICE Tourism Development in Vietnam Advantages and Challenges. Paper Presentation of the Seminar on Tourism and MICE Education and Training in Asia and the Pacific, Shanghai: 74-79.

O' Hara B S, Herbig P A, 1993. Trade Shows: What Do the Exhibitors Think[J]. Journal of Business & Industrial Marketing, 8(4): 18-25.

Harris S, 1991. Master's Exhibition Report, Documentation and Statement of Artistic Development and Intent[J]. ETD Collection for University of Texas.

Pavit T, Manat C, 2006. Meeting, Incentive, Convention and Exhibition (MICE) Industry in Thailand: The Assessment of Facilities in Bangkok Metropolitan Areas. Paper Presentation of the Seminar on Tourism and MICE Education and Training in Asia and the Pacific, Shanghai, : 84-89.

Pearlmansupa D M, Gatessupa N A, 2010. Hosting Business Meetings and Special Events in Virtual Worlds: A Fad or the Future? [J]. Journal of Convention & Event Tourism, 11(4):247-265.

Pizey H, Huxham C, 1990. 1990 and Beyond: Developing a Process for Group Decision Support in Large Scale Event Planning[J]. European Journal of Operational Research, 55(3):409-422.

Pooranie A, 1996. Trade-Show Management: Budgeting and Planning for a Successful Event[J]. Cornell Hotel and Restaurant Administration Quarterly, 37(4): 77-84.

Porter M E, 1998. Clusters and the New Economics of Competition[J]. Harvard Business Review.

Prayag G, Hosany S, Nunkoo R, et al,2013. London Residents' Support for The 2012 Olympic Games: The Mediating Effect of Overall Attitude[J]. Tourism Management, 36(6):629-640.

Puhe H, Schaumann R. Befragung von Fachmessen-Besuchern und - Nichtbesuchern als Instrument für das Messe-Controlling[M]// Manfred K,Werner M , 2003.Handbuch Messemanagement.Russia: Gabler Verlag.

Schmalense R, Willing R, 2001. Handbook of Industrial Organization[M] . New York: North Holland : 251-257.

Nelson R R, 2004. Current Issues in Convention and Exhibition Facility Development[M]. New York: Haworth Hospitality Press.

Ram H, Ron B, 2013.Hosting the Olympics: A City's Make-or-break Impression [J]. Journal of Busines strategy, 34(5):54-59.

Rahmen J. Die Messe als Betreiber von Dienstleistungsnetzwerken[M]// Manfred K,Werner M , 2003.Handbuch Messemanagement. Russia:Gabler Verlag.

Rosson P, Seringhaus F H, 1995. Visitor and Exhibitor Interaction at Industrial Trade Fairs[J]. Journal of Business Research, 32: 81-90.

Rephann T J,2014. Appalachian Agricultural Exposition Center Economic Impact Study[R/OL]. Weldon Cooper Center for Public Service. http://www.coopercenter.org/ sites/default/files/ publications/Appalachian% 20Exposition.Pdf.

Ricard Gil, Wesley R. Hartmann,2007. The Role and Determinants of Concession Sales in Movie Theaters: Evidence from the Spanish Exhibition Industry[J]. Review of Industrial Organization.

Rubalcaba-Bermejo L, Cuadrado-Roura J, 1995. Urban Hierarchies and Territorial Competition in Europe: Exploring the Role of Fairs and Exhibitions[J]. Urban Studies, 32(2):379-400.

Severt K, 2007. Measuring the Effectiveness of Marketing Effort in the Convention Industry: A Customer Equity Approach[J]. Dissertation Abstracts International, 68(4): 15-65.

Sharland A, and Balogh P, 1996. The Value of Nonselling Activities at International Trade Shows[J]. Industrial Marketing Management, 25: 59-66.

Siu Y M, Wan P Y K, Dong P, 2012. The Impact of The Service Scape on The Desire to Stay in Convention and Exhibition Centers: The Case of Macao[J]. International Journal of Hospitality Management, 31(1):236-246.

SmithT M, Gopalakrishna S, Smith P M, 2004. The Complementary Effect of Trade Shows on Personal Selling[J]. International Journal of Reseach in Marketing, 21: 61-76.

Steiner M, 1998. Clusters and Regional Specialization[M]. London: Pion, Ltd.

Stoeck N, Schraudy K, 2005. From Trade Show Company to Integrated Communication Service Provider[M]. Trade Show Management.

Switzer D, Filson D, 2005. At the Movies: The Economics of Exhibition Contracts [J]. Economic Inquiry, 43(2): 354-369.

Trade Show Bureau, 2015. A Guide to the U. S. Exposition Industry[J]. Denver CO.

Lamant L. Ten by Ten[J]// Tanner J R, Chonko L B, 1995. Trade Show Objectives, Management, and Staffing Practices. Industrial Marketing Management, 24: 257-264.

Manfred K, Werner M. Dornscheidt W G, 2003. Handbuch Messemanagement [M]. Russia:Gabler Verlag.

McCabe V S, 2008. Strategies for Career Planning and Development in the Convention and Exhibition Industry in Australia[J]. International Journal of Hospitality Management, 27(2): 222-231.

Muqbil I, 1997. The Asian Conferences, Meetings and Incentives Market[J]. Travel & Tourism Analyst.

Ulrich, A. The Customer Retention Index as A Marketing Performance Measurement Tool for Trade Fairs[J]// Scharioth I, Huber M, 2003. Achieving Excellence in Stakeholder Management, Berlin: Springer.

Valerie K, Yoon E, Young G. How Exhibitors Select Trade Shows[J]//Herbig P, Palumbo F and O'Hara B, 1996. Differences in Trade Show Behavior between North American-Focused Firms and Worldwide-Oriented Firms[J]. International Journal of Commerce & Management, 6(1-1): 97-109.

Weber K, Chon K, 2002. Convention Tourism: International Research and Industry Perspectives[M]. New York: The Haworth Hospitality Press.

Zanger C, 2010. Stand und Perspektiven der Eventforschung - Eine Einführung [M]. Russia: Gabler Verlag:170.

附 录 APPENDIX

附录A　2001—2010年我国展览会的城市分布一览

单位:个

城市	展会数量	城市	展会数量	城市	展会数量
上海	3810	泉州	14	沧州	1
北京	3123	保定	12	昌邑	1
广州	2146	赤峰	12	潮州	1
深圳	691	桂林	12	澄江	1
青岛	607	晋江	12	大同	1
香港	584	西宁	12	东港	1
成都	552	邯郸	10	峨眉山	1
大连	509	乐清	9	肥城	1
沈阳	476	淄博	9	阜阳	1
重庆	433	慈溪	8	格尔木	1
东莞	417	江门	8	池州	1
济南	375	余姚	8	海安	1
天津	374	石狮	7	海阳	1
西安	370	温岭	7	亳州	1
武汉	357	漳州	7	河间	1
南京	355	舟山	7	湖州	1
郑州	345	东营	6	吉林	1
杭州	344	洛阳	6	蛟河	1
宁波	254	满洲里	6	金华	1
长沙	235	瑞安	6	锦州	1

城市	展会数量	城市	展会数量	城市	展会数量
义乌	219	永康	6	晋城	1
长春	207	常熟	5	景德镇	1
哈尔滨	203	海宁	5	库尔勒	1
苏州	194	南安	5	拉萨	1
台北	186	宁德	5	莱州	1
昆明	183	台中	5	兰西	1
厦门	161	鞍山	4	乐东	1
温州	155	北海	4	临安	1
合肥	143	德州	4	柳州	1
南宁	128	东阳	4	牡丹江	1
石家庄	120	菏泽	4	宁海	1
乌鲁木齐	110	淮安	4	攀枝花	1
呼和浩特	95	淮南	4	磐安	1
无锡	94	绵阳	4	平阳	1
南昌	92	莆田	4	濮阳	1
太原	77	寿光	4	齐齐哈尔	1
福州	64	玉林	4	秦安	1
烟台	63	安平	3	秦皇岛	1
中山	62	济宁	3	青州	1
顺德	53	姜堰	3	衢州	1
常州	51	江阴	3	瑞丽	1
海口	49	莱芜	3	三明	1
临沂	49	日照	3	沙河	1
佛山	48	宿州	3	上饶	1
兰州	47	安阳	2	石嘴山	1
唐山	44	霸州	2	塔城	1
贵阳	41	郴州	2	太和	1
廊坊	35	大理	2	泰州	1
台州	34	鄂尔多斯	2	通辽	1
汕头	33	高雄	2	铜川	1
潍坊	33	荆州	2	铜陵	1

续表

城市	展会数量	城市	展会数量	城市	展会数量
嘉兴	32	开封	2	锡林郭勒	1
银川	32	漯河	2	新乡	1
澳门	30	盘锦	2	雄县	1
昆山	30	曲阜	2	宣城	1
威海	29	绥芬河	2	伊宁	1
连云港	27	西双版纳	2	宜昌	1
徐州	26	延边	2	榆林	1
南通	22	营口	2	禹州	1
珠海	20	湛江	2	玉溪	1
绍兴	19	张家港	2	云浮	1
三亚	18	邹城	2	张家界	1
扬州	18	安康	1	张家口	1
大庆	17	安庆	1	招远	1
芜湖	17	蚌埠	1	镇江	1
包头	15	宝鸡	1	诸暨	1
惠州	14	滨州	1	遵义	1

资料来源:根据《中国展览年鉴》(2001—2008)、中展网(www.ccnf.com)、中国会展网(www.expo-china.com)等展会资料整理,合计共20178个展览会。

注:此数据为不完全统计。

附录B　2012—2018年我国经贸类展会的省区市分布一览

单位:个

省/直辖市	展会数量	省区市	展会数量
上海	3245	福建	339
广东	2630	黑龙江	331
北京	1956	安徽	304
山东	1668	吉林	292
浙江	1123	山西	243
江苏	1070	云南	239
河南	823	广西	209

省/直辖市	展会数量	省区市	展会数量
辽宁	810	内蒙古	194
四川	653	江西	166
河北	575	新疆	162
湖北	502	贵州	142
重庆	426	海南	139
陕西	403	甘肃	128
天津	371	宁夏	95
湖南	351	青海	45

附录C 我国城市展览场馆室内展览面积一览

单位:m²

编号	城市	展馆名称	室内展馆面积	城市展馆总面积
1	上海	上海农业展览馆	7600	843031
		上海国际会议中心	2738	
		上海金茂大厦会展中心	1000	
		上海浦东展览馆	14450	
		上海汽车会展中心	30000	
		上海世贸商城	21600	
		上海光大会展中心	31400	
		上海东亚展览馆	4500	
		上海国际展览中心	12000	
		上海新国际博览中心	200000	
		上海展览中心	21743	
		上海跨国采购会展中心	16000	
		国家会展中心(上海)	400000	
		上海世博展览馆	80000	
2	北京	北京民族文化宫展览馆	3660	284005
		北京市东六环展览中心	20000	
		中国科学技术交流中心展览处	12000	

续表

编号	城市	展馆名称	室内展馆面积	城市展馆总面积
2	北京	中国国际科技会展中心	8200	284005
		全国农业展览馆	24301	
		北京海淀展览馆	7900	
		中国国际展览中心(新馆)	106800	
		中国国际展览中心	60744	
		北京九华国际会展中心	4000	
		中国国际贸易中心展厅	10000	
		北京国际会议中心展厅	4400	
		北京展览馆	22000	
3	广州	广州流花展馆	120000	1220000
		广州国际会议展览中心	340000	
		广州南沙国际会议展览中心	13000	
		广州花城国际会展中心	52000	
		广州锦汉展览中心	35600	
		广州东宝展览中心	20000	
		广州白云国际会议中心	30000	
		中国进出口商品交易会展馆	338000	
		广州国际采购中心	200000	
		广州保利世贸博览馆	71400	
4	深圳	深圳会展中心	105000	331800
		深圳市工业展览馆	18000	
		深圳国际展览中心	8800	
		中亚会展中心	200000	
5	顺德	广东(潭洲)国际会展中心	50000	50000
6	青岛	青岛银海海星国际会展中心	12000	284610
		青岛国际会展中心	55910	
		青岛农业展览馆	25000	
		青岛贵都会展中心	1700	
		山东省国际贸易中心	20000	
		青岛华秀国际会展中心	50000	
		青岛国际博览中心	120000	

编号	城市	展馆名称	室内展馆面积	城市展馆总面积
7	成都	成都科技会展馆	7000	432000
		成都国际会议展览中心	55000	
		天府博览中心	13000	
		成都世纪城新国际会展中心	110000	
		四川省展览馆	12000	
		成都沙湾国际会展中心	30000	
		中国西部国际博览城	205000	
8	广汉	德阳国际会展中心	90000	90000
9	大连	大连国际博览中心	5500	70500
		大连世界博览广场	50000	
		大连星海会展中心	15000	
10	沈阳	沈阳科学宫会展中心	15000	259600
		辽宁农业展览馆	20000	
		辽宁工业展览馆	13000	
		沈阳展览中心	105200	
		沈阳国际展览中心	105600	
		辽宁省科技馆	800	
11	重庆	重庆国际会议展览中心	57000	299300
		重庆环新国际会议展览中心	8300	
		重庆展览中心	25000	
		重庆市鹰冠国际展览中心	9000	
		重庆国际博览中心	200000	
12	东莞	东莞国际会展中心	28000	262000
		虎门国际会展中心	13000	
		常平会展中心	11000	
		广东现代国际展览中心	210000	
13	济南	济南国际装饰材料会展中心	20000	230000
		济南国际会展中心	110000	
		济南舜耕国际会展中心	20000	
		山东国际博览中心	80000	
14	天津	天津体育展览中心	14000	250490

续表

编号	城市	展馆名称	室内展馆面积	城市展馆总面积
14	天津	天津梅江会展中心	150000	250490
		天津国际展览中心	46000	
		天津滨海国际会展中心	40490	
15	西安	西安绿地笔克国际会展中心	20138	142138
		陕西国际展览中心	46000	
		杨凌农业科技展览中心	12000	
		曲江国际会展中心	64000	
16	咸阳	杨凌国际会议展览中心	60000	60000
17	武汉	华中国际博览中心	10000	360435
		武汉科学技术馆	15435	
		武汉国际会展中心	50000	
		武汉科技会展中心	55000	
		武汉展览馆	30000	
		武汉国际博览中心	150000	
		武汉客厅中国文化博览中心	50000	
18	南京	江苏省展览馆	16414	191309
		南京国际展览中心	53895	
		南京国际博览中心	96000	
		南京市规划建设展览馆	25000	
19	泰州	泰州国际博览中心	92000	92000
20	郑州	中原国际博览中心	23000	97000
		郑州国际会展中心	74000	
21	杭州	杭州海外海国际会展中心	15000	339502
		杭州市国际会议展览中心	60000	
		浙江展览馆	5000	
		浙江世贸国际展览中心	8000	
		杭州休博园会展中心	36618	
		杭州和平国际会展中心	61000	
		杭州白马湖国际会展中心	63884	
		杭州国际博览中心	90000	
22	宁波	宁波国际会展中心	34810	179806

编号	城市	展馆名称	室内展馆面积	城市展馆总面积
22	宁波	宁波新闻文化展览中心	4080	179806
		余姚会展中心	42000	
		慈溪会展中心	20000	
		宁波美术馆	1500	
		宁波国际会议展览中心	77416	
23	长沙	湖南长沙国际会展中心	177500	289500
		湖南省展览馆	6000	
		长沙红星国际会展中心	36000	
		湖南国际会展中心	50000	
		青竹湖国际会展中心	20000	
24	郴州	郴州国际会展中心	60000	60000
25	义乌	中国义乌梅湖会展中心	27500	147500
		义乌国际博览中心(新展馆)	120000	
26	长春	长春欧亚卖场会展中心	9600	176600
		省文化活动中心	2000	
		长春现代农博园	50000	
		长春市东北亚展览中心	15000	
		长春国际会展中心	100000	
27	哈尔滨	黑龙江国际博览中心	15000	85000
		哈尔滨国际会展体育中心	70000	
28	苏州	苏州南亚国际会展中心	40000	273000
		苏州国际会议展览中心	15000	
		昆山科技文化博览中心	12000	
		常熟国际展览中心	17000	
		苏州国际博览中心	100000	
		昆山花桥国际博览中心	89000	
29	昆明	昆明国际会展中心	63440	380440
		云南省科学技术馆	7000	
		云南世博交易中心	10000	
		昆明滇池国际会展中心	300000	
30	厦门	厦门国际会议展览中心	80000	256500

续表

编号	城市	展馆名称	室内展馆面积	城市展馆总面积
30	厦门	厦门富山国际展览城	36500	256500
		厦门国际会展中心	140000	
31	温州	温州市科技馆	15000	85000
		温州市展览馆	40000	
		温州国际会展中心	30000	
32	合肥	安徽省展览中心	6000	183000
		安徽省国际会展中心	37000	
		南昌绿地国际博览中心	140000	
33	南宁	广西展览馆	25000	147000
		南宁国际会展中心	32000	
		南宁国际会议展览中心	90000	
34	石家庄	河北国际商贸会展中心	9600	29100
		石家庄国际博览中心	15000	
		石家庄人民会堂	3000	
		河北省博物馆	1500	
35	乌鲁木齐	新疆华凌国际博览中心	25000	40000
		新疆国际博览中心	15000	
36	呼和浩特	内蒙古国际会展中心	30000	42000
		内蒙古展览馆	12000	
37	无锡	无锡展览馆	5700	170600
		无锡会展中心	90000	
		无锡市体育会展中心	12500	
		无锡太湖国际博览中心	62400	
38	南昌	江西省展览中心	10000	200000
		南昌国际展览中心	50000	
		南昌绿地国际博览中心	140000	
39	太原	山西国际博览中心	26000	114000
		中国煤炭博物馆	5000	
		山西省展览馆	15000	
		中国(太原)煤炭交易中心	68000	
40	福州	福州海峡国际会展中心	120000	160200

编号	城市	展馆名称	室内展馆面积	城市展馆总面积
40	福州	福州国际会展中心	35700	160200
		福州经贸会展中心	4500	
41	烟台	烟台莱州国际会展中心	20000	118960
		烟台国际会展中心	39600	
		烟台国际博览中心	59360	
42	中山	中山市博览中心	52000	97000
		中山黄圃国际会展中心	10000	
		中山火炬国际会展中心	35000	
43	佛山	中国佛山兴贸展览馆	3000	117000
		佛山国际会展中心	6000	
		顺德前进会展中心	40000	
		中国陶瓷城	50000	
		陈村花卉世界展览中心	18000	
44	常州	常州国际展览中心	20900	20900
45	海口	海南国际会展中心	70000	163300
		海口会展中心	16300	
		海南国际会议展览中心	77000	
46	临沂	临沂商城会展中心	18000	87000
		临沂鲁信国际会展中心	9000	
		临沂国际会展中心	60000	
47	兰州	甘肃会展中心	10800	30800
		兰州国际博览中心	20000	
48	唐山	唐山国际会展中心	27350	27350
49	贵阳	贵州省展览馆	12800	344320
		贵阳奥林匹克体育中心	257000	
		贵阳国际会议展览中心	74520	
50	廊坊	廊坊国际会议展览中心	39000	39000
51	台州	台州市国际会展中心	40000	40000
52	汕头	汕头林百欣会展中心	7838	7838
53	潍坊	潍坊鲁台世贸会展馆	51754	128754
		潍坊富华国际展览中心	27000	

续表

编号	城市	展馆名称	室内展馆面积	城市展馆总面积
53	潍坊	潍坊鲁台会展中心	50000	128754
54	嘉兴	嘉兴桐乡科技会展中心	7000	32000
		嘉兴国际会展中心	25000	
55	银川	宁夏展览馆	3553	82953
		宁夏新兴会展中心	5400	
		银川国际会展中心	74000	
56	威海	威海国际会展中心	26630	26630
57	连云港	连云港国际展览中心	18000	18000
58	徐州	徐州市展览馆	8000	13400
		徐州国际会展中心	5400	
59	南通	南通会展中心	9000	9000
60	珠海	珠海航展馆	43120	97120
		珠海国际贸易展览中心	47000	
		珠海科技会展中心	7000	
61	绍兴	中国轻纺城展览中心	24000	24000
62	扬州	扬州国际展览中心	15000	15000
63	大庆	大庆油田物资大厦会展中心	4000	4000
64	芜湖	芜湖国际会展中心	35000	35000
65	包头	包头国际会展中心	58000	58000
66	惠州	惠州国际会展中心	10242	10242
67	泉州	泉州展览城	13400	13400
68	保定	保定市体育会展中心	8000	18000
		保定农业会展中心	10000	
69	赤峰	赤峰国际会展中心	18000	18000
70	桂林	桂林国际贸易展览中心	12500	53900
		广西桂林国际贸易展览中心	12500	
		桂林国际会展中心	28900	
71	晋江	晋江SM新国际展览中心	12000	12000
72	西宁	青海国际展览中心	20000	38000
		青海国际藏毯展览中心	18000	
73	邯郸	邯郸国际会展中心	20000	20000

编号	城市	展馆名称	室内展馆面积	城市展馆总面积
74	淄博	淄博国际会展中心	66000	70000
		淄博展览馆	4000	
75	江门	江门五邑华侨国际会展中心	18459	18459
76	舟山	舟山船业展览中心	20000	20000
77	东营	东营黄河国际展会中心	23679	73679
		山东省广饶国际博览中心	50000	
78	宁德	宁德会展中心	28000	28000
79	满洲里	满洲里国际会展中心	23000	23000
80	洛阳	中原物流国际会展中心	17000	17000
81	蚌埠	蚌埠会展中心	13000	13000
82	滨州	滨州国际会展中心	12752	262752
		中国厨都国际会展中心	250000	
83	德州	德州国际会展中心	67000	67000
84	菏泽	中国林展馆	30000	30000
85	吉林	吉林国际会议展览中心	10000	10000
86	济宁	曲阜孔子文化会展中心	26538	26538
87	遵义	遵义会展中心	15000	15000
88	玉林	玉林国际会展中心	33000	33000
89	延边	延边国际会展中心	13800	13800
90	通辽	内蒙古通辽会展中心	20000	20000
91	寿光	寿光国际会展中心	120000	120000
92	三明	三明市科技文化会展中心	20102	31070
		三明会展中心	10968	
93	衢州	衢州东方会展中心	3200	3200
94	齐齐哈尔	齐齐哈尔国际会展中心	17700	17700
95	满洲里	满洲里国际会展中心	18400	18400
96	绵阳	绵阳国际会展中心	11000	11000
97	莱芜	莱芜国际会展中心	11000	11000
98	金华	金华市八咏展览中心	7500	7500
99	三亚	三亚美丽之冠文化会展中心	13000	13000
100	驻马店	驻马店会展中心	4000	4000

续表

编号	城市	展馆名称	室内展馆面积	城市展馆总面积
101	宝鸡	宝鸡会展中心	28000	28000
102	鄂尔多斯	鄂尔多斯会展中心	15940	15940
103	江阴	江阴国际会展中心	30000	30000
104	永康	永康会展中心	100000	175600
		永康国际会展中心	75600	
105	镇江	镇江市体育会展中心	79829	79829
106	鞍山	鞍山乐雪会展中心	10200	10200
107	迁安	迁安市文化会展中心	15000	15000

数据来源:根据相关网站资料整理,展馆面积统计截止到2018年12月。

注:此数据为不完全统计。

附录D 我国城市UFI认证展会情况一览

展会中文名称	英文名称	主承办机构	城市	展会周期
中国(澳门)国际汽车博览会	China Macao International Automobile Exposition	南光国际会展有限公司	澳门	一年一届
澳门国际贸易投资展览会	Macao International Trade & Investment Fair	澳门贸易投资促进机构	澳门	一年一届
中国(澳门)国际游艇进出口商品交易会	China (Macao) International Yacht Import & Export Fair	中国(澳门)国际游艇进出口商品交易会	澳门	一年一届
澳门特许经营博览会	Macao Franchise Expo	澳门贸易投资促进协会	澳门	一年一届
澳门国际环保合作发展论坛及展览会	Macao International Environmental Co-operation Forum and Exhibition	澳门贸易投资促进协会	澳门	一年一届
澳门公务航空展览会	Macao Business Aviation Exhibition	南光国际会展有限公司	澳门	一年一届
MGS娱乐演出展	MGS Entertainment Show	澳门博彩器材制造商协会	澳门	一年一届
中国家电及消费电子博览会	Appliance & Electronics World Expo	中国家用电器协会	上海	一年一届
中国国际投资贸易洽谈会(CIFIT)	China International Fair for Investment & Trade (CIFIT)	中国商务部中国投资促进局(CIPA)	厦门	一年一届
中国(北京)国际冶金工业博览会	China (Beijing) International Metallurgical Industry Expo	中国国际展览中心	北京	一年一届

展会中文名称	英文名称	主承办机构	城市	展会周期
中国国际信息通信展览会	PT/Expo China	工业和信息化部、中国国际展览中心	北京	一年一届
中国汽车用品暨改装汽车展览会	CIAACE	YASN 国际展览有限公司	春:北京 秋:广州	一年两届
中国测绘地理信息技术装备展览会	CHINTERGEO	北京博乾国际会展服务有限公司	不定	一年一届
中国新疆国际矿业及装备博览会	China Xinjiang International Mining & Equipment Expo	新疆维吾尔自治区人民政府国家 305 项目办公室	北京	一年一届
中国制冷展	China Refrigeration	BIEC-北京国际展览中心	北京	一年一届
北京国际印刷技术展览会	China Print	中国国际展览中心	北京	四年一届
国际医疗仪器设备展览会	China Med	中国世界国际展览有限公司	北京	一年一届
中国国际科学仪器及实验室装备展览会	China International Scientific Instrument and Laboratory Equipment Exhibiton	北京灯饰展览有限公司	北京	一年一届
中国国际家居博览会	China International Housing and Furnishing Exhibition	中国轻工业展览中心	宁波	一年两届
中国国际服装服饰博览会	China International Fashion Fair	中国世界国际展览有限公司	上海	一年两届
广州陶瓷工业展览会	Ceramics China	贸促会建筑材料分会	广州	一年一届
中国国际农用化学品及植保展览会	China International Agrochemical & Crop Protection Exhibition	贸促会化工分会	上海	一年一届
中国国际胶粘剂与密封剂展览会	China Adhesive & TL-Expo	中国国际贸易促进委员会化工行业分会 中国胶黏剂和胶黏带工业协会	上海	一年一届
中国(天津)国际工业自动化技术装备展览会	China (Tianjin) International Industrial Automation Technology & Equipment Exhibition	中国国际贸易促进委员会机械行业分会、北京振威展览有限公司	天津	一年一届
中国(新疆)国际农业博览会	China (Xinjiang) International Agriculture Fair	新疆振威展览有限公司	北京	一年一届

续表

展会中文名称	英文名称	主承办机构	城市	展会周期
中国(天津)国际机床展览会	China (Tianjin) International Machine Tool Exhibition	天津振威展览有限公司	天津	一年一届
中国(天津)国际机械工业装备博览会	China (Tianjin) International Machinery Industry Equipment Expo	天津振威展览有限公司	天津	一年一届
中国国际机床工具展览会	China International Machine Tool & Tools Exhibition (CIMES)	北京国机展览有限公司	北京	两年一届
中国国际石油石化技术装备展览会	China International Petroleum & Petrochemical Teohnology and Equipment Exhibition	北京振威展览有限公司	北京	一年一届
中国(北京)国际工程机械、建材机械及矿山机械展览与技术交流会	China (Beijing) International Construction Machinery, Building Material Machines and Mining Machines Exhibition and Seminar	北京天施华工国际会展有限公司	北京	两年一届
立嘉国际智能装备展览会	Lijia International Intelligent Equipment Fair (CWMTE)	重庆市立嘉会议展览有限公司	重庆	一年一届
成都美容博览会	Chengdu China Beauty Expo	英富曼会展有限公司	成都	一年两届
成都车展	Chengdu Motor Show	成都环球世纪会展旅游集团有限公司	成都	一年一届
成都国际家具工业展览会	International Furniture Fair Chengdu	成都新东方展览有限公司	成都	一年一届
中国(西部)国际口腔设备与材料展览会暨口腔医学学术会议	West China International Exhibition & Symposium on Dental Equipment, Technology & Products	湖北大千希望展览公司成都分公司	成都	一年一届
中国(成都)国际茶叶博览会	China (Chengdu) International Tea Expo	四川省博览经济发展有限公司	成都	一年一届
中国(长沙)国际汽车博览会	China (Changsha) International Automobile Exposition	湖南中南国际展览有限公司	长沙	一年一届
华中(湖南)农业博览会	Central China (Hunan) Agricultural Expo	湖南红星国际展览有限公司	长沙	一年一届

展会中文名称	英文名称	主承办机构	城市	展会周期
南京国际度假休闲及房车展览会	CMT China	南京斯图加特联合展览有限公司	南京	一年一届
中国模具之都展览会	China Mould Capital Expo (Ningbo Machine Tools Expo)	宁波金诺国际博览有限公司	宁波	一年一届
宁波国际服装服饰博览会	Ningbo International Fashion Fair (IFFAIR)	宁波希波会议展览有限公司	宁波	一年一届
中国(东营)国际石油石化装备及技术展览会	China (Dongying) International Petroleum and Petrochemical Equipment & Technology Exhibition (CDYPE)	中国国际贸易促进委员会、山东人民政府	东营	一年一届
中国(贵州)国际酒类博览会	China (Guizhou) International Alcoholic Beverages Expo	贵州国际酒精饮料博览会有限公司	贵阳	一年一届
深圳国际小电机及电机工业、磁性材料展览会	Motor & Magnetic Expo	智展(广东)有限公司	深圳	一年一届
广州(锦汉)家居用品及礼品展览会	Jinhan fair for Home & Gifts	广州保利锦汉展览有限公司	广州	一年两次
广州国际汽车空调及冷藏技术展览会	Guangzhou International Auto Air-Conditionning & Refrigeration Technology Exhibition	广州巴斯特展览有限公司、中国对外贸易经济合作企业协会	广州	一年一届
华南国际口腔展	Dental South China International Expo	广东国际科技展览有限公司	广州	一年一届
中国国际中小企业博览会	China International Small and Medium Enterprises Fair	中国国际中小企业博览会局	广州	一年一届
中国国际医疗旅游博览会	China International Medical Tourism Fair	广州正和展览服务有限公司、世界医疗旅游产业联盟	不定	一年两届
中国国际家具展览会(上海)	China International Furniture Fair (Shanghai)	中国对外贸易广州展览总公司	上海	一年一届
中国(广州)编织品、礼品及家用装饰品展览会	CACFair Weaving + Home Décor	广州益武国际展览有限公司	广州	一年两届

续表

展会中文名称	英文名称	主承办机构	城市	展会周期
中国(广饶)国际橡胶轮胎暨汽车配件展览会	China (Guangrao) International Rubber Tire and Auto Accessory Exhibition	中国国际贸易促进委员会 山东省人民政府	广饶	一年一届
中俄博览会	China-Russia Expo	黑龙江省会展局	哈尔滨	一年一届
中国国际茶叶博览会	China International Tea Expo	杭州华巨臣西博文化创意有限公司	杭州	一年一届
浙江出口商品交易会(越南)	Zhejiang Export Fair (Vietnam)	浙江远大国际会展有限公司	杭州	一年一届
浙江出口商品交易会(大阪)	Zhejiang Export Fair (Osaka)	浙江远大国际会展有限公司	杭州	一年一届
浙江出口商品交易会(马来西亚)	Zhejiang Export Fair (Malaysia)	浙江远大国际会展有限公司	杭州	一年一届
山东国际供热供暖、通风空调及舒适家居系统展览会	Shandong International Heating, Ventilation, Air-Conditioning & Home Comfort System Exhibition	济南金诺展览有限公司	济南	一年一届
山东给排水、水处理及管泵阀展览会	Shandong International Exhibition of Feedwater, Drainage, Water Treating, Pipeline and Pump Valve	济南金诺克展览有限公司	济南、青岛	一年两届
山东国际节能与新能源汽车展览会	Shandong International Energy-saving and New Energy Vehicles Exhibition	暨南世博展览策划有限公司	济南	一年一届
山东文化产业博览交易会	Shandong International Cultural Industries Fair	山东齐鲁晚报天一国际展览有限公司	济南	两年一届
中国北方国际茶业博览交易会	North China International Tea Industry Expo & Fair	山东齐鲁晚报天一国际展览有限公司	济南	一年一届
济南金诺国际家具展	Jinan Jinnoc International Furniture Fair	济南金诺展览有限公司	济南	一年一届
中国(济南)国际美容、美发、化妆品产业博览会	China (Jinan) International Beauty, Hairdressing, Cosmetics Industry Expo	济南美博文化传播有限公司	济南	一年两届

展会中文名称	英文名称	主承办机构	城市	展会周期
中国(济南)国际建筑装饰博览会	China (Jinan) International Building Decoration Expo	济南信展展览有限公司、中国木材与木制品流通协会全屋定制分会	济南	一年一届
中国(济南)国际太阳能利用大会暨博览会	China (Jinan) International Solar Energy Utilization Conference and Exhibition	山东新丞华展览有限公司	济南	一年一届
中国国际医疗器械(山东)博览会暨医院管理国际系列论坛	China International Medical Equipment (Shandong) Expo & Hospital Management Forum	山东新丞华展览有限公司	济南	一年两届
中国(山东)国际农业机械展览会	China (Shandong) International Agricultural Machinery Exhibition	山东新丞华展览有限公司	济南	一年一届
中国青岛国际机床博览会	China Qingdao International Machine Tools Expo	青岛金诺克国际展览有限公司	青岛	一年一届
中国(山东)国际纺织博览会和中国(青岛)国际皮革、鞋机、鞋材展览会	China (Shandong) International Textile Expo & China (Qingdao) International Leather, Shoe Machinery and Materials Fair	海明国际会展集团、山东省皮革行业协会	青岛	一年一届
中国(青岛)国际美容美发化妆品博览会	China (Qingdao) International Beauty, Hairdressing & Cosmetics Expo	山东美博国际文化传播有限公司	青岛	一年两届
中国(寿光)国际蔬菜科技博览会	China (Shouguang) International Vegetable Sci-Tech Fair	中国(寿光)国际蔬菜科技博览会组委会办公室	寿光	一年一届
中国杨凌农业高新科技成果博览会	China Yangling Agricultural Hi-tech Fair (CAF)	杨凌农业高新技术产业示范区展览局	杨凌示范区	一年一届
设计上海	Design Shanghai	柯莱睿(上海)会展有限公司(Clarion Events)	上海	一年一届
中国国际线缆及线材展览会	The All China - International Wire & Cable Industry Trade Fair	杜塞尔多夫展览(上海)有限公司、上海电缆研究所有限公司	上海	两年一届
Tube China-中国国际管材展览会	Tube China - The all China - International Tube & Pipe Industry Trade Fair	杜塞尔多夫展览(上海)有限公司	上海	两年一届

续表

展会中文名称	英文名称	主承办机构	城市	展会周期
上海国际照明博览会	Shanghai International Lighting Expo	上海现代国际展览有限公司	上海	一年一届
上海国际减灾应急与安全博览会	Shanghai International Disaster Reduction and Security Exhibition	上海市商务委员会、都江堰市人民政府、东方国际展览	上海	一年一届
上海国际建材与室内装饰展览会、国际建筑节能及新型建材展览会	Shanghai International Construction Material and Indoor Decoration Exhibition, Energy-saving and advanced building material exposition	上海现代国际展览有限公司	上海	一年一届
上海国际广告、印刷、包装、纸业博览会	Shanghai International Advert, Print, Pack, Paper Exposition	上海现代国际展览有限公司	上海	一年一届
亚洲宠物展览会	Pet Fair Asia	VNU亚洲展览会	上海	一年一届
中国国际安全生产及职业健康展览会	COS＋H - China International Occupational Safety & Health Exhibition	杜塞尔多夫展览(中国)有限公司	上海	两年一届
中国机床展览会	China Machine Tool Exhibition	上海华品展览有限公司	上海	一年一届
中国(南非)贸易博览会	China Homelife & Machinex (South Africa) Fair	米奥兰特国际会展	约翰内斯堡	一年一届
中国(土耳其)贸易博览会	China Homelife & Machinex (Turkey) Fair	米奥兰特国际会展	伊斯坦布尔	一年一届
中国(波兰)贸易博览会	China Homelife & Machinex (Poland) Fair	米奥兰特国际会展	华沙	一年一届
中国(哈萨克斯坦)贸易博览会	China Homelife & Machinex (Kazakhstan) Fair	米奥兰特国际会展	阿达肯特	一年一届
中国(约旦)贸易博览会	China Homelife & Machinex (Jordan) Fair	米奥兰特国际会展	安曼	一年一届
中国(印度)贸易博览会	China Homelife & Machinex (India) Fair	米奥兰特国际会展	孟买	一年一届
中国(埃及)贸易博览会	China Homelife & Machinex (Egypt) Fair	米奥兰特国际会展	开罗	一年一届
中国(巴西)贸易博览会	China Homelife & Machinex (Brazil) Fair	米奥兰特国际会展	圣保罗	一年一届

展会中文名称	英文名称	主承办机构	城市	展会周期
中国(阿联酋)贸易博览会	China Homelife (Dubai) Fair	米奥兰特国际会展	迪拜	一年一届
中国国际工业博览会	China International Industry Fair	国家发展和改革委员会等	上海	一年一届
中国国际全印展	All in Print China	杜塞尔多夫展览(中国)有限公司	上海	两年一届
上海国际汽车工业展览会	Auto Shanghai	上海国际展览有限公司	上海	两年一届
深圳国际全触与显示展	C-Touch & Display Shenzhen	励扩展览(上海)有限公司	深圳	一年一届
中国国际染料工业及有机颜料、纺织化学品展览会	China Interdye	上海国际展览有限公司	上海	一年一届
中国国际模具技术和设备展览会	Die & Mould China	上海国际展览有限公司	上海	一年一届
时尚深圳展	Fashion SZ show	环宇时尚展览(深圳)有限公司	深圳	一年两届
深圳国际机械制造工业展览会	Shenzhen International Machinery Manufacturing Industry Exhibition	深圳市协广会议展览有限公司、深圳市环悦会展有限公司	深圳	一年一届
中国(深圳)国际工业设计大展	China(Shenzhen) International Industrial Design Fair (SZIDF)	深圳市工业设计行业协会	深圳	一年一届
深圳国际家具展	Shenzhen International Furniture Fair	深圳市德赛展览有限公司	深圳	一年一届
中国(深圳)国际礼品、工艺品、钟表及家庭用品博览会	China (Shenzhen) International Gifts, Handicrafts, Watches & Houseware Fair	励展华博展览(深圳)有限公司	深圳	一年一届
中国(深圳)国际礼品及家居用品博览会	China (Shenzhen) International Gift & Home Product Fair	励展华博展览(深圳)有限公司	深圳	一年一届
中国(深圳)国际文化产业博览交易会	China (Shenzhen) International Cultural Industries Fair	深圳市国际文化产业博览有限公司	深圳	一年一届
中国(深圳)国际钟表、珠宝、礼品展览会	China Watch, Jewellery & Gift Fair(CWJF)	深圳市钟表行业协会	深圳	一年一届

续表

展会中文名称	英文名称	主承办机构	城市	展会周期
中国国际高新技术成果交易会	China Hi-Tech Fair	深圳会展中心管理有限公司	深圳	一年一届
中国国际光电博览会	China International Optoelectronic Exposition (CIOE)	中国科学技术协会、深圳贺戎博闻展览有限公司	深圳	一年一届
中国(三亚)国际大健康与美容产业博览会	China (Sanya) International Health & Beauty Industry Expo	三亚市文化广电出版体育局、海南八方会展有限公司	三亚	一年一届
台北国际自行车展览会	Cycle Taipei	台湾"对外贸易发展协会"	台北	一年一届
台北国际电脑展	Computex Taipei	台湾"对外贸易发展协会"	台北	一年一届
台北国际汽车零部件展览会	Taipei AMPA	台湾"对外贸易发展协会"	台北	一年一届
台湾国际包装工业展览会	Taibei Pack	台湾"对外贸易发展协会"	台北	一年一届
台湾生物科技大展	Bio Taiwan	展昭国际有限公司	台北	一年一届
国际医疗卫生博览会	International Medical, Health & Care Expo	台湾"对外贸易发展协会"	台北	一年一届
台湾建筑建材装饰展	Taipei Building Show	大展国际股份有限公司	台北	一年一届
台北国际食品展	Food Taipei	台湾"对外贸易发展协会"	台北	一年一届
台北国际塑胶工业展览会	Taipei Plas	台湾"对外贸易发展协会"	台北	两年一届
台湾国际机床展	Taiwan International Machine Tools Show	台湾对外贸易发展协会	台北	两年一届
台湾电路板国际展览会	TPCA Show	台湾电路板协会	台北	一年一届
唐山中国陶瓷博览会	China Ceramic Fair Tangshan	唐山市人民政府、中国贸促会唐山市分会	唐山	一年一届
武汉国际电子商务暨"互联网+"产业博览会	International E-business Expo Wuhan	武汉市商务局、湖北嘉尔文化发展有限公司	武汉	一年一届
中国(青海)藏毯国际展览会	China (Qinghai) International Carpet Exhibition	中国藏毯协会	西宁	一年一届

展会中文名称	英文名称	主承办机构	城市	展会周期
中国(余姚)国际塑料博览会暨中国塑料博览会	China (Yuyao) International Plastics Expo and China Plastics Expo	余姚市中国塑料城展览有限公司	余姚	一年一届
香港国际灯饰展	Hong Kong International Lighting Fair	香港贸易发展局	香港	一年两届
香港亚太区美容展	Cosmoprof Asia	亚洲博闻有限公司(香港)	香港	一年一届
香港电子产品展	Hong Kong Electronics Fair	香港贸易发展局	香港	一年两届
国际电子组件及生产技术展览会(香港电子展)	electronicAsia	慕尼黑国际博览亚洲有限公司、香港贸易发展局	香港	一年一届
香港时装周	Hong Kong Fashion Week	香港贸易发展局	香港	一年两届
香港礼品和赠品展	Hong Kong Gifts & Premium Fair	香港贸易发展局	香港	一年一届
香港家庭用品展	Hong Kong Houseware Fair	香港贸易发展局	香港	一年一届
香港国际珠宝展	Hong Kong International Jewellery Show	香港贸易发展局	香港	一年一届
香港国际玩具及礼品展暨第十四届亚洲赠品及家居用品展(亚洲展览盛事第一部分)	Mega Show Part One	恒建展览香港有限公司	香港	一年一届
香港国际眼镜展	Hong Kong International Optical Fair	香港贸易发展局	香港	一年一届
香港玩具展	Hong Kong Toys & Games Fair	香港贸易发展局	香港	一年一届
香港钟表展	Hong Kong Watch & Clock Fair	香港贸易发展局	香港	一年一届
香港国际玩具及礼品展暨第十四届亚洲赠品及家居用品展(亚洲展览盛事第二部分)	Mega Show Part Two	建发国际(控股)有限公司	香港	一年一届
亚太区(香港)皮革及物料展	APLF Leather & Materials＋	亚太区皮革有限公司(APLF)	香港	一年一届
亚洲创新建筑、电气、保安科技展览会	Build4Asia	亚洲英富曼会展有限公司	香港	两年一届
国际橡塑展	Chinaplas	Adsale展览服务有限公司	不定	一年一届
国际环保博览	Eco Expo Asia	法兰克福展览(香港)有限公司、香港贸易发展局	香港	一年一届

续表

展会中文名称	英文名称	主承办机构	城市	展会周期
香港时尚配饰展览会	Fashion Access	亚太区皮革有限公司（APLF）	香港	一年一届
亚洲国际博彩娱乐展览会	Global Gaming Expo Asia	励展博览集团、美国博彩协会（AGA）	澳门	一年一届
香港环境资源消费电子展览会	Global Sources Consumer Electronics	环球资源有限公司	香港	一年两届
香港国际餐饮及酒店用品展览会	HOFEX	亚洲英富曼会展有限公司	香港	两年一届
香港婴儿用品展览会	Hong Kong Baby Products Fair	香港贸易发展局	不定	一年一届
香港国际钻石、宝石及珍珠展览	Hong Kong International Diamond, Gem & Pearl Show	香港贸易发展局	香港	一年一届
香港国际珠宝厂商展览会暨香港珠宝购物节	Hong Kong International Jewelry Manufacturers' Show	香港珠宝制造商协会（HKIJMS）	香港	一年一届
香港国际医疗及保健展览会	Hong Kong International Medical and Healthcare Fair	香港贸易发展局	香港	一年一届
香港国际印刷及包装展览会	Hong Kong International Printing and Packaging Fair	香港贸易发展局、华港国际展览有限公司	香港	一年一届
香港国际户外及科技照明博览	Hong Kong International Outdoor and Tech Light Expo	香港贸易发展局	香港	一年一届
印度国际可再生能源展览会	Renewable Energy India Expo	（UBM）博闻旗下印度展览公司	印度	一年一届
国际电力设备与技术展览会	The International Exhibition on Electric Power Equipment and Technology	Adsale展览服务有限公司	上海	一年一届
越南西贡纺织及制衣工业展览会	Vietnam Saigon Textile & Garment Industry and Fabric Expo	CP展览有限公司	胡志明市	一年一届
中国义乌国际森林产品博览会	China Yiwu International Forest Products Fair	义乌中国小商品城展览有限公司	义乌	一年一届
中国义乌国际小商品标准博览会	China Yiwu International Commodities Fair	义乌中国小商品城展览有限公司	义乌	一年一届
中国义乌进口商品交易会	China Yiwu Imported Commodities（Standards）Fair	义乌中国小商品城展览有限公司	义乌	一年一届
中国郑州国际工业装备博览会	China Zhengzhou International Industrial Equipment Expo	郑州海名汇博会展策划有限公司	郑州	一年一届

资料来源：根据全球展览业协会官方网站（www.ufi.org）相关资料整理。

注：时间截至2019年9月。

附表E　2000—2018年我国各城市展览业法规、意见一览

城市	法规、意见名称	颁布机构	颁布时间
上海 (7)	《关于发布〈重点单位重要部位安全技术防范系统要求第一部分：展览会场馆〉等两项上海市地方标准的通知》	上海市质量技术监督管理局	2005年2月7日
	《上海市工商行政管理局关于本市展览场馆备案的实施意见》	上海市工商行政管理局	2005年5月12日
	《上海市地方税务局关于对本市展览业营业税若干征收问题的通知》	上海市地方税务局	2000年11月29日
	《上海市地方税务局关于本市会展业营业税征收问题的通知》	上海市地方税务局	2008年9月11日
	《上海市展览业管理办法》	上海市人民政府	2005年3月15日
	《关于促进本市展览业改革发展的实施意见》	上海市人民政府	2016年5月5日
	《上海市建设国际会展之都专项行动计划(2018-2020年)》	上海市商务委	2018年8月30日
广州 (3)	《关于加强广州市会展管理工作的意见》	广州市协作办、市工商局、市外经贸局	2005年7月6日
	《关于加强广州市会展知识产权保护工作的意见》	广州市知识产权局广州市工商行政管理局、广州市版权局	2002年4月15日
	《广州市会展管理专业技术人员职业水平考试实施办法》	广州市人事局	2006年9月30日
北京 (4)	关于修改《北京市展览、展销活动消防安全管理暂行规定》等二十七项规章部分条款的决定	北京市人民政府	2004年6月1日
	《北京市展会知识产权保护办法》	北京市人民政府	2007年11月19日
	《关于进一步促进展览业创新发展的实施意见》	北京市人民政府	2018年1月12日
	《关于促进我市商业会展业高质量发展的若干措施(暂行)》	北京市商务局	2019年6月5日
深圳 (11)	《广东省深圳经济特区举办经贸展览会暂行规定》	深圳市人民政府	1986年12月9日
	《深圳市文化局关于废止〈关于深圳市举办文物陈列展览报批程序(暂行)〉等6件规范性文件的决定》	深圳市文化局	2002年10月17日
	《深圳市人民政府印发〈关于巩固防治非典成果扶持启动深圳市经贸会展旅游活动的意见〉的通知》	深圳市人民政府	2003年6月13日
	《深圳市人民政府印发〈关于发展深圳会展业意见〉的通知》	深圳市人民政府	2004年7月20日

续表

城市	法规、意见名称	颁布机构	颁布时间
深圳 (11)	《深圳经济特区举办经贸展览会暂行规定(2004年修订)》	深圳市人民政府	2004年8月26日
	《深圳市人民政府办公厅转发市编办〈关于整合政府投资的会展服务机构意见〉的通知》	深圳市人民政府办公厅	2004年9月23日
	《深圳市工商行政管理局商品展销会行政许可实施办法》	深圳市工商行政管理局	2005年5月19日
	《深圳市人民政府办公厅关于印发〈深圳市会展业及国内参展财政资助资金管理暂行办法〉的通知》	深圳市人民政府办公厅	2006年11月21日
	《深圳市贸易工业局关于印发〈深圳市会展业发展"十一五"规划〉的通知》	深圳市贸易工业局	2007年7月12日
	《深圳市会展业财政资助专项资金管理办法》	深圳市人民政府办公厅	2010年7月5日
	《深圳市品牌展会认定办法》	深圳市经济贸易和信息化委员会	2017年6月19日
厦门 (7)	《福建省厦门市人民政府关于促进会展业发展的若干意见》	厦门市人民政府	2003年5月7日
	《厦门市人民政府办公厅转发市贸易发展局、市工商局〈关于厦门市展览业管理暂行办法〉的通知》	厦门市人民政府办公厅	2004年4月9日
	《市贸易发展局市财政局市政府会展协调办公室关于厦门市鼓励会展业发展专项资金使用管理暂行办法》	厦门市人民政府办公厅	2003年11月11日
	《厦门市人民政府办公厅转发市〈贸发局厦门市展览会评估试行办法〉的通知》	厦门市人民政府办公厅	2007年1月3日
	《福建省厦门市科学技术局关于发布〈厦门市科学技术会议与展览管理及资助办法〉的通知》	厦门市科学技术局	2008年3月13日
	《福建省厦门市人民政府办公厅转发市政府会展协调办公室〈关于厦门国际机场展览宣传广告位管理暂行办法〉的通知》	厦门市人民政府办公厅	2008年3月17日
	《厦门市人民政府办公厅转发市贸发局等部门关于厦门市鼓励会展业发展专项资金使用管理办法的通知》	厦门市人民政府办公厅	2008年10月22日
无锡 (2)	《关于转发〈关于对江苏省举办的大型会展实施知识产权监督管理的意见〉的通知》	无锡市科学技术局	2002年3月29日
	《无锡市中小企业局、市财政局关于印发〈无锡市中小企业参加展(博)览会展位补贴办法〉的通知》	无锡市财政局、无锡市中小企业局	2005年11月21日

城市	法规、意见名称	颁布机构	颁布时间
南京（3）	《江苏省南京市人民政府关于加快南京会展业发展的若干意见》	南京市人民政府	2007年4月9日
	《江苏省南京市人民政府办公厅关于印发〈南京市展览业管理办法〉的通知》	南京市人民政府办公厅	2007年4月9日
	《南京市会展业管理办法》	南京人民政府	2015年4月27日
宁波（11）	《宁波市人民政府关于加快宁波会展业发展的若干意见》	宁波市人民政府	2002年1月8日
	《宁波市人民政府关于印发〈宁波市展览业管理暂行办法〉的通知》	宁波市人民政府	2005年6月13日
	《宁波市人民政府办公厅关于加强中心城区大型会展活动户外临时公益广告管理的意见》	宁波市人民政府办公厅	2006年2月15日
	《宁波市人民政府关于进一步推动宁波会展业发展的若干意见》	宁波市人民政府	2007年6月1日
	《宁波市人民政府关于加快推进宁波国际贸易展览中心建设的决定》	宁波市人民政府	2007年7月31日
	《浙江省宁波市人民政府关于加快推进宁波国际会展之都建设的若干意见》	宁波市人民政府	2008年5月20日
	《宁波市人民政府会展工作办公室关于印发宁波市展会活动指导目录的通知》	宁波市会展办	2008年6月3日
	《浙江省宁波市人民政府转发市会展办市财政局〈关于宁波市展会资助资金使用管理暂行办法〉的通知》	宁波市人民政府	2008年6月24日
	《浙江省宁波市人民政府关于印发〈2008年度宁波市会展工作考评办法〉的通知》	宁波市人民政府	2008年6月24日
	《宁波市人民政府办公厅关于进一步开拓会展业市场的补充意见》	宁波市人民政府	2009年7月23日
	《宁波市会展业发展专项资金管理办法》	宁波市会展办、市财政局	2017年5月12日
义乌（7）	《义乌市会展业发展专项资金使用管理办法》（试行）	义乌市政府	2005年
	《义乌市会展知识产权保护办法》	义乌市会展办、科技局、工商局、文广新局	2008年10月6日
	《义乌市会展业发展专项资金使用管理办法》	义乌市人民政府办公室	2016年12月1日
	《义乌市人民政府办公室关于印发〈义乌市展览活动管理暂行办法〉的通知》	义乌市人民政府办公室	2009年2月6日
	《义乌市展位搭建管理规定》	义乌市会展办	2009年2月25日

续表

城市	法规、意见名称	颁布机构	颁布时间
义乌 (7)	《义乌市展览活动审核制度》	义乌市会展办	2009年2月25日
	《关于加快打造国际小商品会展中心的若干意见》	义乌市委、市政府	2009年3月11日
绍兴 (2)	《中共绍兴市委办公室 绍兴市人民政府办公室关于加快绍兴节庆会展业发展的若干意见》	中共绍兴市委办公室、绍兴市人民政府办公室	2008年12月15日
	《绍兴县人民政府办公室关于印发绍兴县会展业管理暂行办法的通知》	绍兴市人民政府办公室	2009年5月12日
杭州 (9)	《关于对引进大型会展和旅游节庆项目进行奖励的实施办法》	杭州市会展办	2003年1月1日
	《杭州市发展会展业协调办公室会展节庆活动项目登记管理办法》	杭州市会展办	2003年1月29日
	《杭州市政府办公厅关于加强展会管理工作的通知》	杭州市政府办公厅	2004年3月2日
	《杭州市人民政府办公厅关于加强各类展会和节庆活动安全管理工作的通知》	杭州市政府办公厅	2004年6月22日
	《杭州市发展会展业专项资金管理办法》	杭州市会展办	2005年10月25日
	《中共杭州市委办公厅、杭州市人民政府办公厅关于促进杭州会展业发展的若干意见》	杭州市人民政府办公厅、中共杭州市委办公厅	2006年3月15日
	《杭州市会展业促进条例(草案)》	杭州市人大常委会法制工作委员会	2017年6月29日
	《杭州市重大会展活动备案办法》	杭州市人民政府办公厅	2018年5月2日
	《杭州市人民政府关于深化会展管理体制改革的实施意见》	杭州市人民政府	2018年3月21日
温岭 (1)	《温岭市人民政府关于促进会展业发展的若干意见》	温岭市人民政府	2006年11月15日
舟山 (1)	《中共舟山市委办公室、舟山市人民政府办公室关于印发〈舟山市节庆会展工程实施方案〉的通知》	舟山市人民政府办公室、中共舟山市委办公室	2006年6月7日
吉林 (1)	《吉林市域内招商引资、会展、经贸洽谈等活动管理办法》	吉林市人民政府办公厅	2002年3月19日
长春 (3)	《长春市人民政府办公厅转发长春会展办〈关于2001年长春市主要会展活动安排意见〉的通知》	长春市人民政府办公厅	2001年2月5日
	《长春市人民政府关于进一步加快会展业发展的意见》	长春市人民政府	2003年12月1日
	《长春市展览业管理办法》	长春市人民政府	2007年1月10日

城市	法规、意见名称	颁布机构	颁布时间
东莞 （1）	《东莞市人民政府办公室印发〈关于促进东莞市会展业发展的意见〉的通知》	东莞市人民政府办公室	2006年8月17日
佛山 （2）	《广东省佛山市人民政府办公室印发〈关于加快佛山市会展业发展若干意见〉的通知》	佛山市人民政府办公室	2008年1月29日
	《关于加快会展经济发展的意见》	佛山市顺德区人民政府办公室	2004年8月12日
西安 （3）	《西安市人民政府关于发展会展经济的若干意见》	西安市人民政府	2003年12月1日
	《关于进一步促进会展业发展的若干意见》	西安市人民政府	2009年12月24日
	《西安市会展业促进条例》	西安市人民政府	2013年10月29日
东营 （2）	《东营市人民政府办公室关于成立东营会展中心建设工作领导小组等4个临时机构的通知》	东营市人民政府	2005年5月30日
	《东营市会展业管理暂行办法》	东营市人民政府办公室	2011年3月27日
济南 （4）	《济南市会展场所安全管理规定（试行）》	济南市人民政府办公厅	2005年6月14日
	《关于对大型会展和旅行社奖励的办法》	济南市旅游局	2007年2月9日
	《济南市人民政府关于加快会展业发展的意见》	济南市人民政府	2009年6月7日
	《济南市促进会展业发展若干措施》	济南市人民政府办公厅	2018年4月2日
青岛 （8）	《青岛市市委办公厅、青岛市人民政府办公厅关于进一步规范节庆会展活动的通知》	青岛市人民政府办公厅、中共青岛市委办公厅	2002年10月21日
	《山东省青岛市人民政府办公厅关于印发〈青岛市会展业管理暂行办法〉的通知》	青岛市人民政府	2007年11月2日
	《山东省青岛市人民政府关于加快会展业发展的意见》	青岛市人民政府	2007年11月1日
	《关于加快青岛高端会展业发展的意见》	青岛市人民政府	2014年6月3日
	《青岛市会议与展览服务规范》	市贸促会会同市发展改革委、市质量技术监督局	2014年9月23日
青岛 （8）	《青岛市扶持会展业发展专项资金管理办法》	青岛市财政局	2015年9月26日
	《关于进一步促进会展业发展的实施意见》	青岛市人民政府	2016年5月31日
	《关于支持会展业发展若干政策措施的意见》	青岛市人民政府办公厅	2018年10月19日

续表

城市	法规、意见名称	颁布机构	颁布时间
威海（1）	《山东省威海市人民政府关于鼓励会展业发展的若干意见》	威海市人民政府	2008年9月28日
菏泽（1）	《关于加快会展业发展促进会展消费的通知》	菏泽市人民政府办公室	2009年3月31日
烟台（2）	《鼓励会展业发展奖励办法》	烟台市财政局	2009年5月6日
	《烟台市会展业管理办法》	烟台市人民政府	2013年
临沂（2）	《临沂市人民政府关于加快会展业发展的意见》	临沂市政府	2007年7月12日
	《临沂市会展业管理办法》	临沂市政府办公室	2009年1月21日
昆明（6）	《昆明市人民政府关于成立会展工作领导小组的通知》	昆明市人民政府	2002年2月7日
	《昆明市人民政府关于加快昆明市会展业发展的若干意见》	昆明市人民政府	2009年2月2日
	《昆明市会展业促进条例》	昆明市人民政府	2015年8月27日
	《昆明市会展业发展专项资金管理试行办法》	市财政局、市博览局	2015年12月17日
	《昆明市会展活动管理办法》	昆明市博览局	2016年4月15日
	《昆明市会展业发展的实施意见》	昆明市博览局	2016年10月25日
合肥（3）	《合肥市人民政府关于加快会展业发展的若干意见》	合肥市人民政府	2004年5月18日
	《合肥市会展发展专项资金使用管理办法》	合肥市财政局	2006年4月10日
	《合肥市促进会展业规范发展办法》	合肥市人民政府	2018年07月13日
马鞍山（1）	《关于促进马鞍山市会展业发展的意见》	马鞍山贸促会	2007年7月2日
芜湖（1）	《芜湖市政府办公室关于发展会展经济规范会展市场的有关通知》	芜湖市人民政府	2006年11月30日
南昌（3）	《南昌市人民政府办公厅关于南昌市会展经济运作及管理工作的通知》	南昌市人民政府办公厅	2013年3月21日
	《关于进一步规范南昌市会展活动的通知》	南昌市会展办	2004年12月1日
	《关于进一步促进南昌市会展业健康快速发展的实施意见》	南昌市人民政府办公厅	2018年9月27日
石家庄（5）	《石家庄市人民政府办公厅关于成立石家庄市会展业发展管理机构的通知》	石家庄市人民政府办公厅	2006年3月23日
	《河北省石家庄市人民政府关于加快会展业发展的若干意见》	石家庄市人民政府	2006年12月15日
	《石家庄市会展业管理办法》	石家庄市人民政府	2008年1月22日
	《石家庄市市级招商引资及贸易展览活动专项资金管理办法(试行)》	石家庄财政局	2008年6月10日
	《石家庄市人民政府办公厅关于促进会展业快速发展的意见》	石家庄市人民政府	2018年6月28日

城市	法规、意见名称	颁布机构	颁布时间
长沙 （10）	《长沙市人民政府办公厅关于成立长沙市会展工作领导小组的通知》	长沙市人民政府办公厅	2003年2月26日
	《长沙市人民政府办公厅关于以市政府名义主（承）办各类展览会有关规定的通知》	长沙市人民政府办公厅	2003年6月16日
	《长沙市人民政府办公厅关于印发〈关于加快长沙会展业发展的若干意见〉的通知》	长沙市人民政府办公厅	2003年6月25日
	《长沙市人民政府办公厅关于进一步规范以市政府名义举办的会展活动的通知》	长沙市人民政府办公厅	2004年12月3日
	《长沙市人民政府关于印发〈长沙市会展管理办法〉的通知》	长沙市人民政府	2005年10月17日
	《长沙市会展工作管理办公室关于实行品牌展会排期保护的通知》	长沙市会展工作管理办公室	2006年10月25日
	《长沙市会展业促进办法》	长沙市人民政府	2015年12月14日
	《关于加强长沙市大型会展活动展馆及周边户外临时广告设置管理的通知》	长沙市政府	2015年3月16日
	《关于做好2015年度长沙市会展项目（会议类）扶持专项资金申报工作的通知》	长沙市财政局	2016年4月7日
	《长沙市会展项目扶持专项资金管理办法》	市财政局对外经济贸易处	2016年8月17日
浏阳 （1）	《关于加快浏阳会展业发展的实施意见》	浏阳市政府	2008年4月22日
黔南 （1）	《黔南州人民政府关于促进高星级酒店和会展业发展的意见》	黔南州人民政府	2008年10月23日
武汉 （4）	《武汉市人民政府关于加快武汉会展业发展的若干意见》	武汉市人民政府	2004年4月26日
	《武汉市人民政府办公厅转发市知识产权局等部门〈关于加强武汉市会展业知识产权管理与保护工作意见〉的通知》	武汉市人民政府办公厅	2004年7月8日
	《湖北省武汉市人民政府办公厅关于加强在武汉市举办对外经济技术展览会管理工作的通知》	武汉市人民政府办公厅	2007年5月31日
	《武汉市会展业发展专项资金管理办法》	武汉市人民政府	2018年2月1日
大连 （6）	《大连市展览业统计管理实施办法》	大连市统计局	2006年3月13日
	《大连市人民政府办公厅关于印发〈"十一五"期间大连市会展业发展指导目录〉的通知》	大连市人民政府办公厅	2006年3月25日
	《大连市展览业发展资金管理暂行办法》	大连市财政局	2007年1月15日
	《关于实行品牌展会排期保护的通知》	大连市会展办	2007年2月13日
	《关于加强境外参展组展知识产权保护工作的通知》	大连市知识产权局	2007年6月19日
	《关于加强商品展销会监督管理的通知》	大连市工商行政管理局	2007年8月29日

续表

城市	法规、意见名称	颁布机构	颁布时间
酒泉 （1）	《甘肃省酒泉市人民政府关于加快会展经济发展的意见》	酒泉市人民政府	2008年5月15日
南宁 （2）	《广西壮族自治区南宁市人民政府办公厅关于印发〈南宁市会展业发展补助资金使用管理办法〉的通知》	南宁市人民政府	2011年3月8日
	《南宁市商务局发布〈关于进一步加强南宁市会展业管理的通知〉》	南宁市商务局	2010年1月20日
西宁 （1）	《关于加快西宁市会展业发展的指导意见》	西宁市人民政府	2009年6月5日
哈尔滨 （2）	《关于加快会展经济发展的若干意见》	哈尔滨市人民政府办公厅	2009年9月23日
	《哈尔滨市大型活动管理办法》	哈尔滨市人民政府办公厅	2011年1月24日
绥芬河 （1）	《关于发展会展经济的若干意见》	绥芬河市人民政府	2006年10月19日
天津 （3）	《关于进一步规范举办各类展会论坛等活动有关事项的通知》	天津市人民政府办公厅	2009年5月26日
	《天津市促进会展发展办法》	天津市人民政府	2011年10月1日
	《关于进一步促进会展业改革发展的意见》	天津市人民政府办公厅	2017年7月7日
廊坊 （2）	《廊坊市鼓励新建五星级饭店和展览设施及设立专业展览公司暂行规定》	廊坊市人民政府	2005年4月28日
	《廊坊市展览业发展专项扶植资金管理暂行办法》	廊坊市财政局	2006年12月11日
太原 （1）	《太原市人民政府关于加快会展业发展的实施意见》	太原市政府	2009年1月12日
郑州 （5）	《中共郑州市委、郑州市人民政府关于大力发展会展业的意见》	中共郑州市委、郑州市人民政府	2005年6月13日
	《郑州市人民政府关于进一步促进郑州市会展业发展的意见》	郑州市人民政府	2009年4月30日
	《郑州市会展业统计管理实施办法》	郑州市人民政府办公室	2009年5月24日
	《关于加快国家区域性会展中心城市建设的意见》	郑州市人民政府	2016年8月18日
	《郑州市会展业发展专项资金使用管理办法》	郑州市人民政府	2009年5月24日
漯河 （1）	《关于加快漯河市会展业发展的若干意见》	漯河市人民政府	2008年3月13日

城市	法规、意见名称	颁布机构	颁布时间
成都 (3)	《成都市温江区会展业管理暂行办法》	成都温江区政府	2006年10月11日
	《成都市会展业发展"十三五"规划》	成都市博览局	2017年4月2日
	《成都市会展业发展专项资金管理办法》	成都市财政局、博览局	2017年7月11日
上饶 (1)	《江西省上饶市人民政府关于促进节庆会展业发展的意见》	上饶市政府	2008年2月20日
遵义 (2)	《关于促进高星级酒店和会展业发展的意见》	遵义市政府	2008年6月5日
	《遵义市会展业管理办法(试行)》	遵义市人民政府办公厅	2011年1月28日
海口 (2)	《海口市人民政府关于加快海口会展业发展的若干意见》	海口市人民政府	2009年7月3日
	《海口市展览业管理办法(2012年修正)》	海口市人民政府	2012年11月6日
重庆 (1)	《重庆市渝北区人民政府关于促进酒店会展业加快发展的意见》	重庆市渝北区政府	2007年7月7日
温州 (1)	《温州市人民政府办公室关于扶持温州专业展会发展的实施意见》	温州市人民政府	2009年8月3日
淮南 (1)	《淮南市加快展览业改革发展实施方案》	淮南市人民政府办公室	2018年3月12日
洛阳 (2)	《洛阳市会展业发展专项资金管理暂行办法》	洛阳市人民政府办公厅	2016年6月15日
	《洛阳市人民政府关于促进会展业转型发展的实施意见》	洛阳市人民政府	2018年5月9日
呼和浩特(1)	《呼和浩特市大型活动及会展业管理办法》	呼和浩特市人民政府	2010年4月2日
贵阳 (1)	《贵阳市会展业管理暂行办法》	贵阳市人民政府	2011年4月13日
三亚 (1)	《三亚市大型活动管理暂行办法》	三亚市人民政府	2013年4月18日
珠海 (2)	《珠海市重点展会和成长型展会认定办法》	珠海市人民政府	2014年6月
	《珠海市会展业扶持资金使用管理暂行办法》	珠海市会议展览局和珠海市财政局	2017年5月9日
绵阳 (1)	《绵阳市会展业管理办法》	绵阳市人民政府	2014年1月9日

资料来源:笔者根据相关网站资料整理。

注:时间截至2018年10月。

附录 F　我国入境和出境展览会的审批管理

项目	内容
来华1000平方米以上经济技术展,实行分级审批	以国务院部门或省级人民政府名义主办的国际展览会、博览会等,须报国务院批准
	国务院部门所属单位主办的,以及境外机构主办的对外经济技术展览会,报商务部审批。对在北京以外地区举办的,主办单位须事先征得举办地外经贸主管部门同意
	省级外贸主管部门主办的和多省(自治区、直辖市)联合主办的对外经济贸易洽谈会和出口商品交易会,由商务部审批。地方其他单位主办的对外经济技术展览会,由所在省、自治区、直辖市外经贸主管部门审批,并报商务部备案
	凡以科研、技术交流、研讨为内容的展览会,由科学技术部负责审批
	中国国际贸易促进委员会系统主办的对外经济技术展览会,由中国国际贸易促进委员会审批并报商务部备案。对其中在北京以外地区举办的,主办单位须事先征得举办地外经贸主管部门同意
	对外经济技术展览会凡涉及台湾地区厂商或机构参展的,应报商务部审批,报国务院台湾事务办公室备案。海峡两岸的经济技术展览会,由商务部会同国务院台湾事务办公室审批
来华1000平方米以下经济技术展,需向有关主管单位备案	地方公司主办的对外经济技术展览会,须向所在地外经贸主管部门备案
	地方举办科研技术展览会,报所在省、自治区、直辖市科委备案
文化艺术展览会由文化主管部门审批	外国来华或我国出国举办的书籍、绘画、书法、文物等文化交流活动的展览会,均应报文化部或国务院归口管理部门审批。进口文物展览的审批机关是文化部或国家文物局
出国举办经济展览会(出境)	在境外举办或参加经济技术展览会,由贸促会审批;赴台、港、澳举办或参加经济技术展览会,由商务部台港澳司审批
	在境外举办文化艺术展览会,由文化部审批;广东省的由广东省文化厅审批;展览品中有文物的还应经国家文物管理局审批
出国举办经济展览会(出境)	广东省赴港澳地区举办文化艺术交流会展,由广东省文化厅或广东省外事办公室审批
	除广东、福建、海南三省外,其他省市赴港澳地区举办文化艺术交流展,统一由文化部审批
	举办为期6个月以上的长期展览,由海关总署审核,商务部审批

资料来源:笔者根据相关资料整理。

附录 G　我国主要展览城市对展览产业的定位及目标

展览城市	产业定位	发展目标	空间布局
北京	打造全国会展中心城市	2020 年北京基本建成结构优化、布局合理、功能完善、机制健全、服务优良的服务于"四个中心"建设的展览业发展体系	建设"四核八板块"会展产业集聚区
上海	建设国际会展之都	把"上海会展服务"打造成打响"上海服务"品牌的重要载体和平台,把上海打造成市场运行机制更加成熟、会展企业更有活力、具有全球影响力的国际会展之都	上海会展服务业已经形成"2+X"的空间格局
杭州	打造"三城一样本",在推进世界名城建设中体现出独特的地位和发挥重要的窗口作用	坚持以会带展、以展促会,突出会展业国际化主线,全面推进会展业专业化运营、市场化转型、品牌化提升、智慧化应用、生态化发展,推动会展业与城市定位协调、与城市品牌互动、与产业特色融合	"一核"+"五心"+"多板块"
南京	"国内领先、国际知名"	到 2020 年,形成布局合理、功能齐全、运转高效的"城市中心会展经济核心区、江北新区特色会展区、南京综合保税区与空港特色会展区、南部新城特色会展区"(以下简称"一核三区")城市会展新格局,会展城市竞争力和行业影响力显著增强	一核三区
广州	建设具有全球影响力的国际会展中心	积极打造与国际全面接轨的广州会、展、奖发展大格局,努力建设具有全球影响力的国际会展中心	以广州国际会展中心、白云国际会议中心为重要基地
深圳	高端服务业中的一个战略重点	营造优良的会展业营商环境,建立新会展中心运营保障体系	五大会展中心
东莞	打造广东国际会议之都	东莞市将以市场化、专业化、品牌化、国际化为导向,以制造业展览会和商务型专业会议为重点,力争通过 5 年的努力,打造"广东国际会议之都"	广东现代国际展览中心、东莞国际会展中心、常平会展中心和虎门会展中心
长沙	打造中部会展高地,建设国家会展名城	到 2020 年,形成比较完善的产业发展体系,会展业整体实力大幅提升,成为全市新的增长点和现代服务业的重要支撑	"1+3"会展场馆格局

续表

展览城市	产业定位	发展目标	空间布局
大连	创新性地提出了"旅游＋会展"的理念	办好软交会、专交会、服博会,做大会展经济	在星海湾专设会展商务区
郑州	建设国家会展中心城市	突出发展服务产业、提升规模效益两大核心任务;发挥营造发展环境、构建服务平台、规范行业管理三大职能作用;树立专业化、品牌化、国际化、信息化四大发展理念	一圈多点、特色发展
昆明	建设国际化会议目的地城市,成为面向南亚、东南亚的区域性国际会展中心	进一步拓展展览业发展空间,加大引进、扶持、培育力度,做大做强展览业。将会议和特色节庆活动纳入会展业扶持范畴,引导扶持高端会议、论坛、民族节庆和地方特色活动发展壮大	构建区域性国际会展中心、多功能会展综合区和地方民族文化特色节庆展示区三大功能区
重庆	建设长江上游地区会展之都	到2020年,形成全方位、多层次、宽领域的会展业发展格局,会展经济体系进一步完善,建成结构更加优化、功能更加齐备、布局更加合理、发展更加均衡、实力更加雄厚的会展之都	将全市会展经济按发展程度划分为会展经济核心区、会展经济中心区、会展经济发展区和渝东北渝东南会展经济特色区
厦门	打造国内一流会展产业集聚区	紧扣"美丽厦门"特质,以"大会展、大旅游、大商贸、大物流"为发展方向	厦门国际会展中心

资料来源:根据相关资料整理。